금융과외
그랜드 투어

초판 1쇄 발행 2021년 7월 1일
2쇄 발행 2022년 6월 14일
개정판 1쇄 발행 2024년 7월 25일

지은이 육민혁
펴낸이 장길수
펴낸곳 지식과감성#
출판등록 제2012-000081호

감수 오석태
교정 김혜련
디자인 최지희
편집 최지희
검수 양수진, 이현
마케팅 김윤길, 정은혜

주소 서울시 금천구 벚꽃로298 대륭포스트타워6차 1212호
전화 070-4651-3730~4
팩스 070-4325-7006
이메일 ksbookup@naver.com
홈페이지 www.knsbookup.com

ISBN 979-11-392-2006-3(03320)
값 17,000원

- 이 책의 판권은 지은이와 지식과감성#에 있습니다.
- 이 책 내용의 전부 또는 일부를 재사용하려면 반드시 양측의 서면 동의를 받아야 합니다.
- 잘못된 책은 구입하신 곳에서 바꾸어 드립니다.

지식과감성#
홈페이지 바로가기

개정판

★★★★★★★
금융을 배우는
그랜드 투어

2022 세종도서
교양부문

금융과외
그랜드 투어

❦ 육민혁 글 | 오석태 감수 ❦

우리에게 가장 필요한 교육은 금융이다
금융을 이해한다는 것은 우리가 살고 있는
사회의 '게임의 룰'을 이해하는 것과 같다

추천사

"사람에게 상처를 입히는 세 가지가 있다. 근심과 말다툼, 그리고 빈 지갑이다"라고 탈무드에서는 말합니다. 너무도 단순한 이 오래된 진실이 요즘 더욱 마음에 와닿는 것은 '저금리 시대'와 '100세 시대'로 표현되는, 우리가 살고 있는 지금의 현실이 반영된 탓일 겁니다. 또한 탈무드는 "돈은 악한 것도, 저주스러운 것도 아니다. 돈은 사람을 축복해 주는 것이다"라고 말합니다. 바꾸어 생각해보면, 우리가 개인적으로 성장하고, 본인이 하고 싶은 일을 하고, 또 사회에 공헌하기 위해서는 자산을 축적해야 하는 것이 사실입니다. 이를 위해서 우리는 항상 금융에 관심을 가져야 합니다. 더구나 요즘같이 사회·경제적 상황이 급변하는 때에는 보다 넓고 깊은 관점으로 금융을 보는 것이 필요합니다. 천천히 걷지만 꾸준하기 때문에 멀리 갈 수 있는 우보만리牛步萬里의 자세처럼 말입니다.

하나금융그룹은 사회에 공헌하고 가치를 더하여 모두 함께 성장하고(Grow Together) 함께 즐기는(Joy Together) 금융을 지향하고 있습니다. 돈이 진정으로 사람에 대한 축복이 될 수 있는 금융을 위해서 기존의 사고에서 벗어나 보다 쉽고 재미있게 금융의 본질에 접근하는 방법을 고민해야 합니다. 창의적 사고를 바탕으로 사람들의 행동과 사회현상을 이해하고, 금융의 본질이 무엇인지 이해하며, 우리에게 축복이 되는 금융의 올바른 길을 찾아야 하는 것입니다.

결국 모든 것은 사람에서 시작합니다. 책상에 앉아만 있어서는 사람들의 표정, 현장의 분위기나 특색 등 현장에 있어야만 느낄 수 있는 세세한 내용들을 알 수 없습니다. 외국 투자자들과 거래하는 '채권 전문가'인 이 책의 저자도 각 나라를 더 자세히 알기 위해 직접 다니면서 조사하고, 현장에서 많은 사람들을 만났습니다. 우리들은 이 책을 통해 저자가 직접 보고, 들은 이야기들을 생생하게 경험할 수 있습니다. 저자가 가진 금융의 눈을 통해 세계를 바라보면서 우리의 시야를 넓히고, 금융의 원리를 보다 쉽고 재미있게 깨우칠 수 있는 기회를 갖게 될 것입니다.

세상은 자기가 어디로 가고 있는지 아는 사람에게 길을 열어준다고 합니다.
《금융과외 그랜드 투어》를 통해 더 넓은 세상을 경험해 보시기 바랍니다. 그 속에서 얻어진 보다 폭넓은 금융에 대한 지식과 이해가 풍요로운 삶을 찾아가는 지혜의 길잡이가 되기를 바랍니다.

하나금융투자 대표이사 이 은 형

프롤로그

1

햇볕이 따사롭게 내리쬐던 어느 오후 강의실, 교수님께서 하신 말씀이 기억나는데요. 그 말씀은 다음과 같았습니다.

*"주가, 금리 그리고 환율 이 세 가지 중에 하나만 맞출 수 있다면
세계를 정복할 수 있다."*

보통 영화를 보면 나쁜 악당이 굉장한 무기나 군사력을 통해 세계를 지배하려는 모습이 나오곤 하는데요. 교수님 말씀을 듣고 나니 꼭 그렇게 하지 않아도 세계를 정복할 수 있다는 사실에 깜짝 놀랐습니다. 게다가 셋 다 맞춰야 하는 것도 아니고 그중 하나만 맞춰도 된다고 하셔서 세계 정복이 너무 쉬운 것 아닌가 하면서 잠시 흥분하기도 했었죠.

2

*"적어도 우리는 전쟁터에서 북군에게 패하지는 않았다.
우리 군대를 거꾸러뜨린 것은 다름 아닌 채권이다."*
– 남북 전쟁에서 패한 남부의 한 장군

3 고귀하신 독자분께서 의식하든 의식하지 않든 가족과 집안의 친지들은 독자분을 믿고 의지할 것입니다. 왜냐하면 《금융과외 그랜드 투어》를 펼쳐 볼 생각을 하신다는 것 자체가 집안의 경제를 생각하는 분임을 의미하기 때문입니다. 아마 어린 조카들에게는 닮고 싶은 롤 모델일 테고, 가족들에게는 의지할 수 있는 든든한 존재일 것입니다. 하지만 이렇게 한 가족의 경제를 이끌어 갈 분[1]이라면, 그분의 지식 수준과 판단력은 매우 중요합니다. 왜냐하면 그분의 생각과 행동의 결과에 따라 가족과 주위 분들의 삶이 어떤 식으로든 영향을 받기 때문이지요.

4 일반적으로 월급 받아서 기본 생활비 쓰고, 대출 이자 내면 한 달에 모을 수 있는 금액은 많지 않습니다. 하지만 더 좋은 곳으로 이사도 가야 하며, 자녀 교육비, 부모님 용돈, 자신의 노후 준비 등으로 쓸 곳은 정말 많습니다. 따라서 급여뿐만 아니라 투자로 돈을 버는 부분도 반드시 필요한데요. 투자하지 않으면 그만큼 더 근로 소득에만 의지하는 구조가 되기 때문입니다.

한국은행에 따르면 2017년 한 해 대한민국 근로자들 모두의 월급을 합친 금액(피고용자 보수)은 약 823조 원 정도 됩니다.[A]
하지만 주식시장만 봐도, 2016년 1천514조 원이었던 시가총액(주식수 × 주식가격)이 2017년에는 1천893조 원으로 한 해 동안 약 379조 원이 증가했는데요. 이것은 대한민국 국민 전체가 근로로 번 돈의 46%에 해당하는 돈을 주식 투자자들이 벌었다는 뜻입니다. 물론 해마다 시가총액은 증가할 때도 있고 감소할 때도 있지만 장기적으로 봐서는 증가하고 있으니 투자하지 않으면 그만큼 덜 벌게 되는 것이지요.

---

1 자신의 일을 통해 가족을 부양하고 생산적 가치를 창출하는 분들이 우리 사회의 숨겨진 영웅입니다.

5

우리가 화장품이나 가전제품과 같은 상품을 살 때면, 더 싸게 사는 방법은 없는지, 제품의 장점은 무엇인지, 다른 소비자들의 불만은 없었는지, 우리 집 평수에 맞는 제품인지 등을 검색해 보고 리뷰도 꼼꼼히 살펴본 후에 사는 경우가 많습니다. 하지만 정작 금융상품에 투자할 때는 이 상품의 구조가 무엇이고 어떠한 위험이 있는지 꼼꼼히 살피지 않고, 단지 남들이 좋다더라, 라는 말만 듣고 투자하는 경우가 있습니다.

요즘 금리도 낮은데 어디에 투자해야 하냐고 주변에서 물어보시는 분들이 많습니다. 하지만 역설적이게도 저금리 시대에는 '무엇에 투자해야 하는가'보다, 자신에게 맞는 전략을 짜는 것과 투자할 상품에 대한 구조를 이해하는 것이 더 우선되어야 합니다. 왜냐하면 그동안 은행 이자만으로 만족하셨던 분들이 저금리를 더 이상 참지 못해 높은 수익을 준다는 남의 말만 듣고, 잘 모르는 상품에 투자했다가 낭패 볼 가능성이 높기 때문입니다. 저금리 시대에는 손실이 나면 회복하는 데 예전보다 더 오랜 시간이 걸리기도 하고요.

> *내게 나무를 자를 여덟 시간이 있다면*
> *나는 도끼를 가는 데 여섯 시간을 쓸 것이다.*
> *언젠가는 나에게도 기회가 올 것이다.*
> – 아브라함 링컨 Abraham Lincoln

남(?) 밑에서 피땀 흘려 가며 벌어서, 맛있는 것도 마음대로 못 먹고, 비 올 때 택시 타고 싶어도 꾹 참고, 좋은 옷도 마음껏 사지 못하면서 모은 귀중한 돈을 충분한 지식과 전략 없이 남의 말만 듣고, 그냥 감으로 투자했다가 아이스크림처럼 녹여 버리는 것만큼 아깝고 안타까운 것은 없습니다.

영국 경제지 〈이코노미스트The Economist〉에 따르면, 전 세계적으로 평균된 이야 할 공과금이 많지만 그중에서도 신불판 공과금 특히 기가 상품과 금융공과금이다. 10대에 배움직한 신용판 지식은 이어 들고 난 이후에도 공과금을 갚아 갑니다. 10대에, 미혼에, 아이가 없어도 당신과 당신의 가족, 그리고 우리 사회 모두에 영향을 미치는 중요한 교육은 바로 제대로 된 금융교육일 수 있습니다. 또는 급여에서 받지 마자 아직도 카드회사에 되지 않게 갚아가는 학자금 대출이 비일비재합니다. 이것이 10년, 20년에 이미라 남아지 일생 동안 동반되는 사람들이 주위에 많이 있지만, 어느 누구도 이에 대해 시원하게 해결해줄 창 고 같은 건 가르쳐주지 않습니다. 어느 누구도 이에 대해 시원하게 해결해줄 창 같은 건 아이들에게 가르쳐주지 않습니다.

지식에 대한 투자가 최고의 수익을 가져다준다.
– 벤저민 프랭클린 Benjamin Franklin

"돈이 세상에 흐르는 것이다. 흘러가지 않은 돈이 삶에서 돌린다. 를 흐른다는 것이 사실이지." "사실이라고 가정하고 흐른다면, 그 현상에서 사는 사람들이 깔 수 있을 것이다. 흐르는 돈이 이익이 되어있지 바그게 돌아오고, 그래서 유지하고 있으면 돈이 흐름에서 사는 사람이 이 돈을 다 버리지 못하는 그대로 받아들일 수밖에 없어서, 정확히 말하면, 돈을 그대로 받아들일 수 없고, 그러한 수밖에 없는 다른 여러 일을 하지 못하는 사람들이 될 수 있는 수밖에 없지 아닐까 싶은데 일 수 있게 된다. 자세한 건 아직 마감지지 있는 마무리하자 정말 문에 없는 사람이 있는 것.

제대로 알기 어려웠다.

이것은 것 미지가자 아니게 마무리하지 지저분한 것까지 지저분한 것까지 잘 배어 있어 사용한 결과 마감지원 또 다른 여러 일을 사용한 결과 안녕히 한 것, 중요."

그랜드 투어의 the Grand Tour는 17세기부터 영국을 중심으로 유럽 상류층 자제 사이에서 교사와 함께 장기 여행을 떠나면서 다른 나라의 문화와 자연을 감상하고 이를 체험하며 예술적 안목을 넓히려는 교육적인 목적의 여행을 말합니다.

영국인이 모르는 사람에게 영국에 대해 무엇을 알겠는가?
― 루디아드 키플링 Rudyard Kipling

이처럼 유럽 내의 함께 여러 나라를 다니면서 가 나라의 정치, 역사 및 사회 문화 전 반에 대해 살펴보았습니다. 또 미술과 예술 작품의 감상이 이 여행 기간 중의 핵심 과제의 하나였기 때문에, 그랜드 투어를 통해 배우는 것은 매우 중요한 일이었습니다. 넓은 곳을 돌아다니며...

고지식한 북유럽인들이 배가 자신에 대한 것임을 깨닫도록 해 주었으며, 세계적 실제 영국인들의 소매하지만 훌륭한 사람이가 크지 않은 것을 알려 주고 있 으며, 그것이 참모로 풍성한 장 유명한 것을 말해 줍니다.

홍시장도 이제 만 칠 만원이 있다면 잡지를 읽는다. (그 페이지를 찢어 된 장이 표지에 붙이면 더 좋다니다). 그러면 부자들이 어떻게 돈을 버는지 알게 됩니다. 이렇게 살다 보면 부자가 된다는 눈이 생기고,
그럼, 이 눈은 평생 당신을 도와줄 것입니다. 그런지 진짜 부자가 되는 데에는 오랜 시간이 걸립니다. 저 역시 그러겠지만, '이 정도까지'라고, 계속 노력하며 가다 보면 이룰 수 있습니다. 결국은 포기하지 않는 자가 승리합니다. 이것이 제가 말씀드리고 싶은 첫 번째 교훈입니다.

세상의 진실은 눈을 뜨고 보려 하지 마라.
그리고 꿈을 따라가라.
– 마틴 루터 킹 Martin Luther King, Jr.

주는 자에게 복이 있고, 예의란 서로 하는 것이라는 말이 있습니다.
보낼 것, 베풀 수 있어야 그것이 인간으로 돌아와 좋게 쌓여갑니다. 우리의 마음에 그 감동과 감사, 마지막까지 기쁘게 살아가는 자신을 느낄 때 마침내 그 용기가 나의 인생을 진심으로 좋게 바꾸어 가진 것이 됨을 믿어보십시오.

사람들이 새상을 긍정적으로 바라볼 때
우리는 일상적으로 바라본다.
– 불교도

남보다 2배 생각하는 사람은 10배의 수입을 올릴 수 있다.
3배를 생각하는 사람은 100배의 수입을 올릴 수 있다.
– 오마에 겐이치 Ohmae Kenichi

차례

책머리 4
프롤로그 6

1. 투자원칙

1 투자의 정석 21
2 용기와 재능 23
3 투자의 공부와 여러 단편들 25
4 분산투자와 몰빵 29
5 절대 잃지 않아야 투자다 33
6 종잣돈 불리기 — 더 알아보기 1 38
7 ELS 42
더 알아보기 2 ELS 47
8 분할 출자 포트 51
9 안정적인 현금흐름 확보 56
10 재테크 공부 59
11 재정의 신용등급과 채무 63
더 알아보기 3 재테크 시드 만들기 69
더 알아보기 4 연금이자 체감 71
12 투자의 체력 73
13 투자의 재능과 결정 75
14 투자 재테크 독서 77
15 자정사색 81
더 알아보기 5 공매도 87
16 고촉 90
17 미래의 나 93

2. 인프

1 인프에 대한 인식 그리고 응원 98
2 인프의 역사 102
3 카드 제도 107
4 결제 그리고 지갑금 111
5 온라인 결제와 인증 115
더 알아보기 6 돈 가치와 이자율의 관계 118
6 공인인증서 119
7 ETF 122
더 알아보기 7 ETF 128
8 인프 132
더 알아보기 8 인프 138
9 돈을 버는 3가지 방법 140
10 가계부채 50:25:20 그리고 5 144
11 추억 공권분야 인프의 여러 영향들 147
12 공공과 민간 151
13 RP 펀드 154
14 인프 부가 시장의 성장등과 게임이 될 인프 157

3. 베네수엘라

1	역사	165
2	차베스 1	168
3	차베스 2	170
4	인플레이션과 세뇨리지 효과	175
5	값싼 석유와 비싼 대가	178
6	바벨 전략	180
7	PDVSA 채권	185
8	골드만삭스의 PDVSA 채권투자 사례	187
9	위험 관리	189
10	선물	193
11	콘탱고와 백워데이션	197
12	원유 선물 투자 그리고 ETN	200
13	어느 선물 투자자의 인생역정	206
14	베네수엘라의 봄날	209

4. 일본

1	일본이 강대국으로 발돋움할 수 있었던 이유	214
2	외평채와 세계 3위 경제력의 위력	217
3	경화와 연화	219
4	통화 스왑	222
5	외환시장	226
6	마이너스 금리	231
7	와타나베 부인	236
8	아이슬란드 부인 그리고 Korean Paper	238
	더 알아보기 9 달러 전환사채	243
9	영구채와 콘솔	245
10	초고령 사회	250
11	공적연금	253
12	사적 연금: 1 퇴직연금(DB형과 DC형)	256
13	IRP	258
14	사적 연금: 2 개인연금(= 연금저축)	261
	더 알아보기 10 소득공제와 세액공제	266
15	유사수신	269
16	은행과 증권사 그리고 자산운용사의 차이	276
17	세계 최대 공공부채 비율국 vs 세계 최대 채권국	282
18	더 나은 미래	286

에필로그   289

쥐가 도둑이 아니라 구멍이 도둑이다.
- 탈무드

투기는 적은 돈으로 큰돈을 벌기 위한 노력으로,
실패할 확률이 높은 행위이다.
투자는 큰돈이 적은 돈이 되는 것을 막기 위한 노력으로,
성공할 확률이 높은 행위다.
- 프레드 쉐드 Fred Schwed

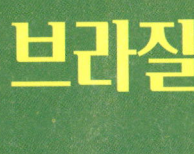

브라질

> "미래의 나라, 이 세상에 파라다이스가 존재한다면
> 이곳이 바로 그곳이다."
>
> – 아메리고 베스푸치 Amerigo Vespucci

갖가지 화려한 의상을 입고 흥겨운 삼바춤을 추는 나라, 세계에서 축구를 가장 잘하는 나라, 아마존 밀림의 나라, 한국과 지구 정반대에 있는 나라, 정부가 발행한 채권의 금리가 높고 비과세라는 혜택이 있어서 한국인들이 매년 수조 원의 채권을 꾸준히 사고 있는 나라.

포르투갈 탐험대가 이곳에 도착해 보니 '빠우 브라질Pau-Brazil' 나무가 많았다는 것에서 이름이 유래된 브라질은 러시아, 캐나다, 미국, 중국에 이어 세계에서 다섯 번째로 큰 나라(한국의 85배)입니다.

　브라질은 국토 면적의 약 10%가 경작 가능한 땅이며, 농사에 적합한 날씨도 갖춰서 1년에 3모작도 가능합니다. 덕분에 소고기, 오렌지 주스, 사탕수수, 닭고기와 콩 등을 전 세계에 수출하고 있는 세계 유수의 식량 수출국가이기도 합니다. 닭만 보더라도 전 세계적으로 한 해에 도축되는 닭이 약 400억 마리쯤 되는데, 그중 약 68억 마리가 브라질산産이며 한국의 수입 닭고기 중 약 80%는 브라질에서 왔을 정도입니다. 게다가 브라질은 지하자원도 풍부해서 철광석 세계 2위, 흑연 세계 3위, 주석과 알루미늄 세계 4위, 망간 세계 5위의 생산국이며 세계 10위의 산유국이기까지 한데요. 땅 위에는 농작물이, 땅 밑에는 각종 광물 자원이 풍부하니, 한국과 같이 보유 자원이 부족한 나라들에게 브라질은 참으로 부러운 나라입니다.

"신은 브라질 사람인 것 같다."
- 룰라 *Luiz Inácio Lula da Silva* 전 브라질 대통령

심지어 행운의 여신도 브라질의 편인 듯한데요. 사탕수수로 큰돈을 벌다가, 그 다음에는 담배로 벌었고, 18세기에는 금이 발견되었고, 금을 캐다 보니 다이아몬드가 나왔으며 19세기에는 커피로 돈을 벌었고, 20세기에는 고무가 생산되는 등 자연은 브라질에게 아낌없이 선물을 주었습니다. 뭔가 다 떨어져 간다 싶으면 새로운 부富를 얻는 행운까지 누리니 정말 신은 브라질 출신인 것 같다고 할 만하지요.

한편, 남미 역사에 간접적으로 큰 영향을 끼친 인물은 프랑스의 나폴레옹입니다.

나폴레옹은 포르투갈에게 오랜 동맹국이었던 영국과의 관계를 끊고 자신과 손잡기를 요구했습니다. 나폴레옹의 프랑스는 육지를, 해군이 강한 영국은 바다를 장악하고 있기 때문에 포르투갈은 고민할 수밖에 없었는데요. 동맹인 영국을 선택하면 나폴레옹이 포르투갈로 쳐들어와서 본토를 잃게 될 것이고, 그렇다고 프랑스 편을 들면 영국이 바닷길을 막아서 애써 개발한 식민지 브라질을 잃을 수 있기 때문이었습니다.

+) Story

포르투갈과 영국의 동맹은 1373년부터 지금까지 유효한 상태로 지속되고 있는데요. 이것은 세계에서 가장 오래된 동맹입니다.

고심을 거듭한 끝에 결국 포르투갈은 본국 대신 브라질을 택했고, 포르투갈의 왕과 귀족 및 관료들은 프랑스가 쳐들어오기 전에 국보와 주요 문서를 가지고 영국 해군의 호위를 받으며 브라질로 이주하였습니다.

왕이 브라질로 오게 되자 포르투갈과 브라질은 더 이상 본국과 식민지, 주인과 하인의 관계가 아닌 형제의 관계로 바뀌었고, 유럽이 나폴레옹과 전쟁에 몰두하는 동안 브라질은 지금의 국토를 거의 확정 짓게 됩니다. 이후 나폴레옹이 몰락하자, 포르투갈 왕은 본국인 포르투갈로 다시 돌아가야 했는데요. 이때 브라질에 남아 있던 포르투갈의 왕자가 독립을 선언하여 지금의 브라질이 되었습니다. 같은 왕조에서 나누어진 나라다 보니 브라질에 영구 거주 중인 포르투갈 시민은 브라질 시민과 동등한 권리를 지닙니다. 또한 포르투갈 정부가 자국민에게 일자리를 브라질에서 찾아보라고 할 정도로 양국의 관계는 현재까지도 매우 좋습니다.

멜팅 팟

D
1920년대 일본 이민자들

E
1890년대 이탈리아 출신 이민자들

브라질에는 있는 것 세 가지와 없는 것 세 가지가 있습니다. 먼저 있는 것은 축구, 삼바 그리고 복권입니다. 그만큼 이 세 가지를 브라질인들이 좋아한다는 것이지요. 반면에 없는 것 세 가지는 신의 축복을 받아 자연재해가 없고, 1870년 이후로 전쟁을 하지 않아 전쟁이 없으며 인종차별이 없습니다. 현재 브라질인은 백인 48%, 혼혈인 43%, 흑인 8%, 아시아인 1% 정도로 구성되어 있는데요. 이렇게 다양한 인종이 사는 이유는 넓은 땅에 비해 노동력이 부족해서 유럽 및 아시아로부터 많은 이민자를 받았기 때문입니다.

한 브라질 지인에게 가계家系가 어떻게 되는지 묻자 그녀는 증조할아버지부터 시작해서 나열했는데요. 네덜란드, 포르투갈, 이탈리아, 독일, 파라과이 등 다양한 국적이 족보에 포함되어 있었습니다. 그래서일까요? 브라질에서는 서로 다른 인종의 커플들도 자주 볼 수 있습니다.

브라질 이주민들이 브라질에 잘 동화된 예로는 아랍인을 들 수 있습니다. 브라질에는 약 1천만 명의 아랍계 브라질인들이 있지만 아랍인에 대한 차별이 없다 보니 자신을 아랍계라고 생각하지 않습니다. 이러한 이유로 브라질에서 이슬람 테러리즘과 관련된 사건은 거의 발생하지 않았고요. 미국을 가리켜 멜팅 팟(Melting Pot, 인종과 문화 등 여러 요소가 하나로 융합 및 동화되는 현상이나 장소)이라고는 하지만 인종, 피부색, 문화적 배경, 종교가 다르다고 차별하지 않는 브라질이 좀 더 진정한 멜팅 팟이 아닐까 하는 생각이 들었습니다.

배경이 다른 사람들끼리 모여 살다 보니 '서로가 서로의 방식을 존중'하는 문화가 형성되었는데요. 존중하다 보니 관대하고 다툼도 적게 일어납니다. 운전 중에 끼어드는 차에게 경적을 울리기는커녕 끼어들라고 자기 차를 잠시 세워 주기도 하고 심지어 1차선에서 우회전을 하는 차량에게 옆 차선 차들이 조용히 기다려 주는 모습까지도 볼 수 있었습니다. 또한 몇 년 전 은행이 파업을 한 달 정도 했는데요. 놀랍게도 불평하는 사람이 많지 않았습니다. 한 달 만에 은행이 문을 여니 길게 줄 서면서 말 없이 기다리고요.

물가와 세금

브라질의 물가는 한국과 비교해서 2~3배 정도 비싼 느낌이었습니다. 생수 500ml 1병에 1천800원, 빅맥 세트가 9천 원, 한국에서 60만 원인 텔레비전이 브라질에서 150만 원, 3천만 원대의 자동차가 브라질에서는 5천만 원대였습니다.

브라질의 물가가 높은 이유는 첫째, 브라질의 화폐인 헤알(R$)의 가치가 꾸준히 하락해서 수입 제품의 가격이 비싸졌기 때문입니다. 환율이 1달러($):1헤알(R$)일 때는 1헤알(R$)만 있어도 해외에서 1달러($)짜리 물건을 사 올 수 있지만, 1달러($):2헤알(R$)이 되면 2헤알(R$)을 내야 1달러($)짜리 제품을 사 올 수 있으니 물건값이 비싸지게 되는 것이지요.

둘째, 인프라가 좋지 못해서 운송비가 비싸기 때문입니다. 브라질 정부는 지난 15년 동안 인프라 투자에 GDP의 2.4% 정도밖에 투자하지 않았고, 전체 도로 중 아스팔트 포장 도로는 15%밖에 되지 않습니다.

하지만 물건값이 비싼 근본적인 이유는 바로 세금 때문인데요. 브라질에서는 상품 가격에서 세금이 차지하는 비율이 무려 50%나 됩니다. 게다가 수입품에는 관세까지 붙는데요. 일례로 수입 에어컨의 가격은 2천 헤알인데 그중 1천100헤알이 세금입니다. 이렇게 되면 에어컨을 사기 위해 세금을 낸 것인지, 아니면 세금을 내니까 에어컨을 선물로 받은 것인지 분간하기 어려울 정도입니다. 또한 물건값에 세금이 많이 포함되니 기업들은 물건값을 낮추기 위해 더 싼 원료와 저렴한 노동력을 사용할 수밖에 없게 되는데요. 이것은 브라질 기업들이 만든 제품의 질이 떨어지는 것으로 연결됩니다.

그렇다면 브라질인의 평균 월급은 한국의 절반 수준임에도 불구하고 어떻게 자동차나 가전제품과 같은 고가 제품을 구매할 수 있을까요? 방법은 간단한데요. 바로 할부로 사는 것입니다. 브라질에서는 할부에 대한 개념이 한국과는 약간 다른데요. 한국에서는 3~6개월, 길면 36개월 할부로 사는 것이 일반적이라면, 브라질에서는 보통 60개월(5년), 72개월(6년), 84개월(7년) 할부로 사는 것이 관례입니다.

+) Story
브라질인들은 운동화와 같이 비싸지 않은 물건에 대해서도 할부로 사는 경향이 있습니다.

물건을 사서 5~7년 동안 나눠서 갚으니까 당장 부담은 없을 수 있지만, 그 기간 동안 또 다른 물건도 할부로 사기 때문에 빚은 계속 불어 갈 것입니다. 할부는 미래 소득을 현재로 당겨서 지금 쓰는 것인데요. 미래를 저당 잡고 물건을 샀으니 할부가 끝날 때까지는 회사를 그만둘 수 없고, 예상치 못한 일이 생기면 사용 가능한 돈이 없어서 큰 낭패를 보게 될 수도 있습니다.

또한 일반적으로 할부 이자율이 10%라면 1년에 10%를 의미하지만 브라질에서는 '월' 10%를 의미합니다. 이 자율이 어떻게 월 10%나 되는지 믿기 어렵지만, 브라질에서 가장 믿을 수 있는 주체라고 할 수 있는 브라질 정부가 연 10%에 채권을 발행해서 돈을 빌리고 있으니, 일반 개인은 훨씬 높은 금리를 지불해야 돈을 빌릴 수 있는 것입니다.

브라질 금융의 여러 단면들

브라질 금융회사들은 막대한 수익을 올리고 있는데요. 그 대표적 상품 중 하나가 리볼빙 카드(Revolving Card, 일부 결제금액 이월 약정 카드)입니다. 매달 이자와 원금을 분할해서 갚는 방식이 할부라면, 리볼빙 카드는 매달 최소 결제 비율만큼만 결제하고 나머지는 나중에 갚는 방식입니다.

예를 들어, 최소 결제 비율이 10%인 경우, 1월에 100만 원을 썼다면 카드 결제일에는 10%인 10만 원만 갚으면 연체되지 않습니다. 물론 갚지 않은 90만 원에 대해서는 높은 이자가 붙고요. 이런 식으로 제가 매달 100만 원씩 쓰고 10%씩만 갚아 나간다면 아래와 같게 됩니다.

〈매달 100만 원씩 사용, 10%의 최소 결제 비율, 연 이자 20%일 때〉[2]

	1	2	3	4	5	6	7	8	9	10	11	12
신규 부채	100	100	100	100	100	100	100	100	100	100	100	100
넘어온 부채 원금		90	172	249	319	383	441	494	543	588	628	666
매달 붙는 이자		1	4	5	6	7	8	9	10	11	11	12
매달 상환한 금액	10	19	28	35	43	49	55	60	65	70	74	78
남은 부채	90	172	249	319	383	441	494	543	588	628	666	700

---

[2] 이 계산은 실제 카드사의 방식과는 조금 차이가 있지만 대동소이합니다.

	13	14	15	16	17	18	19	20	21	22	23	24
신규 부채	100	100	100	100	100	100	100	100	100	100	100	100
넘어온 부채 원금	700	731	759	785	809	830	850	868	885	900	914	926
매달 붙는 이자	12	13	13	14	14	14	15	15	15	15	16	16
매달 상환한 금액	81	84	87	90	92	94	96	98	100	102	103	104
남은 부채	731	759	785	809	830	850	868	885	900	914	926	938

2년간 쓴 금액	2400
2년간 붙은 이자	256
2년간 갚은 금액	1718
남은 금액	938

2년 동안 매월 100만 원씩 쓰고 10%인 최소 결제액만 결제하면서 연 20% 이자로 갚아 나갈 경우, 총 2년 동안 2천400만 원을 쓰고, 1천718만 원(1,718/2,400 = 71.58%)을 갚았지만 앞으로 938만 원을 더 갚아야 합니다. 게다가 22개월부터는 빚이 쌓여서 그달 쓴 금액(100만 원)보다 결제해야 할 금액(102만)이 더 많습니다. 이렇게 리볼빙 카드를 단 2년만 쓰더라도, 빚의 무게에 눌리게 됩니다.

+) Story

개인적인 경험입니다만, 빚과 뱃살에는 공통점이 있는 것 같습니다.
언제든 맘만 먹으면 금방 갚거나 금방 뺄 수 있을 것 같지만 좀처럼 맘대로 되지 않고, 쉽게 사라지지도 않는 것이지요.

이러한 리볼빙 카드는 당장에는 부담이 없어 보이지만 장기적으로는 매우 큰 낭패를 가져올 수 있습니다. 왜냐하면 갚지 않는 금액에 이자가 계속 붙기 때문인데요. 자산운용에서 가장 중요한 것 중 하나는 **복리**로서, 재산을 복리로 늘려야 하는데 리볼빙 카드는 빚을 복리로 늘립니다.

사실 연 20%의 금리도 높은 수준인데, 브라질 리볼빙 카드의 금리는 무려 연 200%입니다. 브라질 은행들의 예대마진(예금금리와 대출금리의 차이)도 40%에 육박할 정도인데요. 고객이 은행에 100만 원을 예금하면 브라질의 은행들은 예금 이자로 10만 원을 주고 대출해 간 기업에게는 50만 원의 대출 이자를 받고 있습니다.

지금은 전 세계적으로 저금리 기조라 덜하기는 하지만, 일반적으로 전 세계 은행에 적용되는 **3:6:3의 법칙**이라는 것이 있습니다. 예금자에게 주는 예금금리가 3%, 은행이 대출해 주는 대출금리가 6%, 그리고 이에 따라 은행이 얻는 수익이 3%라는 것이죠. 하지만 브라질은 무려 10:50:40으로 은행이 얻는 수익이 40%나 됩니다.

브라질에서 탁자나 소파 같은 물건을 주문하면 물건을 받는 데까지 한 달 정도 걸리는데요. 이렇게 오랜 시간이 걸리는 것도 높은 이자율 때문입니다. 자신의 돈으로 먼저 재료를 사와서 만들기보다는 그 돈을 예금해 놓는 것이 나을 수도 있고, 빌린 돈으로 미리 재고를 만들어 놓으면 갚아야 할 높은 이자 때문에 물건을 팔아도 남는 것이 적습니다. 따라서 주문이 들어오면 그제야 물건을 만들기 시작하기 때문에 물건을 받는 시간이 오래 걸리는 것입니다.

브라질의 5대 은행들은 브라질 금융시장에서 90%에 육박하는 점유율을 가지고 담합하고 있는데요. 이들이 얼마나 잘 버는지, 5대 은행이 벌어들이는 수익은 브라질 300여 개 주요 기업들이 벌어들인 수익보다 더 많을 정도입니다. 브라질 은행들이 너무 폭리를 취하는 것 아니냐고 할 수도 있을 텐데요. 브라질 금융회사들도 할 말은 있습니다. 왜냐하면 아무리 많이 벌어도 정부가 법인세로 무려 45%를 걷어 가니 이익을 충분히 얻기 위해서는 대출금리를 높게 매길 수밖에 없는 것입니다.

그렇다면 브라질 정부는 이 막대한 세금을 걷어 대체 어디에 쓰고 있는 것일까요? 2017년 기준 예산의 31%는 정부의 부채에 대한 이자를 갚는 데 쓰고 있습니다.[F] 브라질은 이자율이 높기 때문에 이자만 갚는데도 이렇게나 많은 예산을 지출해야 합니다. 또한, 예산의 약 20%는 연금 지급에 사용하고 있는데요.[3] 남자는 56세부터 퇴직 전 임금의 70%를, 여성은 53세부터 퇴직 전 임금의 53%를 받을 수 있습니다. 군인 연금이 특히나 심한데요. 현재 대통령인 보우소나루Bolsonaro 대통령은 대위로 제대한 뒤 33살부터 연금을 받았습니다. 이러한 특권 그룹이 계속해서 연금 개혁에 강한 저항을 하고 있는 것이죠. 하지만 브라질도 점점 고령화가 진행됨에 따라, 과도한 연금 시스템을 유지하는 것이 어려워지고 있습니다.

브라질 정부는 이외에도 사회복지, 공무원 임금, 공공사업예산 등으로 30%의 예산을 쓰고 있는데요. 위와 같이 고정적으로 지급해야 하는 것을 제외하면 재량으로 쓸 수 있는 부분은 전체 예산의 20%밖에 없는 상태입니다. 월급을 받았는데 80%는 반드시 지출되는 고정비로 나가고 20%만 쓸 수 있는 것과 비슷한 상황인 것이죠.

국민들도 연금 문제의 심각성을 인식하는 가운데, 다행히도 2019년 말 브라질 정부에서는 연금을 개혁하기로 하였습니다. 연금 수령 나이를 남자 56세에서 65세, 여자 53세에서 62세로 약 10년씩 늘린 것이죠.[G] 하지만 브라질 연금 개혁에 대한 기존 수혜자들의 반대 압력은 상상을 초월할 정도여서 역대 정권들이 모두 실패했는데요. 과연 개혁이 얼마나 오랫동안 지속될 수 있을지는 관심 있게 지켜봐야 할 사항입니다.

---

[3] GDP 대비 연금사용비율: 브라질 12%, 한국 3%, 미국 7%, 일본 9%, OECD 평균 7.5%

탈레스와 콜옵션

브라질에 대해 더 자세히 알아보기 위해서 잠시 탈레스Thales 이야기를 하겠습니다.

지금부터 약 2천600년 전, 고대 그리스에는 탈레스Thales라는 뛰어난 철학자가 있었습니다. 탈레스의 철학적 깊이와 영향력이 얼마나 대단했던지 아리스토텔레스Aristotle는 그를 가리켜 '철학의 아버지'라고 불렀을 정도인데요. 탈레스는 철학뿐만 아니라 과학과 수학에도 밝아서 일식의 날짜를 맞췄으며 피라미드 중에서 가장 거대한 쿠푸 왕 피라미드The Great Pyramid of Khufu의 높이를 정확히 측정하기도 했습니다.

이렇듯 탈레스는 매우 똑똑해서 세상 만물에 대해 설명할 수 있는 대단한 인물이었지만, 흥미롭게도, 그는 정작 자신의 앞가림(?)은 잘 하지 못했습니다. 그래서 어느 날 밤, 별을 보면서 걷다가 우물에 빠져 죽을 뻔하기까지 했는데요. 사람들이 그를 건져 주면서, "멀리 있는 하늘의 이치는 알지만 바로 눈 앞에 있는 우물은 못 보시네요!"라며 놀렸습니다. 또한 그는 경제적으로 몹시 궁핍한 생활을 했는데요. 이것을 본 주변 사람들은 "그것 봐라 아무리 똑똑해도 소용없다"고 그를 폄하했습니다. 하지만 탈레스는 "나는 돈을 벌 자신은 있지만 굳이 벌지 않고 있다"고 반박하였는데요. 그의 대답에 사람들은 비웃음으로 응답했지요.

그러던 어느 해, 탈레스가 태양의 움직임을 관찰하다 보니 그해 올리브 농사가 대풍작일 가능성이 높다는 것을 알았습니다. 그는 이것을 이용해서 돈을 벌고 아내의 고생도 덜어 주기로 마음먹었습니다. 올리브가 풍작이면 올리브 기름을 짜는 압착기 수요도 늘어날 테니 미리 압착기를 사거나 빌려 두면 돈을 벌 기회가 있으리라 본 것이었습니다.

하지만 가난했던 탈레스는 비싼 압착기를 사는 것은커녕 빌릴 돈조차도 부족했습니다. 그는 포기하지 않고 일단 압착기 주인들을 찾아가서, 빌리는 비용이 얼마인지 물었습니다. 압착기 주인들은 "빌리는 비용이 그때그때 다르지만 지금은 90만 원"이라고 답했습니다. 그러자 탈레스는 "제가 돈이 많지 않아 당장 빌리지는 못하겠습니다. 대신에 20만 원을 지금 낼 테니 추수 시기에 압착기를 90만 원에 빌릴 수 있는 **권리**를 제게 파십시오"라고 하였습니다.

탈레스가 보이지도 않는 **권리**를 산다고 하니 압착기 주인은 의아해했는데요. 그러자 탈레스는 압착기 주인을 안심시키면서 이렇게 말했습니다.

"일단 20만 원을 받으십시오. 저는 빌리는 권리만 산 것이니까요. 만일 추수 때에 제가 권리를 행사해서 선생님의 압착기를 빌리게 되면 저는 90만 원을 추가적으로 내고 빌릴 것입니다. 하지만 제가 빌려가지 않으면 저는 권리를 포기하는 것이니까 선생님께서는 그냥 제가 낸 20만 원을 가지시면 됩니다."

압착기 주인의 입장에서는 큰돈을 주고 압착기를 샀는데, 혹시라도 흉작이면 압착기를 빌리는 수요가 적을 위험이 있습니다. 지금이야 대여료가 90만 원이지만 만일 추수 때 그 이하로 가격이 형성된다면 손해를 볼 수도 있습니다. 이런 상황에서 탈레스에게 빌려갈 수 있는 '권리'만 팔았는데도 일단 20만 원이라는 돈이 들어오니 괜찮은 거래인 것 같았습니다.

물론 풍작이면 압착기 수요가 늘어나서 더 큰 수익이 생길 수도 있습니다. 하지만 올해 올리브 농사가 어떻게 될지 모르는 상황에서 어느 정도 이익이 확보된 90만 원에 빌려주면 적어도 손해는 보지 않는 안전한 거래로 보였습니다. 이런 거래를 한 덕분에 탈레스는 적은 돈으로 여러 대의 압착기를 빌릴 수 있는 **권리**를 얻게 되었습니다.

시간이 흘러 드디어 추수 때가 되었는데요. 올리브 농사는 탈레스의 예상대로 대풍작이었습니다. 수확된 올리브에서 기름을 짜기 위해 농부들이 압착기 주인에게 가니, 주인들은 이미 탈레스가 빌려 갔다고 했습니다. 길을 물어물어 탈레스가 살고 있는 외딴 곳의 허름한 집으로 찾아가자, 이미 그의 집 마당에는 수많은 농부들이 몰려 있었는데요. 서로 높은 가격에 빌려 가려고 경쟁하고 있었습니다. 농부들은 탈레스가 지불한 압착기 대여 비용 110만 원(권리금 20만 원 + 빌리는 비용 90만 원)보다 훨씬 높은 가격이라도 서로 빌려 가려고 했고, 이러한 거래로 탈레스는 큰 부자가 되었습니다.[4]

---

4 아리스토텔레스의 《정치학》에서 나오는 일화를 토대로 구성한 것입니다.

물론 농부들의 입장에서는 탈레스가 너무 폭리를 취한 것이라고 불평할 수도 있지만, 압착기에 대한 수요가 많았기 때문에 어차피 농부들은 압착기 주인들에게 비싼 값에 빌려야 했을 것입니다. 그리고 만일 흉작이라면 농부들은 압착기를 많이 빌려 가지 않았을 것이고 이미 한 대당 20만 원을 내고 권리를 사 온 탈레스는 큰돈을 잃었을 것입니다.

이렇게 탈레스의 사례를 통해 생긴 개념이 바로 '**옵션**Option'입니다. 어떤 거래 대상에 대한 '**권리**'를 사고 파는 것이죠. 옵션 거래에는 **돈을 내고 권리를 사는 쪽**(탈레스)과 **돈을 받고 권리를 파는 쪽**(압착기 주인)이 있습니다. 이때 권리를 사는 쪽이 권리를 파는 쪽에게 내는 돈(탈레스의 예에서 20만 원)을 금융시장에서는 '**프리미엄**Premium'이라고 부릅니다.

이렇게 프리미엄을 내고 정해진 가격에 살 수 있는 권리를 **콜**Call 옵션이라고 합니다. 탈레스는 20만 원을 내고 콜옵션을 산 것이고, 압착기 주인들은 20만 원을 받고 콜옵션을 판 것입니다.

젊은 부자와 풋옵션

부자가 된 탈레스는, 그동안 수고한 아내에게 보답하기 위해 멋진 선물을 샀고, 아내도 친지분들에게 받았던 은혜와 신세를 갚았습니다. 그러고는 아테네에서도 경치가 가장 멋있고 학군까지 좋은 부유한 동네로 이사를 갔는데요. 이사 간 옆집에는 젊은 부자가 살고 있었습니다.

이 젊은 부자는 돌아가신 아버지로부터 많은 압착기를 물려받았는데요. 성격상 안전함을 선호하는 그는 올리브 농사가 흉작이 들어 농부들이 압착기를 덜 빌리면 어쩌나 하는 걱정을 하곤 했습니다. 그래서 시장 가격보다 좀 더 싸도 좋으니 확실하게 빌려 갈 사람이 있으면 좋겠다고 생각했습니다. 그런데 마침 그 유명한 탈레스가 옆집으로 이사 오자 그는 너무 기뻤습니다. 게다가 탈레스가 손수 이사 떡을 가지고 그의 집에 방문하자 젊은 부자는 탈레스의 손을 붙잡고 다음과 같이 제안했습니다.

"탈레스 선생님 안녕하세요. 선생님의 유명한 일화는 익히 들어서 잘 알고 있습니다. 이렇게 유명하신 분께서 친히 맛있는 떡까지 가져와 주시니 정말 영광입니다. 저는 압착기를 여러 대 가지고 있는데 혹시 선생님께서 지난번처럼 압착기를 또 빌려 갈 의향이 있으신지요?"

"떡은 아내가 유명한 곳에서 해 왔다고 하는데 입맛에 맞을지 모르겠습니다. 그리고 압착기에 대한 제안은 감사하지만 제가 천체를 좀 관찰해 봐야 할 것 같습니다."

"지금 압착기 한 대 빌리는데 100만 원인데 추수 때도 이 가격대일지 걱정입니다. 사실 저는 관리인들에게 월급도 지급해야 하고, 지금의 품위 있는 생활을 유지해 나가려면 압착기를 최소 70만 원 이상으로는 빌려줘야 하거든요. 그래서 괜찮으시다면 선생님께 제안을 하고 싶은데요. 제가 지금 30만 원을 드릴 테니까, 이번 추수 때 제가 원하면 선생님께 압착기를 100만 원에 빌려드리는 권리를 살 수 있을까요?"

예전에는 탈레스가 압착기 주인에게 20만 원의 프리미엄을 지불하고 압착기를 정해진 가격에 빌릴 수 있는 **권리**를 샀던 것이었는데, 이제는 반대로 젊은 부자가 탈레스에게 프리미엄 30만 원을 지불하고 정해진 가격에 빌려주는 **권리**를 사겠다는 것이었습니다. 즉 **젊은 부자는 탈레스에게 프리미엄으로 30만 원을 낼 테니까 자신이 요구하면 무조건 100만 원에 빌려 가라는 것이죠.**

이렇게 프리미엄을 내는 조건으로, 정해진 가격에 팔 수 있는 권리를 **풋**Put 옵션이라고 합니다. 젊은 부자는 압착기 대여료 가격의 불확실성을 피하기 위해, 프리미엄으로 30만 원을 내고 풋옵션을 탈레스로부터 사겠다고 한 것입니다. 이로써 젊은 부자는 추수 때 대여료가 120만 원이 되든 50만 원이 되든 관계없고 이제부터 자신이 하고 싶은 일만 하면서 발 쭉 펴고 잘 수 있게 되었습니다.

〈압착기 대여료 가격에 따른 젊은 부자와 탈레스의 수익〉

시장 압착기 대여료 가격	젊은 부자의 수익	탈레스의 수익
120만 원	→ 시장에서 대여료가 120만 원으로 되면 굳이 탈레스에게 100만 원에 빌려 가라고 할 이유가 없기 때문에 농부에게 120만 원에 빌려줄 것입니다. **젊은 부자의 수익 = 농부에게 받는 대여료 120만 원 − 탈레스에게 지불한 프리미엄 30만 원 = 90만 원**	→ 시장에서 대여료가 120만 원으로 되면 젊은 부자는 탈레스에게 100만 원에 빌려 가라고 하지 않을 것이기 때문에 젊은 부자에게 받은 프리미엄 30만 원은 오롯이 탈레스의 수입이 됩니다. **탈레스의 수익 = 젊은 부자에게 받은 프리미엄 30만 원**
100만 원	→ 시장에서 대여료가 100만 원으로 되면 농부 또는 탈레스 둘 중 아무에게나 100만 원에 빌려 가라고 할 것입니다. **젊은 부자의 수익 = 농부 또는 탈레스에게 받는 대여료 100만 원 − 탈레스에게 지불한 프리미엄 30만 원 = 70만 원**	→ 만일 젊은 부자가 100만 원에 빌려 가라고 한다면 탈레스는 젊은 부자에게 100만 원에 빌려 가고 다시 농부에게 100만 원에 대여하면 됩니다. **탈레스의 수익 = −젊은 부자에게 내는 대여료 100만 원 + 농부에게 받는 대여료 100만 원 + 젊은 부자에게 받은 프리미엄 30만 원 = 30만 원**
70만 원	→ 시장에서 대여료가 100만 원 이하로 형성되면 젊은 부자는 탈레스에게 풋옵션을 행사해서 100만 원에 빌려줍니다. **젊은 부자의 수익 = 탈레스에게 받는 대여료 100만 원 − 탈레스에게 지불한 프리미엄 30만 원 = 70만 원**	→ 시장 대여료가 70만 원으로 되면 탈레스는 젊은 부자에게 100만 원에 빌려 와서 농부에게 70만 원에 빌려줘야 합니다. **탈레스의 수익 = −젊은 부자에게 내는 대여료 100만 원 + 농부에게 받는 대여료 70만 원 + 젊은 부자에게 받은 프리미엄 30만 원 = 0만 원**
50만 원	→ 시장에서 대여료가 100만 원 이하로 형성되면 젊은 부자는 탈레스에게 풋옵션을 행사해서 100만 원에 빌려줍니다. **젊은 부자의 수익 = 탈레스에게 받는 대여료 100만 원 − 탈레스에게 지불한 프리미엄 30만 원 = 70만 원**	→ 시장 대여료가 50만 원으로 되면 탈레스는 젊은 부자에게 100만 원에 빌려 와서 농부에게 50만 원에 빌려줘야 합니다. **탈레스의 수익 = −젊은 부자에게 내는 대여료 100만 원 + 농부에게 받는 대여료 50만 원 + 젊은 부자에게 받은 프리미엄 30만 원 = −20만 원**

| 젊은 부자가 압착기만 갖고 있을 때의 대여료에 따른 수익 구조 ① | 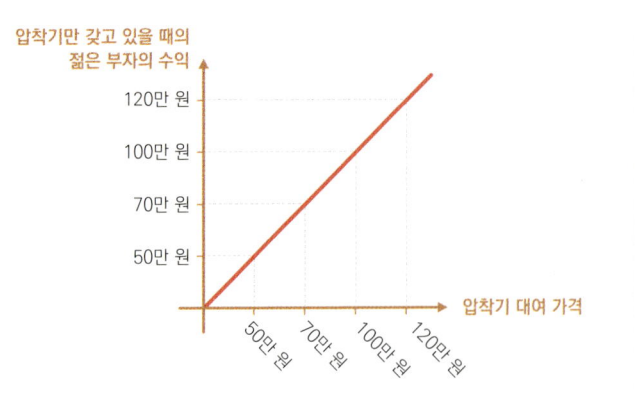 |

| 젊은 부자가 압착기 없이 탈레스에게 풋옵션만 샀을 때, 대여료에 따른 수익 구조 ② | 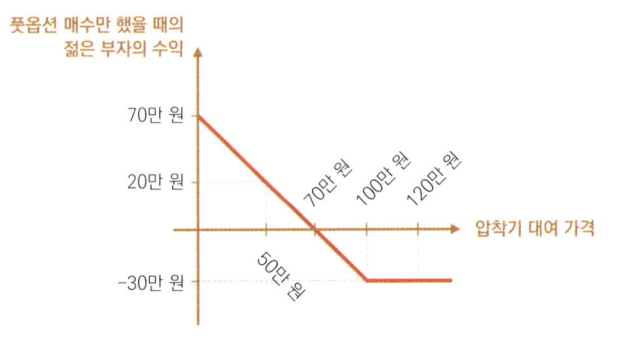 |

| 압착기를 보유하면서 탈레스에게 풋옵션을 샀을 때의 젊은 부자의 대여료에 따른 수익 구조 ③, ③ = ①번 그래프 + ②번 그래프 | 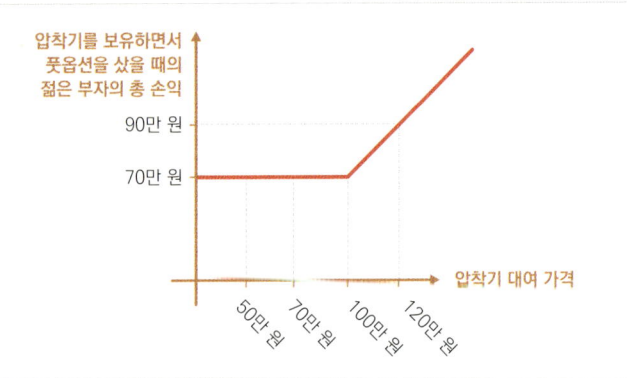 |

+) Story

압착기를 보유하면서 풋옵션을 사면 가격이 떨어져도 안정적인 수익구조를 만들 수 있습니다.

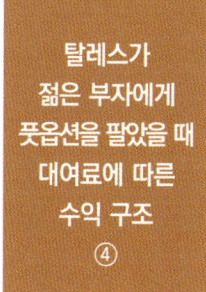
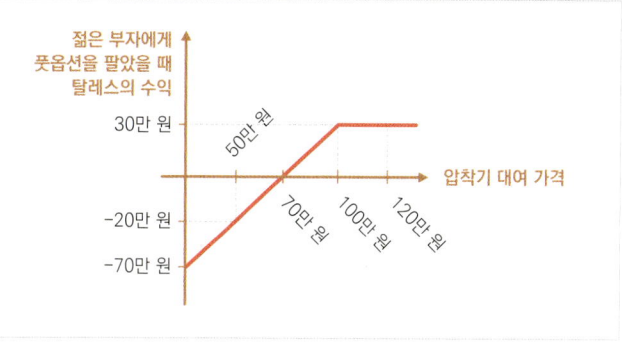

탈레스가 젊은 부자에게 풋옵션을 팔았을 때 대여료에 따른 수익 구조 ④

이러한 풋옵션[5]은 우리의 일상에도 밀접하게 연관되어 있는데요. 대표적인 예가 자동차 보험입니다. 우리가 3천만 원짜리 새 차를 샀는데, 자동차 보험료로 1년간 100만 원을 낸다면, 우리는 만기 1년짜리 풋옵션을 산 것과 같습니다. '차량 보험료'라는 이름의 풋옵션 프리미엄 100만 원을 보험사에게 지불하면, 프리미엄을 받은 보험사는 그 대가로 우리 차가 3천만 원의 가치를 유지할 수 있도록 합니다. 1년간 아무 사고가 나지 않으면 보험료는 온전히 보험사가 가져가는 것이고, 만일 사고가 나면, 보험사는 우리 차를 시장에서 3천만 원에 팔 수 있도록 원상 복구시켜 놓는 것입니다.

+) Story

젊은 부자가 수익이 난 만큼 탈레스가 손해를 보는 것이고, 젊은 부자가 손해 본 만큼 탈레스가 수익이 나기 때문에 ④와 ②는 서로 정반대의 구조가 됩니다.
즉, 옵션을 사는 쪽과 파는 쪽은 서로의 수익을 합치면 0이 됩니다(Zero Sum).

+) Story

사고가 나지 않았다고 우리가 보험료를 돌려받지 않는 대신, 사고가 나면 우리가 낼 비용을 보험사가 지불하기 때문에 우리와 보험사의 수익구조는 정반대입니다.

---

5 탈레스와 부자 청년 이야기는 고귀하신 독자분들께 풋옵션을 설명해 드리기 위해 지어낸 일화입니다.

더 알아보기 1 | 옵션과 튤립 투기

콜Call과 풋Put이라는 단어는 1630년대 네덜란드 튤립 투기 시절부터 사용되었습니다. 오스만 제국에서 건너온 튤립은 그 아름다운 모습 때문에 유럽의 귀족들에게 사치품으로 사랑받았습니다. 튤립은 쉽게 번식하지 않아서 단기간에 공급을 늘릴 수 없고, 꽃이 피기 전에는 어떤 색의 꽃이 필지 모르는 우연성까지도 더해져서 네덜란드에서 엄청난 인기를 얻었습니다.

튤립 투기가 한창이던 시기에 자그마한 튤립 가격은 숙련공 연봉의 10배가 넘었고, 하루에도 두세 배 오를 때가 있을 정도였는데요. 이렇게 가격이 폭등하자 아직 피지도 않은 튤립을 두고 꽃필 때 살 수 있는 권리를 프리미엄(탈레스의 예에서 20만 원)을 주고 사는 콜옵션이 성행하였습니다.

프리미엄을 지불해서라도 튤립을 살 수 있는 권리를 확보하면, 튤립 가격이 올랐을 때,

"(내가 돈을 냈으니까) 당신으로부터 (좋은 것은) 가져올 거예요Call from you."라고 했기에 콜Call옵션이라고 불렀습니다. 반대로 튤립을 이미 가지고 있는 사람은 젊은 부자처럼 프리미엄을 지불해서라도 가격이 떨어지면 예전 가격에 팔고 싶기 때문에 "(내가 돈을 냈으니까) 내가 가지고 있는 것을 당신이 (안 좋은 가격에) 가져가세요Put to you."라고 하기에 풋Put옵션이라고 했습니다.

석유 헷지

브라질에는 페트로 브라스Petro Bras라는 국영 석유 기업이 있습니다. 석유 및 가스 탐사 그리고 정유를 하는 국영 기업으로서 정부 재정에 큰 도움을 주고 있지요. 하지만 유가의 오르내림에 따라 그만큼 브라질 정부의 재정도 영향을 받았는데요. 이 문제를 해결하기 위해 고심하던 브라질 정부는 결국 2018년부터 석유를 헷지Hedge하기로 하였습니다.

헷지Hedge의 원래 뜻은 '울타리'인데요. 헷지했다는 것은 '울타리를 둘렀다', 즉 가격 변동의 위험으로부터 안전망을 구축했다는 뜻입니다.

브라질 정부가 헷지한 방법은 프리미엄을 내고 석유를 정해진 가격에 팔 수 있는 거래를 맺은 것입니다. 즉 **풋옵션**을 산 것이었죠. 프리미엄으로 3달러를 지불하고 67달러에 팔 수 있는 풋옵션을 샀는데요.[1] 석유 가격의 변화에 따른 브라질 정부의 수익은 다음과 같습니다.

상황 브라질 정부가 프리미엄 3달러를 금융회사에 지불하고, 석유를 67달러에 팔 수 있는 풋옵션을 샀음

(위의 예로는 브라질 정부가 젊은 부자, 금융회사가 탈레스인 셈입니다.)

석유 가격	헷지 안 할 때 브라질 정부의 손익 (A)	헷지했을 때 브라질 정부의 수익 (B)	헷지로 인한 손익 (B) - (A)
75달러	75달러	시장에 석유를 판 가격 75달러 - 금융회사에 지불한 프리미엄 3달러 = 72달러	-3달러
70달러	70달러	시장에 석유를 판 가격 70달러 - 금융회사에 지불한 프리미엄 3달러 = 67달러	-3달러
67달러	67달러	시장에 석유를 판 가격 67달러 - 금융회사에 지불한 프리미엄 3달러 = 64달러	-3달러
64달러	64달러	금융회사에 석유를 판 가격 67달러[6] - 금융회사에 지불한 프리미엄 3달러 = 64달러	0달러
57달러	57달러	금융회사에 석유를 판 가격 67달러 - 금융회사에 지불한 프리미엄 3달러 = 64달러	+7달러
50달러	50달러	금융회사에 석유를 판 가격 67달러 - 금융회사에 지불한 프리미엄 3달러 = 64달러	+14달러

석유 가격이 67달러 밑으로 내려가도 풋옵션으로 헷지한 브라질 정부는 안정적으로 64달러를 벌 수 있습니다.

---

[6] 시장에서 석유가 64달러이기에 브라질 정부는 풋옵션을 판 금융회사에게 시장가보다 비싼 67달러에 판 것입니다.

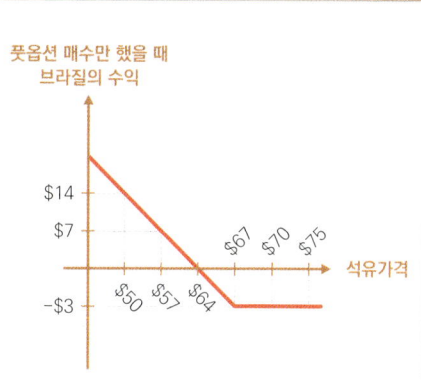
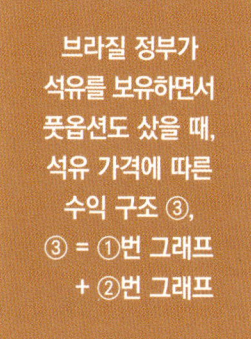
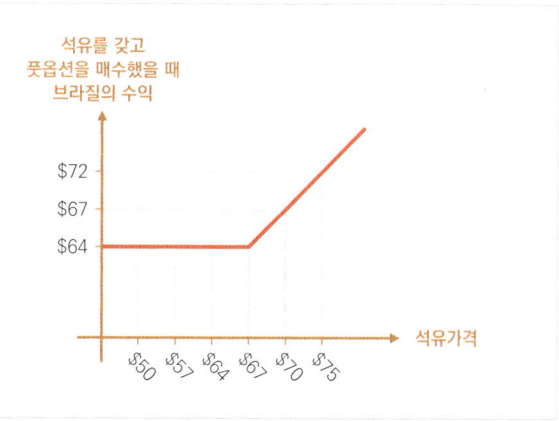

그렇다면 실제로 헷지한 결과는 어떠했을까요? 브라질 정부는 유가가 57달러로 떨어졌던 2019년 8월에 옵션을 행사해서 64달러에 팔 수 있게 되었는데요. 이 풋옵션을 산 덕분에 브라질 정부는 대략 9천억 원 정도를 벌게 되었습니다.

ELS

옵션을 팔면, 옵션을 산 쪽으로부터 프리미엄을 받는데요. 그 프리미엄을 얹어서 만든 대표적인 상품이 ELS(Equity-Linked Securities, 주가연계증권)입니다. 저금리 시대에 투자 대안이 되는 상품 중에 하나이지요.

예를 들어, 주가 지수가 지금 2,000인데 1년 동안 1,500 밑으로 떨어지지 않으면 금리를 4% 주겠다는 ELS가 있습니다.[7] 설마 멀쩡한 주가가 1,500까지 떨어질 것 같지도 않고, 요즘과 같은 저금리 시대에 4%의 수익을 주기 때문에 투자자들이 이러한 구조의 ELS에 1조 원을 투자했다고 하겠습니다.

ELS를 만든 증권사는 1조 원의 4%인 400억 원을 고객들에게 돌려주어야 하는데요. 우선은 이 1조 원으로 안전한 채권을 삽니다. 하지만 안전한 채권의 금리는 1%밖에 되지 않기 때문에 투자자에게 약속한 4%를 줄 수 없습니다. 추가적으로 3%(= 300억)의 수익이 필요한 것이죠.

그래서 이제 증권사는, 주식에 투자했기 때문에 주가가 떨어지는 상황을 피하고 싶어하는 헷지Hedge 수요자를 찾습니다. 그리고 만일 주가 지수가 1,500 밑으로 떨어지면, 헷지 수요자가 2,000의 가격에 팔 수 있는 풋옵션을 프리미엄 3%(= 300억)에 파는 것입니다.

이후 증권사가 헷지 수요자에게 받은 프리미엄 3%를 ELS 투자자들에게 넘기면 ELS 투자자들은 "채권 1% 이자" + "프리미엄 3%" = 4%의 수익을 달성할 수

---

[7] 실제 ELS에는 굉장히 많은 종류가 있습니다. 여기에서는 이해를 돕기 위해 간단한 예를 든 것입니다.

있습니다.[8] 하지만 이 구조를 가만히 살펴보면 ELS 투자자들이 다 함께 모여 보험사 역할을 하여, 헷지 수요자에게 받은 프리미엄을 나눠 가진 것입니다.

그렇다면 주가의 움직임에 따라 ELS 투자자의 손익은 어떻게 변할까요? 시나리오를 살펴보면 다음과 같습니다.

첫째, 주가 지수가 ELS 만기일에 2,500이 되는 경우, ELS 투자자들은 약속된 4%의 수익을 받게 됩니다. 경제 상황이 좋아져 주가 지수가 25% 상승했는데도 4%밖에 수익을 얻지 못한다는 아쉬움이 있기는 하지만, 그래도 괜찮은 투자라고 할 수 있습니다.

둘째, 주가 지수가 ELS 만기일에도 변함없이 2,000인 경우, 이때도 ELS 투자자들은 약속된 4% 수익을 얻게 됩니다. 경제 상황이 좋지도 나쁘지도 않은 상태에서 은행 이자보다 훨씬 높은 4%의 수익이 난 것이죠.

셋째, 주가 지수가 ELS 만기일에 1,500~1,999 사이에 있을 경우, 비록 주가가 떨어졌다 해도 ELS 투자자들은 약속대로 4%의 수익을 받습니다. 일반적으로 주가가 떨어졌다 함은 경기가 좋지 않다는 뜻인데요. 그럼에도 불구하고 ELS 투자자는 4%의 이익이 난 것이죠.

넷째, 주가 지수가 만기일에 1,500 밑으로 떨어진 경우, ELS 투자자들은 프리미엄을 낸 쪽에서 발생한 손실을 메워 주게 됩니다.

---

[8] 실제로는 증권사가 여기에서 약간의 수수료를 청구합니다. 여기에서는 이해의 편의를 위해 수수료가 없는 것으로 가정하겠습니다.

1. 브라질

⟨시나리오별 상황⟩

ELS 만기 시 KOSPI 주가지수	예금만 가입한 투자자	주식만 산 투자자	ELS 투자자 = 채권이자 + 프리미엄 수익	주식을 사고, 풋옵션을 사서 헷지한 투자자 = 주식 매수 − 프리미엄 비용
⟨시나리오 1⟩ 주가지수 2,500	1%	+25%	4% (채권 1% + 프리미엄 3%)	+22% (주가 상승 25% + 프리미엄 −3%)
⟨시나리오 2⟩ 주가지수 2,000	1%	0%	4% (채권 1% + 프리미엄 3%)	−3% (프리미엄 지불 −3%)
⟨시나리오 3⟩ 주가지수 1,600	1%	−20%	4% (채권 1% + 프리미엄 3%)	−23% (주가 하락으로 20% 손실 + 프리미엄 −3%)
⟨시나리오 4⟩ 주가지수 1,400	1%	−30%	−26% (채권 1% + 프리미엄 3% − 주가 하락으로 30% 손실)	−3% (주가 하락 손실 0 + 프리미엄 −3%)

   학자들이 세상에서 일어나는 현상들이 어떠한 분포로 일어나는지 살펴보니 "평균값 근처에서 대부분의 값들이 발생하고, 평균에서 거리가 멀어질수록 그 값이 나타날 확률이 매우 낮다"는 사실을 발견했습니다. 키, 몸무게, 성적, 연봉, 수명 등등에서 말이죠. 이러한 분포를 '정규 분포Normal Distribution'라고 하는데요. 세상을 이해하고, 설명하고 상품에 가격을 매길 때 정규 분포를 많이 사용하고 있습니다.

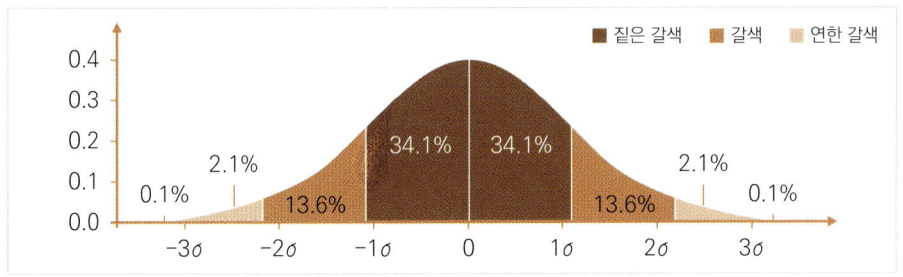

위 그래프에서 평균은 0이고, σ는 표준 편차입니다.

평균인 0의 근처에는 많이 분포되어 있고, 평균 0에서 1σ(1 표준편차)만큼 증가할 때마다 발생할 확률이 낮아지는 것을 알 수 있습니다. 예를 들어 어떤 사람의 수명이 평균으로부터 ±1σ 이내에 존재할 확률은 68.2%(= 34.1% + 34.1%, 짙은 갈색)이고, ±2σ 내에 있을 확률은 95.4%(= 13.6% + 34.1% + 34.1% + 13.6% 짙은 갈색 + 갈색)이며, ±3σ 내에 있을 확률은 99.6%(= 2.1% + 13.6% + 34.1% + 34.1% + 13.6% + 2.1% 짙은 갈색 + 갈색 + 연한 갈색)입니다. 즉 대부분의 값들은 평균으로부터 ±3σ 이내에 있을 것이고 그 밖의 값이 나올 확률은 매우 적다고 봅니다.

　ELS 투자자들은 ELS 만기 때까지 여러 다양한 현상들이 '평상시와 같을 것이다'로 예상한 것입니다. 투자하는 기간 동안에는 테러나 전쟁이 일어나지 않고, 전염병과 자연재해는 일어나지 않고, 생각지도 못한 수준까지 금리나 주가가 도달하지 않고, 갑작스러운 전 세계적 금융위기가 오지 않을 것에 베팅한 것이지요. 이렇게 ELS는 경제 상황이 평상시 수준(= 평균)에서 크게 벗어나지 않으면 은행 이자보다 높은 수익을 얻을 수 있는 것이고, 반대로 평균에서 멀리 떨어진 일들이 발생하면 손실을 보는 구조인 것입니다.[9]

　하지만 세상에서는 예상치 못한 일들이 종종 발생해서 ELS 투자자들이 손실을 보기도 하는데요. 2019년도에 대표적인 사건이 있었습니다. ELS 투자자들이 풋옵션 프리미엄을 조금 더 받되 (즉 수익률이 더 높되) 대신에 예상치 못한 일이 발생하면 투자금의 상당액을 손실 보는 조건의 DLF 상품이었는데요. 이름만 다르지 사실상 구조는 ELS와 같았습니다.

---

[9] 평균에서 멀다는 것은 자주 발생하지 않는다는 의미입니다. 몸통 부분인 '평균'에서 멀기 때문에 '꼬리Tail'라고도 하는데요. 꼬리에 해당되는 사건들이 생각보다 자주 일어날 때를 가리켜 팻 테일(Fat Tail, 뚱뚱한 꼬리) 현상이라고 합니다.

이 상품은 독일 10년 국채 금리가 -0.6% 밑으로 내려가면 프리미엄을 낸 헷지 투자자에게 큰 수익을 주기로 한 것이었는데요. 설마 그렇게까지 금리가 낮게 내려갈까 했는데 실제 -0.619%로 갔기 때문에 DLF 투자자들이 큰 손실을 입은 것이었지요.

탈레스의 사례에서도 큰 풍년이 오는 것은 평균적인 일이 아닙니다. 콜옵션을 산 탈레스가 큰돈을 벌 수 있었던 것도, 풍년이 온다는 평균적이지 않은 것에 탈레스가 베팅했기 때문입니다. 즉 옵션을 산다는 것은 만기 이전까지 '평균적이지 않은 사건이 발생할 것이다'에 건 것이고, 반대로 옵션을 판 압착기 주인들은 만기 이전까지 '지금처럼 평균적인 사건들만 발생할 것이다'에 건 것입니다.

실제로, 일상에서는 대부분 평균적인 일들이 일어나고 평균에서 멀리 떨어진 일들은 잘 일어나지 않습니다. 그래서 그동안 ELS로 이익을 본 투자자들은 대단히 많았으며 ELS와 비슷한 구조의 상품은 2019년 기준 약 130조 원가량이나 팔렸습니다.ᴷ 하지만 언제 평균에서 벗어난 일들이 발생할지 모르기 때문에 ELS에 투자할 때는 자산의 일부분만 투자하셔야 합니다.

〈ELS〉

위험성	중위험
수익성	중수익
장점	특별한 사건이 발생하지 않는, 보통의 경우에는 예금보다 높은 수익을 얻을 수 있기 때문에 ELS는 예금보다는 기대 수익률이 높고 주식보다는 위험이 낮은 상품이라고 할 수 있습니다.
단점	기초자산 가격이 위로 상승했을 때는 이익이 막혀 있고, 아래로 하락할 때는 손실이 열려 있습니다. 예 주가가 2,500으로 올라갔음에도 +4%밖에 수익을 얻지 못하지만 1,400로 떨어졌을 때는 -30%의 손실을 입게 됩니다.

더 알아보기 2 ELS

ELS의 상품 구조는 짜기 나름이어서 정말 수만 가지 종류의 ELS가 있습니다. ELS의 개념에 대해 쉽게 설명해 드리기 위해 위에서는 정말 간단한 구조로 말씀드렸는데요. 조금 더 일반적인 ELS 상품 구조는 다음과 같습니다.

위의 예에서는 KOSPI 200 지수만 기초자산으로 했지만 실제로는 두 개 이상으로 만듭니다. 기초자산이 두 개 이상이라는 것은 수익률을 높이기 위해(= 프리미엄을 더 받기 위해) 옵션 매도를 두 군데 이상으로 한 것이지요.

예를 들면,
"한국 주가 지수 KOSPI 200 + 미국 주가 지수 S&P 500"
"한국 주가 지수 KOSPI 200 + 일본 주가 지수 NIKKEI 225 + 홍콩 주가지수 HANGSENG"
이렇게 두 개 혹은 세 개의 기초자산으로 만듭니다. 기초자산이 늘어날수록 수익률은 높아질 것이고요.

그리고 특정한 날짜를 기준으로 잡아, 그날의 기초자산 가격을 100으로 보고, 6개월마다 기초자산의 가격을 체크합니다. 만일 조건이 만족되면 만기가 되기 전에 원금과 이익이 지급됩니다. 하지만 조건이 만족되지 못하면 다음 6개월 후를 관찰하게 됩니다. 사례를 보면서 말씀드리겠습니다.

<예>

	내용	설명
기초자산	KOSPI 200 + S&P 500	투자 수익률을 결정하는 기초자산은 한국의 주가지수인 KOSPI 200과 미국의 주가지수인 S&P 500입니다. 즉 한국과 미국 주식시장에 각각 옵션 매도를 하고 프리미엄을 받은 것입니다.
만기	3년	만기는 3년이지만 6개월마다 기초자산인 KOSPI 200과 S&P 500 가격을 관찰해서, 조건이 만족되면 그 즉시 원금과 이자를 받게 됩니다.
조건	90 ㅣ 85 ㅣ 80 ㅣ 75 ㅣ 70 ㅣ 60 숫자는 각 6개월마다 조건을 만족시키는 기초자산의 가격입니다.	특정한 날짜를 기준으로 잡아, 그날의 기초자산 가격을 100으로 잡고 시작합니다. 이후 6개월마다 가격을 체크하여 조건의(90-85-80-75-70-60) 가격보다 기초자산의 가격이 높으면 원금과 이자를 받게 됩니다. 6개월 후에 가격이 90 이상이면, 즉 KOSPI 200과 S&P 500 지수가 둘 다 상승하거나 혹은 하락하더라도 그 폭이 10%보다 작다면 조건이 충족되서 원금과 이익이 지급됩니다. 하지만 만일 둘 중 하나라도 10% 이상 떨어져서, 90 미만이면 다음 6개월 후에(= 즉 투자한 지 1년 후) 가격이 85 이상인지 체크합니다. 만일 85 이상이면 조건이 만족되는 것입니다. 그러나 두 종목 중 하나라도 15% 이상 떨어져서 85 미만이면 다음 6개월 후를(= 즉 투자한 지 1년 6개월 후) 또 한 번 관찰합니다. 이런 방식으로 3년 동안 가는 것이죠. 그래서 연 수익률이 4.00%인 ELS라면, 기초자산의 가격이 6개월 후에 90 이상이면 2%를 받으면서 조기 상환되는 것이고, 1년 만에 조기 상환되면 4%, 1년 6개월 만에 조기 상환되면 6%를 받는 방식입니다.
최대 손익률	12% (3년간 연 4%)	2년 6개월 동안 조건을 만족시키지 못하다가 마지막인 3년째에 조건을 만족시키면 총 12%의 이자를 받게 됩니다. 이자율은 높아 좋아 보일 수 있지만 3년째에 조건을 만족시켰다는 것은 그동안 마음고생을 하게 했다는 뜻이기도 합니다.
최대 손실률	-100% (조건 달성 못하면 -40% ~ -100%)	만일 기초자산의 가격이 60 이하로 떨어지면, 즉 주가가 40% 이상 떨어지게 되면 떨어진 만큼을 ELS 투자자가 손해를 보게 됩니다. ELS 종류에 따라서 단 한 번만이라도 40% 이상 떨어지면 무조건 손실이 확정되는 상품이 있고, 40% 이상 떨어졌다 하더라도 조건을 관찰하는 시기에 보니 다시 가격이 회복된 상태라면 상관없는 상품도 있습니다. 따라서 투자하기 전에 어떤 조건인지 살펴보셔야 합니다. 위의 DLF는 한 번만이라도 금리가 -0.60%를 터치하면 손실이 확정되는 상품이었습니다.

형태	내용	설명
	조기 상환형	조건을 만족시키면 만기 이전에 원리금을 돌려주기 때문에 조기 상환형이라고 합니다.
	스텝다운 Step down	6개월마다 상환 조건이 점차 계단처럼 내려간다고 해서 이런 형태를 스텝다운Step down 형이라고 합니다.

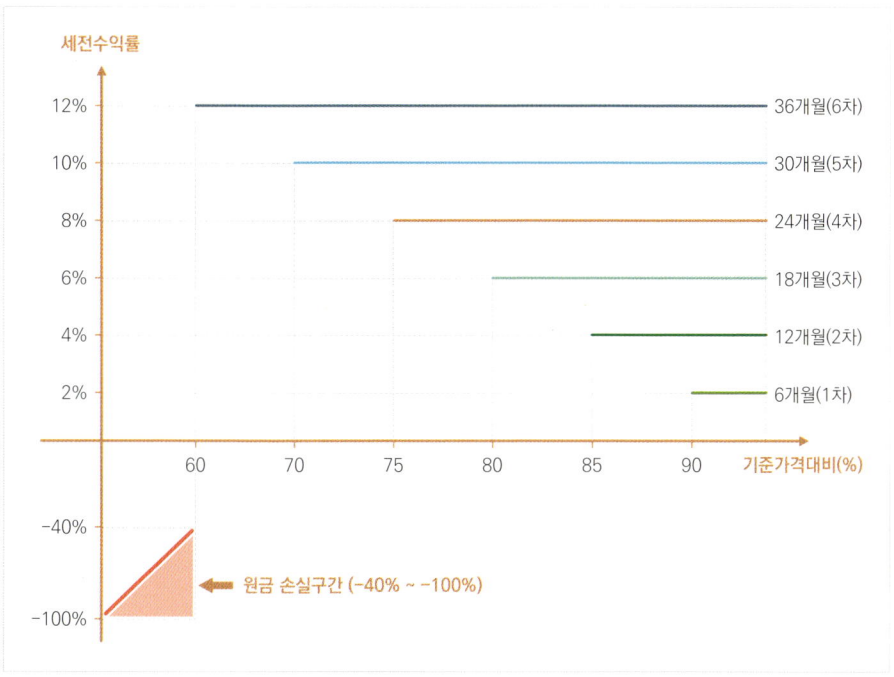

기초자산의 가격을 100으로 보고, 6개월마다 기초자산의 가격을 체크합니다. 만일 조건을 만족시키면 만기 전에 원금과 이익이 지급됩니다. 하지만 가격이 조건을 만족시키지 못하면 지급 시기는 다음 6개월 후로 연기됩니다. 예를 들어, 첫 번째 6개월이 지날 때(1차) 가격이 90 이상이면 원금과 2%의 수익을 받습니다.

만일 90 이하라면 다음 6개월 후(2차)로 연기되어, 그때 기초자산의 가격이 85 이상이면 원금과 4%의 수익을 받습니다. 이런 방식으로 총 3년(6차)까지 가게 됩니다. 하지만 만일 60 이하로 내려가게 되면 내려간 만큼 고스란히 손해를 보게 됩니다. 헷지하기 위해 프리미엄을 내고 풋옵션을 매수한 플레이어에게 보상해 주어야 하기 때문입니다.

자본시장연구원의 자료에 따르면 2003~2015년 동안의 ELS 투자 성과는 다음과 같습니다.

ELS	평균 실현 수익률	실질 만기	확률
이익이 났을 때	6.45%	0.81년	92.35%
손실이 났을 때	-37.28%	2.10년	7.65%

블랙 숄즈 모델

탈레스 사례에서 보면, 옵션을 사고 팔면서 프리미엄을 주고받는데요. 그렇다면 탈레스가 압착기 주인에게 지불한 프리미엄 20만 원은 과연 적절한 가격이었을까요? "그냥 20만 원 정도면 되지 않을까"라고 막연하게 추측해서 양측이 서로 합의한 가격이었다면, 계산을 잘못한 어느 한쪽은 처음부터 손해를 보고 시작하는 것입니다. 실제로, 그동안 정확한 프리미엄 가격을 도출하는 방법을 몰랐다가, 1973년 블랙 숄즈 모델Black-Scholes Model이라는 방정식[10]을 통해서야 비로소 정확한 프리미엄 가격을 계산할 수 있게 되었습니다.

블랙 숄즈 모델은 우리가 몰라도 살아가는 데 전혀 문제 없습니다. 다만 이 모델을 구성하는 '요소'들은 우리의 삶에도 적용해 볼 수 있기 때문에 잠시 살펴보겠습니다.

> 블랙 숄즈 모델Black-Scholes Model 구성요소
> ① 현재 가격 P (Present Price) (탈레스의 사례에서는 현재 시장의 압착기 대여 가격 90만 원)
> ② 행사 가격 G (Goal) (탈레스의 사례에서는 추수 시기에 탈레스가 빌릴 수 있는 가격 90만 원)
> ③ 이자율 R (Rate) (탈레스의 사례에서는 언급하지 않았습니다)
> ④ 만기 T (Time) (탈레스의 사례에서는 추수할 때까지)
> ⑤ 변동성 V (Volatility) (탈레스의 사례에서는 언급하지 않았습니다)

---

[10] 피셔 블랙Fischer Black과 마이런 숄즈Myron Scholes 교수가 고안해 낸 방정식으로, 이 공로로 1997년 노벨 경제학상을 수상하게 됩니다.

지극히 '개인적인 견해'로서, 블랙 숄즈 모델을 우리의 삶에 대입해 보겠습니다.[11]

현재 가격 P는 우리의 현재 상태라고 할 수 있습니다. 지금 현재의 내 성격, 취미, 직업, 건강 상태, 교육 정도, 집안 환경과 가풍, 친구들과의 관계, 심리적 안정감 등등으로 말이죠. P는 우리의 현재의 모습, 우리의 상태 그 자체입니다.

행사 가격 G는 우리 자신에게 요구되는 목표라고 할 수 있습니다. 이 목표는 주변 사람들이 우리에게 기대하는 모습일 수도 있고, 우리가 우리 자신에게 요구하는 모습일 수도 있습니다. 현재의 모습인 P(현실 자아)와 우리 자신에게 요구되는 목표 G(이상 자아)가 서로 너무 멀리 떨어져 있으면 본인도 괴롭고 주변 사람들도 우리를 현실성이 없는 사람이라고 생각할 수 있습니다. 반대로 P(현실 자아)와 G(이상 자아)가 상당히 근접해 있다면 상대적으로 행복감이 높은 상태일 수 있습니다.

이자율 R은 우리가 어떻게 할 수 있는 부분이 아닙니다. 왜냐하면 이자율은 중앙 은행과 채권시장에서의 수요와 공급에 따라 결정되는 것이지, 우리가 뭔가 노력한다고 바뀌는 것이 아니기 때문입니다. 즉 이자율 R은 우리가 있는 그대로 받아들여야 하는 부분입니다.

T는 만기인데요. T도 우리 마음대로 하기 어렵습니다. 왜냐하면 우리가 얼마나 오래 살지, 우리의 남아 있는 T가 얼마가 될지는 신이 아닌 이상 아무도 모르기 때문입니다. 우리는 단지 우리의 T를 최대한으로 늘리기 위한 노력만 할 수 있습니다. 규칙적으로 운동하거나 좋은 식습관을 들이는 등으로 말이죠.

---

[11] 다시 말씀 드리지만, 이것은 블랙 숄즈 방정식의 원래 뜻이 아닌, 제가 이 방정식을 임의로 삶에 대입해서 해석한 것입니다.

여담입니다만, 사랑하는 외할머니께서는 매우 부지런하시고 성격은 조금 급하신 편인데요. 외할머니의 이러한 '특징'들은 저희 집안 가풍에 큰 영향을 끼쳤습니다. 그도 그럴 것이 외할아버지께서 30대 중반에 돌아가셨기에 졸지에 젊은 과부가 되신 외할머니는 어떻게든 4남매를 키워야 했고 스스로 많은 문제들을 해결해야 했기 때문이었습니다.

한편, 저는 친할아버지와 친할머니를 뵌 적이 없는데요. 아버지께서 초등학생 때 두 분 모두 돌아가셨기 때문입니다. 어려서부터 고생하셨던 아버지는 안정성을 선택하여 공무원이 되셨지요. 요즘 드는 생각은 만일 뵌 적도 없는 친할아버지와 친할머니 그리고 외할아버지께서 오래도록 살아 계셨더라면 제 사고방식과 삶에 어떤 영향을 끼치셨을까 하는 것입니다.

말씀드리고 싶은 것은, 독자분의 T는 독자분 자신만의 것이 아니라는 것입니다. 고귀하신 독자분에게 의지하고 있는 가족과 친지들 그리고 장래의 자녀와 손자들은 여러분의 영향하에 있기 때문에, 이분들을 위해서라도 T를 늘리기 위한 노력을 더 하셔야 합니다. 실제로도 T가 길면 길수록 옵션 가치는 높아지고요.

변동성 V는 기존 자신의 평균적인 모습에서 얼마나 '벗어날 수 있는가'를 의미합니다. 탈레스의 사례에서 보면, 만일 매년 압착기 대여 가격이 크게 들쑥날쑥했다면 탈레스는 20만 원보다 더 많은 프리미엄을 지불해야 했을 것입니다. 왜냐하면 언제든지 대여 가격은 갑자기 비싸질 수도 있다면서 압착기 주인들이 더 많은 프리미엄을 요구했을 수 있으니까요. 하지만 대여 가격이 평균적으로 매년 큰 변동이 없었더라면 20만 원보다도 더 적은 프리미엄만 내도 탈레스는 콜옵션을 살 수 있었을 것입니다. 이렇듯 그동안 얼마나 변동성이 있었는지는 옵션 가격의 중요한 요소로 작용합니다.

변동성 V는 평균에서 벗어나는 것 혹은 자신의 평상시 모습과 다른 새로운 변화를 만드는 것으로 볼 수 있는데요. 작게는 살을 빼기 위해 엘리베이터 대신 계단으로 걸어 다닌다거나, 가족들에게 더 예쁜 말을 한다거나[12], 잠자리에 들기 전에 10분 동안 책을 읽거나, 소비를 5% 줄인다거나, 아침에 평소보다 10분 일찍 일어나는 등과 같은 변화를 주는 것입니다. 할까 말까 망설여지고, 조금 귀찮기도 하고 굳이 할 필요가 없어서 안 하는 것을 하는 것은 우리의 변동성 V를 조금이라도 더 높이는 것입니다.

V를 더 큰 의미로 확장한다면, 자신이 꿈꿔 온 꿈을 현실로 이루기 위해 새로운 도전을 하는 것이라고 할 수 있습니다. V가 클수록 평균적인 모습에서 '벗어난다'는 것이기 때문에 뭔가 끊임없이 시도한다면 평균에서 벗어나는 사람, 혹은 기존 자신의 모습에서 탈피된다고도 할 수 있겠죠.

정리하면, P는 지금 우리 자신의 모습, '현실 자아'이고 G는 우리가 가고자 하는 목표, 즉 '이상 자아'이며 이자율 R은 우리 손 밖에 있기 때문에 받아들여야 하며, 만기 T는 우리가 늘리기 위해 노력할 뿐 어떻게 할 수 있는 부분이 적습니다.

---

[12] 심리학 교수인 하워드 마크먼Howard Markman은 이렇게 말했습니다. "사이 좋지 않은 부부들의 경우 대부분이 기적까지는 아니더라도 획기적인 변화가 있어야 관계가 좋아질 거라고 생각합니다. 하지만 진실은 그렇지 않아요. 자신의 작은 변화가 중대하고도 긍정적인 변화를 불러일으킬 수 있다는 사실을 깨달았을 때 두 사람 관계에 진정한 돌파구가 마련됩니다." – 린다 카플란 탈러, 로빈 코발, 《유쾌한 나비효과》, 흐름출판, 2010

이렇게 보면 결국 우리가 마음대로 할 수 있는 것은 변동성 V뿐입니다. 만기 T가 줄어들기 전에 변동성 V를 만들면, 점점 우리의 평균적 모습인 현실 자아 P가 달라져서 되고 싶은 이상 자아 G에 근접하게 되는 것입니다. 바꿔 생각하면 변동성 V를 만들지 않으면 만기 T만 줄어들 뿐 P가 크게 달라지지 않고 G에 다가가기 어렵다는 것이고요.

여기서 가장 먼저 해야 할 것은, 우리 자신의 P가 어떠한지 정확히 파악해야 한다는 것입니다.[13] 그래야 우리의 G를 세우고 T를 늘리기 위해 무엇을 할 것인지 ('당신이 먹고 있는 것이 바로 당신 자신을 나타낸다'라는 말이 있습니다. 몸에 좋은 것으로 드셔야 합니다), 어떻게 변동성 V를 만들 수 있을지를 고민할 수 있기 때문입니다. 이것은 개인뿐만 아니라 투자할 기업들 그리고 각 나라에게도 다 해당될 텐데요. 앞으로 각 나라의 P와 그들이 나아가고자 하는 G 그리고 그것을 위해 어떻게 V를 만들고 있는지를 관심 있게 지켜보셨으면 좋겠습니다.

---

[13] 세계적으로 유명한 컨설팅 회사 멕킨지Mckinsey에서는 "지금 상황에 대해 파악을 하면 문제의 70%는 해결된 것"이라고 하기까지 합니다.

영원한 월드컵 우승 후보

계속 금융 이야기만 하면 머리가 '지끈'할 수 있기 때문에, 잠시 바람 쐴 겸 브라질 시내를 나가보겠습니다.

브라질의 식당에는 한국에서 맛보지 못한, 맛있는 음식들이 가득한데요. 그 맛있는 음식 사이로 보이는 텔레비전에서는 축구 경기가 계속 중계되고 있습니다. 생중계는 물론이고 재방송과 하이라이트까지 나오고 다른 나라의 빅 리그 경기도 볼 수 있지요.

브라질 전통음식 페이조아다Feijoada입니다.
돼지고기와 소고기를 넣고 끓인 검은콩 스프로 건강에 좋을 뿐 아니라 맛도 일품입니다.

브라질 국가 대표팀이 경기를 하면 거리가 텅텅 빌 정도인데요. 회사에서는 직원들에게 축구 경기를 마음 편하게 보라고 아예 일을 빨리 끝내거나 반차 휴가를 주기도 합니다.

　브라질은 무려 5차례(1958년, 1962년, 1970년, 1994년, 2002년) 월드컵에서 우승했는데요. 브라질이 유독 이렇게 축구를 잘하는 이유에 대해 브라질 사람들은 다음과 같은 이유를 꼽았습니다.

　첫째, 축구 리그의 활성화입니다. 브라질 축구 리그는 1~4부까지의 전국 리그가 있고 전국 27개의 주State에도 각각 리그가 있어, 800여 개 팀들 간에 치열한 승격과 탈락이 펼쳐지고 있습니다. 게다가 날씨가 따뜻하기 때문에 1월부터 12월까지 1년 내내 축구 경기가 쉬지 않고 계속해서 열립니다.

　둘째, 축구를 잘 하면 좋은 대우를 받기 때문입니다. 브라질에는 세계적으로 유명한 축구 선수들이 많고 그들이 엄청난 인기와 부를 쥐고 있기 때문에 청소년들은 그들을 롤 모델Role model로 삼고 있습니다. 공교육이 제 기능을 잘 하지 못하는 상황에서 가난을 떨쳐 낼 수 있는 몇 안 되는 탈출구로 여겨지기도 하고요.

　셋째, 축구는 특별한 장비가 필요하지 않고 길거리나 공터 등 어디서나 할 수 있습니다. 공 살 돈이 없더라도 양말 뭉친 것으로 공을 대신하는 등 열악한 환경 속에서도 얼마든지 할 수 있습니다. 동네에서 맨발로 축구하는 경우도 많다 보니 공을 차다 다쳐 뼈까지 드러나는 경우까지 종종 생기는데요. 브라질에서는 발바닥이 적어도 3번은 까져 봐야 이제 비로소 축구를 시작했다고 말할 수 있습니다.

넷째, 브라질은 세계 각지에서 온 다양한 인종들로 이루어져 있기 때문에 다양한 체격 조건의 선수들과 경기를 치를 수 있습니다. 한국은 한국인들끼리 경쟁하지만 브라질은 유럽, 아프리카, 중동, 동양인들이 함께 축구를 하면서 각 인종별 장단점을 잘 파악하고 이들의 좋은 점을 일찍부터 자신의 것으로 삼을 수 있습니다.

채권과 금리

　돈을 빌릴 때, 특히나 큰돈을 빌릴 때는 '얼마의 금액'을 '언제까지 빌리고', '이자는 몇 %로 주겠다'고 약속한 차용증을 쓰곤 하는데요. 이러한 차용증이 바로 채권입니다. 하지만 누군지도 모르고 믿을 수도 없는 사람이 쓴 차용증이 시장에서 거래될 수는 없습니다. 따라서 이름만 들으면 누구나 알 수 있고, 빚을 갚을 능력도 충분하다고 믿을 수 있는 정부, 중앙은행, 공기업, 대기업들이 쓴 차용증이 바로 채권입니다.

　우리가 일상생활에서 가장 많이 접하는 채권은 '예금통장'입니다. 통장은 알록달록 예쁘게 생겼지만 본질적으로는 우리가 은행에 돈을 빌려주면서 받은 증서이니까요. 즉 은행 예금이라는 것은 은행이 발행한 채권이고 이것을 예금주들이 산 셈입니다. 차용증으로 예쁘고 멋지게 꾸며진 통장을 받고서 말이죠.

　채권투자의 성과를 좌우하는 것은 금리입니다.
예를 들어, A가 어제 은행에 가서 100만 원을 1년 3%의 정기예금에 가입했다고 하겠습니다. 그러면 1년 후에는 103만 원을 받게 되겠죠. 그런데 B가 오늘 가 보니 정기예금 금리가 2%로 내려갔다면 B는 예금을 해도 1년 후에 102만 원밖에 못 받습니다. 이때 B는 어제 예금하지 않은 것을 후회하면서 A에게 5천 원을 더 얹어 주고서라도 A가 가입한 정기예금을 사고 싶을 것입니다.

　이번에는 반대로, B가 오늘 가 보니 정기예금 금리가 4%로 올랐다면 B는 어제 A가 가입한 3% 정기예금을 웃돈을 주면서 사지는 않을 것입니다. 오히려 A가 100만 원보다 더 싼값에 기존의 3% 예금을 팔고, 4% 예금으로 다시 가입하고 싶을 것입니다. 즉, 가입했을 때보다 금리가 내려가면 3% 예금의 가치가 높아진 것이고, 반대로 금리가 올라가면 3% 예금의 가치가 떨어짐을 알 수 있습니다. 예금을 은행이 발행한 차용증, 즉 채권이라고 본다면, **채권은 금리가 내려가면 가격이 상승하고, 금리가 올라가면 가격이 떨어집니다.**

일반적으로 경기가 좋을 것 같으면 사람들은 돈을 빌려서라도 투자하려고 합니다. 이에 따라 돈이 시중에 풀리면서 물가 상승으로 연결될 수 있습니다. 이때 중앙은행은 인플레이션을 막기 위해 시중에 풀린 돈을 흡수하려고 하는데요. 그중 가장 효과 있는 방법은 금리를 올려 시장에 풀린 자금을 예금으로 끌어들이는 것입니다. 반대로, 경기가 안 좋으면 금리를 내려서 투자를 증진시키고 소비를 유도하는 방식으로 경기를 조절합니다. 이자가 싸지면 예금을 덜하거나, 평소에 이자 비용이 부담스러워서 하지 못했던 대규모 투자나 갖고 싶었던 물건을 살 수 있는 여력이 생기기 때문이죠.

미국은 'FOMC(Federal Open Market Committee, 연방공개시장위원회)'에서, 한국은 한국은행Bank of Korea의 정책결정기구인 '금융통화위원회(금통위)'에서 기준금리를 결정하는데요. 경기를 면밀히 관찰한 후에 금리를 인상할지 혹은 동결할지 아니면 인하할지를 결정합니다(금리를 결정하는 회의는 1년에 8번 열립니다).

여담입니다만, 금융을 게임으로 배우면 재미있고 이해도 더 쉽게 할 수 있지 않을까 해서 '금융 게임'을 만들고 있는데요. 완성도를 높이기 위해 여러 연령대[14]와 다양한 직업의 지인들을 모시고 테스트를 진행하였습니다.[15] 이때 각 플레이어 역할 간의 밸런스를 맞추고, 최적의 조건을 찾아내기 위해 게임을 할 때마다 작은 변화[16]를 주었는데요. 흥미롭게도 이 작은 변화들이 예상했던 것보다 각 플레이어들의 행동에 큰 영향을 미치는 것이었습니다. 현실의 메커니즘을 단순화해서 만든 게임인데도 이러하니, 실제 세상은 얼마나 작은 차이에도 민감하고 예민하게 반응하고 있을까, 사람의 마음뿐만 아니라 세상도 꽤 세심하게 작동되고 있다는 것을 느끼게 되었습니다.

게임에서야 개발자가 미세하게 조정하면 되지만, 현실에서는 누가 어떻게 미세 조정 역할을 할까요? 물론 정부의 정책도 큰 역할을 할 것입니다. 하지만, 지극히 개인적인 생각으로는 중앙은행의 금리 결정이 그 역할에 가장 가까운 것이 아닐까 합니다. 작은 이자율의 차이에 따라 경제 주체들의 선택이 달라져서 자금 흐름의 방향이 바뀌고 환율에까지 영향을 주니까요. 이렇게 작고 미세한 금리의 차이가 큰 결과로 이어질 수 있기 때문에 중앙은행이 금리를 결정할 때는 보통 0.25%씩을 인상하거나 인하합니다.

---

[14] 초등학생부터 70대까지 다양했습니다. 성인들은 과연 어린 학생들이 게임의 룰을 이해할 수 있을까 우려했지만, 흥미롭게도 초등학생들은 이해는 물론이거니와 기존의 틀이 없어서인지 생각지 못한 신선한 플레이로 게임의 완성도를 높이는 데 큰 도움을 주었습니다. 사람은 나이가 어리다고 절대 무시해서는 안 된다는 생각을 다시 한번 하게 되었지요.

[15] 감사하게도 몰입해 주신 덕분인지, 개개인의 성향이 게임 중에 나타난다는 것이 흥미로웠습니다. 게임용 돈임에도 불구하고 손에 꽉 쥐고 있다거나, 정해진 비용을 내야 하는데 안 내고 버티려는 분도 계셨고, 모 아니면 도 식으로 무조건 크게 베팅하는 분, 반대로 너무 안전하게만 하는 분, 가격이 많이 올라갔으면 더 안 사는 분, 아무리 올라도 앞으로 더 오를 수 있다고 해서 추가로 더 사는 분 등으로 다양한 모습이었습니다.

[16] 주식 가격이 오를 확률을 51.9%에서 53.1%로 높인다거나, 채권 이자율을 약간 올린다거나, 보험료를 조금 인하하는 등의 변화를 주었습니다.

다시 돌아와서, 주식은 경기가 좋아야 회사 실적이 오를 것으로 기대되어 가격이 상승하지만 채권은 경기가 좋으면 금리 인상이 예상되어 오히려 가격이 떨어지게 됩니다. 반대로 경기가 안 좋으면 주식 가격은 떨어지지만 채권은 금리 인하를 예상해서 가격이 상승하고요. 그래서 자산을 주식과 채권으로 나누어 분산투자하면, 마치 모자 장수와 우산 장수의 어머니처럼, 경기가 좋을 때는 주가가 올라서 좋고, 경기가 나쁠 때는 채권값이 올라서 좋습니다.

〈주식과 채권〉

	주식	채권
성격	지분증권, 자기자본 → 회사 입장에서는 회사의 주인인 주주들이 돈을 낸 것이기 때문에 갚지 않아도 되는 자기자본입니다	채무증권, 타인자본 → 회사 입장에서는 주주 이외에서 돈을 빌린 것이기 때문에 갚아야 할 부채, 타인자본입니다
만기	만기 없음	만기 있음
순위	후순위입니다. 주주는 회사가 망했을 때, 채권자 다음으로 회사의 잔존 자산을 처분할 수 있습니다.	선순위입니다. 채권자는 원금과 이자를 받지 못하면 주주보다 우선 순위로 회사의 자산을 처분할 수 있습니다.
투자 안전도	채권에 비해 상대적으로 위험	주식에 비해 상대적으로 안전
투자 성과	주식 가격 상승 + 배당	채권 가격 상승 + 이자
가격	- 일반적으로 경기가 좋아야 가격이 상승합니다. - 가격 변동 폭이 채권에 비해 상대적으로 큽니다.	- 일반적으로 경기가 좋지 않아야 가격이 상승합니다. - 가격 변동 폭이 주식에 비해 상대적으로 작습니다.

채권의 신용등급과 캐리

그렇다면 어떤 채권을 믿을 수 있고 안전한 채권이라고 할 수 있을까요? 금융권에서는 개인뿐 아니라 회사 그리고 국가의 신뢰도와 채무 상환 능력을 놓고 신용등급을 매기고 있습니다. 채권의 등급을 나눌 수밖에 없는 이유는 돈을 빌려주는 입장에서 위험을 관리해야 하기 때문입니다.

신용등급 중 가장 좋은 등급은 대표적인 신용평가회사 S&P(Standard&Poor) 기준 AAA이고, 그다음 AA부터는 +, 0, - 이렇게 세 단계(예 AA+, AA0, AA-)로 나뉘게 됩니다. 신용등급마다 자금을 빌리는 이자율이 다른데요. 등급이 좋을수록 낮은 금리로 싸게 조달할 수 있습니다. 그래서 국가든 회사든 어떻게든 좋은 신용등급을 받으려고 노력하고 있지요.

〈국가별 신용등급 표〉[N]

	정의	신용등급 (S&P 기준)	나라
투자 적격 등급	전반적인 신용도가 매우 우수하여 채무 불이행 위험이 극히 낮음	AAA	독일, 캐나다, 호주, 싱가포르, 네덜란드, 스위스, 스웨덴, 덴마크, 노르웨이
	전반적인 신용도가 우수하나 장래의 급격한 환경변화에 따라 영향받을 가능성을 배제할 수 없음	AA+	미국, 핀란드, 오스트리아, 홍콩
		AA0	**한국**, 영국, 프랑스, 벨기에, 뉴질랜드, 쿠웨이트, 아랍 에미리트
		AA-	대만, 아일랜드, 체코, 에스토니아, 슬로베니아, 카타르, 이스라엘
	전반적인 신용도가 양호하나 장래의 안정성이 저하될 가능성이 있음	A+	일본, 중국, 칠레
		A0	스페인, 아이슬란드
		A-	말레이시아, 사우디
	전반적인 신용상태가 양호한 수준이나 장래의 안정성 면에서 불안한 요소가 있음	BBB+	멕시코, 태국, 필리핀, 페루
		BBB0	이탈리아, 포르투갈, 우루과이, 인도네시아, 불가리아
		BBB-	인도, 러시아, 콜롬비아, 크로아티아, 카자흐스탄
투자 부적격 등급	채무이행 능력에는 큰 문제가 없으나 장래 환경 악화 시 안정성 면에서 불안한 요소를 상위 등급에 비해 많이 내포하고 있음	BB+	아제르바이잔, 세르비아
		BB0	브라질, 오만, 남아공
		BB-	그리스, 온두라스, 방글라데시
	채무이행 능력에 문제가 발생할 가능성을 배제할 수 없음	B+	가나, 터키, 바레인
		B0	가봉, 자메이카, 이집트
		B-	엘살바도르, 에콰도르
	채무이행 능력이 의문시되며 채무 불이행 가능성이 있음	CCC+ 이하	모잠비크, 아르헨티나

신용등급 BBB-까지가 투자 적격등급이고 BB+부터는 투자 부적격, 즉 투기등급입니다. 열량은 높은데 정작 영양가는 적은 부실한 음식을 정크푸드Junk Food라고 하듯이, 투기등급 채권은 금리는 높지만 위험하다고 해서 정크본드Junk Bond라고 부르기도 합니다. 이러한 신용등급은 상황에 따라 올라가기도 하고 떨어지기도 합니다.

〈국내 기업별 신용등급 표〉 (2020년 말 기준)

	정의	신용등급 (국내 신용 평가사 기준)	채권 발행사
투자 적격 등급	전반적인 신용도가 매우 우수하여 채무 불이행 위험이 극히 낮음	AAA	대한민국 국채, 한국 수자원 공사, 삼성전자, 산업은행, 하나은행, 신한은행, KB은행
	전반적인 신용도가 우수하나 장래의 급격한 환경변화에 따라 영향 받을 가능성을 배제할 수 없음	AA+	LG화학, 삼성물산, GS칼텍스, 삼성카드, 신한카드, 전북은행, 광주은행, 경남은행, 대구도시공사
		AA0	LG전자, 평택도시공사, 김해도시공사, 우리카드, 현대카드, 현대캐피탈
		AA-	한국전력, 도로공사, 부산항만공사, 인천국제공항공사, 롯데하이마트, 롯데카드, 현대커머셜, 신한캐피탈
	전반적인 신용도가 양호하나 장래의 안정성이 저하될 가능성이 있음	A+	메리츠캐피탈, DGB캐피탈, 벤츠파이낸셜, 대림코퍼레이션, LG디스플레이, 동원 F&B, 대웅제약
		A0	효성중공업, CJ CGV, SK캐미칼, 해태제과, 하이트진로, GS건설
		A-	사조산업, 한국콜마, 쌍용양회
	전반적인 신용상태가 양호한 수준이나 장래의 안정성 면에서 불안한 요소가 있음	BBB+	대한항공, LS네트웍스, 현대로템
		BBB0	두산인프라코어, 중앙일보, 한진칼
		BBB-	두산중공업

국내 신용평가회사들은 미국 신용 평가 회사인 S&P보다 후하게 등급을 적용하고 있기 때문에 두 번째 표에 있는 국내 기업별 신용등급은 첫 번째 표의 S&P 등급보다 두 단계 높게 평가되어 있습니다. 예를 들어 하나은행은 국내 신용등급으로는 AAA이지만 S&P 신용등급으로는 A+입니다.

1. 브라질

그렇다면 채권에 투자하는 이유는 무엇일까요? 즉 채권투자의 장점은 무엇일까요? 어떤 자산을 보유함으로써 얻게 되는 수익을 캐리Carry라고 합니다. 예를 들어 우리가 석유를 보유하고 있다면 석유를 담을 드럼통도 사야 하고, 넓은 창고도 빌려야 하며, 소방 장치도 설치해야 하고 도난 방지를 위해 관리인도 고용해야 하는 등 각종 비용을 지불해야 합니다. 하지만 석유를 보유한다고 해서 다음 날 석유가 더 생겨나지는 않습니다. 보유함으로써 얻게 되는 수익은 없고 비용만 생기기 때문에 석유의 캐리는 마이너스입니다. 물론 석유값이 오르게 되면 보유 비용을 감안하더라도 수익이 날 수 있겠지만 만일 석유값이 떨어진다면 보유에 따른 마이너스 캐리까지 얹혀져서 손실이 늘어나는 것입니다.

비슷한 예로, 지인 중에 과일 도매상을 하는 A가 있는데요. 그는 새벽 경매시장을 통해 여러 과일을 사서 각 지역의 소매상에 팝니다. 명절 때는 많은 주문량을 대비해서 하루에 수천 박스씩 경매로 사기도 하고요. 하지만 과일을 보유한다고 해서 과일이 새끼(?)를 낳는 것도 아니고, 보관 비용만 듭니다. 그나마 배 같은 과일은 잘 썩지 않아서 경매로 받은 가격보다 더 높은 가격으로 팔릴 때까지 창고에 보관하면서 팔 수 있지만, 빨리 썩는 과일들은 박스 안에서 한 개만 썩어도 전체가 다 썩어 버리기 때문에 더 높은 가격에 팔겠다고 안 팔고 그냥 두면 큰 손해를 볼 수도 있습니다. 그래서 A는 자신이 경매로 받은 가격보다 더 싼 가격이라도 재고를 소진하기 위해 일단 파는 경우도 있었습니다. 즉 과일 같은 농작물도 마이너스 캐리의 상품인 것이죠.

반면에 채권은 썩지도 않고, 전산상으로 보관되기 때문에 보유 비용도 거의 없지만, 채권을 보유하면 하루가 지날 때마다 이자를 받기 때문에 채권의 캐리는 플러스가 됩니다. 예를 들어 1억 원으로 금리 3.65% 채권을 샀다고 하겠습니다. 금리가 3.65%이니 1년 동안 이자가 (+)365만 원, 하루 이자 (+)1만 원입니다. 그래서 채권금리가 움직이지 않는다면 매일 이자가 (+)1만 원씩 붙어서 내일은 1억 1만 원이 되고 그다음 날은 1억 2만 원, 그다음 날은 1억 3만 원이 될 것입니다.

〈이자 3.65%, 3년 만기 채권에 1억 원을 투자했을 때〉

	현금 흐름
현재	(−)원금 100,000,000원
1년 후	(+)이자 3,650,000원
2년 후	(+)이자 3,650,000원
3년 후	(+)원금 100,000,000원 (+)이자 3,650,000원

채권투자의 가장 좋은 점은 시간이 우리 편인 것입니다. 쉬고 있어도 캐리가 쌓이니까요. 그래서 누군가 "채권에 왜 투자하나요?"라고 물으면 간단히 답하면 됩니다. "캐리를 얻으려고 투자합니다"라고요.

자산의 성격	종류
(+)캐리 자산	채권 및 예금(이자) 주식(배당) 근로(월급) 등
0 혹은 (−)캐리 자산	귀금속(금) 금고 속 현금 광물(석유, 구리 등) 농산물 등

넓게 보면 근로(월급)도 하나의 캐리라고 할 수 있는데요. 하루하루 근무를 통해서 월급이라는 현금 흐름이 나오고 은퇴할 때는 퇴직금이라는 현금 흐름이 발생하기 때문입니다. 이것은 매달 이자가 나오고 마지막에 원금을 수령하는 채권과 비슷한 현금 흐름입니다.

채권시장의 수급에 따라 채권 가격은 오르기도 하고 떨어지기도 하는데요. 오늘은 채권 가격이 떨어져서 손실이 10만 원이 났다고 하겠습니다. 그러면 1억짜리 채권의 가격은 9천991만 원(= 원금 1억 원 - 손실 10만 원 + 이자 1만 원)이 됩니다. 하지만 채권투자자들은 비록 10만 원의 손실이 났다 하더라도 동요하지 않습니다. "괜찮아 하루에 1만 원씩 이자가 들어오니까 '열흘'만 참으면 돼"라며 버틸 수 있기 때문입니다.

이번에는 기분 좋게도 채권 가격이 상승해서 10만 원의 수익이 났다고 하겠습니다. 이렇게 되면 1억짜리 채권의 가격이 1억 11만 원(= 원금 1억 원 + 수익 10만 원 + 이자 1만 원)이 됩니다. 채권 가격 상승으로 수익이 나고, 추가적으로 이자수익도 있기 때문에 "채권 가격 상승분 + 캐리 이익"이라는 두 가지 이익을 다 취할 수 있습니다. 잃을 때는 캐리로 손실을 상쇄시켜 나가고 벌 때는 가격 상승과 캐리를 다 얻는 것이 채권투자의 큰 매력이지요.

더 알아보기 3 | 채권 사는 방법

　채권을 사는 방법은 주식을 사는 것과 똑같습니다. 일단, 증권사에 계좌를 개설합니다. 증권사마다 하는 업무는 똑같기 때문에 어느 증권사를 선택하셔도 같습니다. 다만 아무래도 대형 증권사일수록 지점이 많기 때문에 접근하기 편하고, HTS Home Trading System나 모바일 APP의 퀄리티가 더 좋다고 할 수 있습니다.

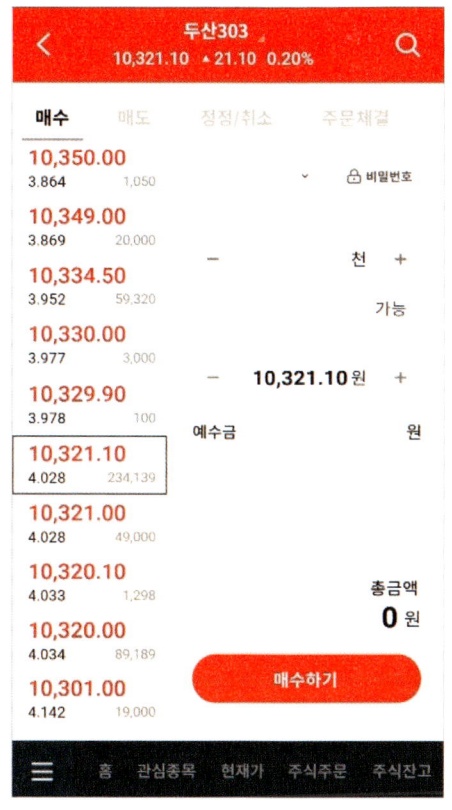

시가	10,301.00	발행일	2020/11/27	만기보장수익률	
고가	10,340.00	만기일	2022/11/25	만기상환율	100.00
저가	10,301.00	잔존기간	658일	행사가격(전환가)	
90일최고가	10,500.00	할인율	0.00	행사비율	
90일최저가	7,200.00	표면금리	5.300	행사기간	
최근일종가	10,300.00	이자지급주기(월)	3개월	선/후순위	선순위
최근일 거래량(천)	218,002	이자지급방법	(고정)이표	발행금액(백만원)	140,000
		이자계산방법	단리	대용가	8,010
		원금상환방법	만기일시	상장일	2020/11/27

세부 사항		설명
발행일	2020년 11월 27일	채권 발행일입니다.
만기일	2022년 11월 25일	채권 만기일입니다.
신용 등급	BBB0 (한국 신용 평가사의 등급입니다)	'일반적'으로 BBB-까지는 투자등급으로 분류됩니다.
표면 금리	연 5.30%	채권을 발행할 때 5.30%의 금리로 발행되었다는 것입니다. 등급이 상대적으로 낮은 BBB0이기 때문에 저금리 시대임에도 5.30%라는 비교적 높은 금리에 발행된 것입니다. 10,000원을 투자해서 5.30%의 수익률이니 1년에 이자가 530원인데요. 실제로는 한 번에 530원을 주는 것이 아니라 3개월마다 132.5원씩 지급됩니다.
이자 지급 주기	3개월	
현재 채권 가격	10,321.10원	발행 후 3개월가량이 지난 현재(2021년 2월), 시장에서 4.028%라는 더 낮은 금리로 거래되고 있습니다. 금리가 낮아졌다는 것은 그만큼 채권의 가격이 올라갔음을 의미합니다. 시장에서 거래되는 금리와 발행금리(= 표면 금리)는 다릅니다. 시장에서 어떤 가격, 어떤 금리로 거래되든지 두산은 발행했을 때 약속한 5.30%의 이자만 지급합니다. 다만 투자자가 이 채권을 10,321.10원에 사는데 이자로 530원을 받으니 수익률로는 4.028%가 되는 것입니다. 고귀하신 독자분들께서 두산이 2022년 11월 25일에 원리금을 갚을 수 있다고 생각하고 한 주당 10,321.10원에 사면 두산의 채권자가 되는 것입니다.

더 알아보기 4 유명인사 채권

채권은 정부나 유명 기업들이 주로 발행하는데요. 드물지만 개인이 발행하는 경우도 있습니다. 물론 누구나 알 수 있는 유명한 분들인데요. 이분들이 발행한 채권을 '유명인사 채권Celebrity Bond'이라고 합니다.

대표적인 경우가 영국의 유명 가수 데이빗 보위(David Bowie 1947~2016)인데요. 그는 1997년 10년 만기 채권을 발행하여 5천500만 달러를 조달하였습니다. 그는 이 돈으로 전 매니저가 가지고 있던 자신의 노래에 대한 소유권을 사들이는 데 사용하였습니다.

투자자들은 그의 25개 앨범에서 나오는 수입이면 원리금을 상환할 수 있다고 투자한 것이었는데요. 전 세계에 넓게 퍼져 있는 그의 팬들 덕분에 앨범 판매 수익도 상당해서 신용평가 회사에서는 데이빗 보위의 채권에 A-등급을 부여했습

니다. A-등급이면 말레이시아 혹은 사우디아라비아와 같은 등급인데 말이죠. 그래서 보위의 채권 금리는 그 당시 미국 10년 만기 국채 금리였던 6.73%보다 1.17%밖에 높지 않은 7.9%라는 낮은 금리(2020년 기준으로 보면 약 2%에 발행한 셈입니다)에 발행할 수 있었습니다.

하지만 1999년 생각지도 못했던 냅스터Napster와 같은 음악 공유 사이트로 인해 그의 음원 수익이 줄어들었기 때문에, 한때 데이빗 보위의 채권 등급은 BBB-까지 하락하였는데요. 그래도 슈퍼스타인 그는 만기 때 무사히 원리금을 다 갚았습니다.

브라질 채권

브라질 정부가 발행한 채권의 이자는 약 10% 부근으로 저금리 시대인 요즘 매우 매력적으로 보입니다. 하지만 브라질 채권을 사려면 원(₩)을 헤알(R$)로 바꿔서 투자해야 하는데요. 그렇다고 우리가 원(₩)을 바로 브라질 헤알(R$)로 바꿀 수는 없습니다. 왜냐하면 원(₩)은 한국에서만 사용되고, 헤알(R$)은 브라질에서만 사용되기 때문에 양국에서 서로 바꾸려는 수요가 적기 때문입니다.

따라서 브라질 채권을 사려면 달러가 중간에 매개체로 작용해서 먼저 원(₩)을 달러($)로 바꾼 다음, 달러($)를 헤알(R$)로 바꾸는, 두 번의 환전 과정을 거쳐야 합니다. 은행에서 환전할 때는 그 과정이 눈에 보이지 않을 뿐이지 달러를 제외한 이 세상의 모든 화폐는 결국 두 번의 환전 과정을 거쳐야 바꿀 수 있습니다.

 →  →

원(₩)　　　　　　　　　달러($)　　　　　　　　　헤알(R$)

하지만 이렇게 두 번의 환전을 통해 구입한 헤알(R$) 채권은 환율이라는 위험에 그대로 노출되어 "원(₩)-달러($)"의 환율과 "달러($)-헤알(R$)"의 환율에 따라 손익이 결정됩니다. 마치 동전 두 개를 던져서 "이익-이익", "이익-손해", "손해-이익", "손해-손해"라는 동전 게임에 참가하는 것과 같지요.

따라서 원(₩)-달러($), 달러($)-헤알(R$) 이렇게 두 개의 외환 변동에 노출된 브라질 헤알 채권은 각각의 환 위험을 제거해야 안전하게 투자할 수 있습니다. 하지만 환 위험을 제거하기 위해서는 큰 비용이 들기 때문에 결국 이 비용을 고려하게 되면 그냥 한국에 예금한 것과 별 차이가 없게 됩니다. 따라서 브라질 채권투자는 높은 이자를 쿠션 삼아서 헤알(R$)의 가치가 강해질 것이라는 방향에 베팅하는 것입니다.

브라질 채권의 장점

한국 개인 투자자들이 사서 보유하고 있는 브라질 정부 채권은 2020년 8월말 기준으로 7.8조 원 정도입니다. 지구 정반대 편에 있는 한국에서 이렇게 많은 채권을 사 줘서 브라질 정부도 고마워하고 있는데요. 브라질 채권이 한국에서 인기 있는 가장 큰 이유는 '비과세'라는 매력 때문입니다.

〈종합소득세 세율〉

과세표준	세율(%)	지방세(%)	합계 세율(%)
1천200만 원 이하	6	0.6	6.6
1천200 ~ 4천600만 원	15	1.5	16.5
4천600 ~ 8천800만 원	24	2.4	26.4
8천800 ~ 1억 5천만 원	35	3.5	38.5
1억 5천만 원 ~ 3억 원 이하	38	3.8	41.8
3 ~ 5억 원	40	4.0	44.0
5억 원 이상	42	4.2	46.2

예를 들어 과세표준이 3,000만 원인 직장인이라면 종합소득세율 기준으로 내야 할 세금은 (1,200만 원 × 6.6%) + (1,800만 원 × 16.5%)입니다.[17]

세법에서는 1년간 2천만 원 미만의 금융소득(= 이자와 배당)에 대해서는 15.4%만큼의 세금을, 2천만 원 이상의 금융소득에 대해서는 종합과세로 부과합니다. 하지만 브라질 정부 채권의 수익에 대해서는 한국과 브라질 정부가 조세협정을 맺었기 때문에 전혀 세금을 부과하지 않습니다.

---

[17] 1천200만 원까지는 세율 6.6%를, 1천200만 원부터 3천만 원까지는 16.5%의 세율을 적용받는 것입니다.

◉ 근로 소득 과세표준이 5억 원이고 금융소득도 5천만 원인 김 부자와 박 부자가 있습니다.

둘 다 소득 과세표준이 5억 원 이상이기 때문에 2천만 원 이상의 금융소득에 대해서는 46.2%의 세금을 내야 합니다. 이때 김 부자는 브라질 채권에 전혀 투자하지 않았고, 박 부자는 금융소득 5천만 원 전액이 브라질 채권 이자로 발생했다고 가정하겠습니다.

김 부자가 금융으로 얻은 소득 5천만 원 중 내야 하는 세금
= (2천만 원 × 15.4%[18]) + (3천만 원 × 46.2%[19]) = 1천694만 원

김 부자가 금융으로 얻은 소득 중 세금 지급 후 실수령액
= 5천만 원 - 1천694만 원 = 3천306만 원

박 부자가 브라질 채권 이자로 인한 금융 소득 5천만 원 중 내야 하는 세금 = 0원
박 부자가 금융소득으로 얻은 소득 중 세금 지급 후 실수령액 = 5천만 원

예에서 보듯이 똑같은 금융소득 5천만 원이지만 브라질 채권에 투자한 박 부자는 김 부자보다 1천694만 원만큼 추가 이자 소득을 갖고 시작하는 큰 장점이 있기 때문에 브라질 채권은 고액자산가들에게 특히 인기 있습니다.

---

18 2천만 원의 금융소득까지는 세율 15.4%로 과세합니다.
19 금융소득이 2천만 원을 초과하면 그 금액부터는 종합소득세 세율에 의거해서 세금을 내게 됩니다.

브라질 채권과 복리

고대부터 전해 오는 세계 7대 불가사의가 있습니다.
알렉산드리아의 파로스 등대Lighthouse of Alexandria, 할리카르나소스의 마우솔로스 영묘Mausoleum at Halicarnassus, 로도스 항구의 크로이소스 거상Colossus of Rhodes, 올림피아의 제우스 상Statue of Zeus at Olympia, 에페소스의 아르테미스 신전Temple of Artemis at Ephesus, 이집트의 기자 피라미드Great Pyramid of Giza, 바빌론의 공중정원 Hanging Gardens of Babylon이 바로 그것이죠. 이 중에서 현재까지 남아 있는 것은 기자의 피라미드이고요.

여기에 **복리**를 더 추가해서 세계 8대 불가사의라고 하기도 하는데요. 다른 불가사의들은 모두 뛰어난 건축물이지만 '이자에 이자가 붙는' 복리가 포함된 것은 그만큼 기하급수적으로 커져 가는 복리의 효과가 놀랍기 때문입니다.

그럼에도 불구하고 우리가 복리에 대해 무심한 이유는 그동안 복리 효과를 제대로 경험해 보지 못했기 때문일 텐데요. 복리의 효과를 제대로 보기 위해서는 두 가지 중 적어도 하나가 필요합니다. 이자율이 높거나, 투자 기간이 길어야 하는 것이지요. 이 둘이 결합되면 그제야 비로소 세계 8대 불가사의의 위용을 느낄 수 있습니다.

브라질 채권은 금리가 높기 때문에 저금리 시대에 복리를 활용할 수 있는 몇 안 되는 상품 중에 하나입니다. 매년 10%씩 나오는 이자를 가져가지 않고, 그 이자로 채권을 추가로 사면 '헤알(R$) 환율 변동 위험'이라는 불확실성도 복리의 힘으로 맞설 수 있습니다.

+) Story

증권사에서 브라질 채권을 사실 때, 담당 직원에게 이자가 나올 때마다 이자로 채권을 사 달라고 하시면 이후로는 증권사에서 알아서 매수해 드립니다.

〈복리표〉

금리 기간	2%	4%	6%	7.2%	8%	10%	14%	20%
1	1.02	1.04	1.06	1.07	1.08	1.10	1.14	1.20
2	1.04	1.08	1.12	1.15	1.17	1.21	1.30	1.44
3	1.06	1.12	1.19	1.23	1.26	1.33	1.48	1.73
4	1.08	1.17	1.26	1.32	1.36	1.46	1.69	2.07
5	1.10	1.22	1.34	1.42	1.47	1.61	1.93	2.49
6	1.13	1.27	1.42	1.52	1.59	1.77	2.19	2.99
7	1.15	1.32	1.50	1.63	1.71	1.95	2.50	3.58
8	1.17	1.37	1.59	1.74	1.85	2.14	2.85	4.30
9	1.20	1.42	1.69	1.87	2.00	2.36	3.25	5.16
10	1.22	1.48	1.79	2.00	2.16	2.59	3.71	6.19
11	1.24	1.54	1.90	2.15	2.33	2.85	4.23	7.43
12	1.27	1.60	2.01	2.30	2.52	3.14	4.82	8.92

금리 기간	2%	4%	6%	7.2%	8%	10%	14%	20%
...	...	...	...	...	...	...	...	...
20	1.49	2.19	3.21	4.02	4.66	6.73	13.74	38.34
25	1.64	2.67	4.29	5.69	6.85	10.83	26.46	95.40
30	1.81	3.24	5.74	8.05	10.06	17.45	50.95	237.38
40	2.21	4.80	10.29	16.14	21.72	45.26	188.88	1469.77

이자율 10%로 10년 동안 복리 투자하면 원금이 2.59배가 됩니다.

복리로 돈이 불어나는 데 걸리는 기간을 측정할 때 쓰는 72법칙이 있습니다. 수익률이 R%이고 모든 이익을 재투자했을 때 2배가 되는 데 걸리는 시간을 "72/R"년으로 구하는 것이죠. 브라질 채권을 예로 들면, 연간 10%의 이자율로 투자금이 늘어나고 이것을 재투자할 경우 2배 되는 데 걸리는 기간은 "72/10"년이므로 7.2년이 됩니다.

여담입니다만, 대학 시절 재무를 가르쳐 주신 교수님께서 종강 후 감사하게도 저녁을 사 주신 적이 있습니다. 맛있는 중화요리 식당에 갔는데요. 교수님께서는 "이 음식이 1만 원짜리로 보이지만 실제로는 2만 원짜리이다"라고 하시는 것이었습니다. 가격을 제가 잘못 본 것인지 아니면 원래 2만 원짜리 음식인데 식당에서 단골인 교수님께 할인해 주는 것인지 헷갈렸는데요. 교수님께서는 빙그레 웃으시면서 "지금은 1만 원이지만 이것은 내가 10% 복리로 투자해서 7년만 있으면 2만 원이 될 것인데 그 돈을 지금 쓰고 있으니까 2만 원짜리다"라고 하셨습니다. 물론 농담 삼아 하신 말씀이지만, 복리의 힘을 잊지 말고, 젊었을 때부터 잘 모아서 투자하라는 귀중한 가르침이셨던 것이죠.

〈브라질 채권투자〉

매력 포인트	높은 금리 비과세 혜택
위험요소	환율 위험에 노출되어 있기 때문에 채권에서 수익이 발생해도 환율에서 손실을 볼 수 있습니다.
전략	복리를 적극적으로 활용하는 전략은, - 이자 재투자하기 - 오랫동안 투자하기 이 두 가지를 합하면 환율 위험에 대응할 수 있는 힘이 생깁니다.

전환사채

옵션에 대해 알아봤고 채권에 대해서도 배웠으니, 이제 이 둘을 합친 전환사채 Convertible Bond를 소개해 드리겠습니다.

채권은 안전성이 장점입니다. 약속된 이자와 원금을 받지 못하면 주주보다 더 우선순위로 회사의 자산을 처분해서 투자금을 회수할 수 있기 때문입니다. 하지만 채권을 발행한 회사가 사업이 잘 된다고 해서 돈을 빌려준 채권투자자에게 이자를 더 주는 것은 아니기 때문에, 성공의 열매는 회사의 주주만 가져가고 채권투자자들은 가져가지 못합니다. 물론 채권을 발행한 회사의 사업이 잘 안 된다고 채권투자자들이 이자를 덜 받는 것은 아니지만 그래도 사업이 잘될 때 함께 그 성과를 누리지 못하면 뭔가 좀 아쉬운 것이죠.

이러한 단점을 보완한 것이 바로 전환사채 Convertible Bond입니다. 평상시에는 채권이지만 회사가 잘 되어 주식 가격이 오르면 채권을 주식으로 바꿀 수 있는 '**권리**'가 있는 채권이지요.

예를 들어, ABC회사가 채권 5천 원당 주식 1주로 바꾸어 주기로 약속했고, 우리가 이 전환사채를 100만 원어치 샀다고 하겠습니다. 우리가 채권을 주식으로 바꾸어 달라고 요청하면 ABC회사는 이 채권을 주식 200주(1,000,000원/5,000원)로 바꿔 주는 것이지요.

현재 ABC회사의 주가가 4천 원이라면 우리는 이 채권을 주식으로 바꿀 필요가 없습니다. 시장에서 4천 원이면 살 수 있는 것을 굳이 우리가 채권을 주면서 주식과 바꿀 이유가 없기 때문이죠. 즉 주가가 5천 원 미만이면 이때는 그냥 채권으로 들고 있으면서 약속된 이자만 받으면 됩니다.

그러다가 시간이 흘러 ABC 회사의 주가가 5천 원이 넘게 되면, 우리는 슬슬 채권을 주식으로 바꿀 것을 고려하게 됩니다. 만일 주가가 7천 원으로 올랐다면 우리는 100만 원어치 채권을 약속대로 주당 5천 원에 200주로 전환합니다. 그리고 시장에 7천 원에 팔게 되면 200주 × 7천 원 = 140만 원이 되어 40%의 수익을 낼 수 있는 것이죠.

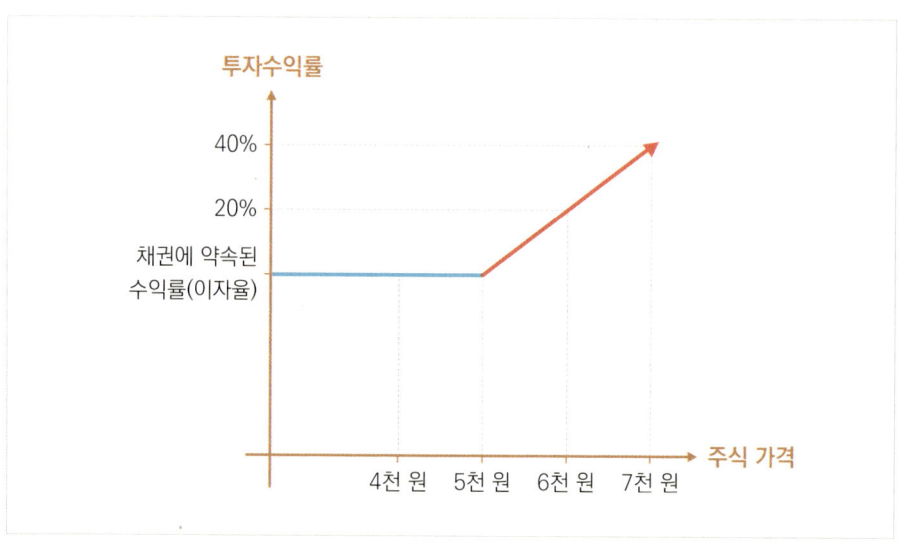

정리하면, 전환사채는 ABC 회사의 주식 가격이 5천 원보다 높으면 주식 전환 **권리**를 행사해서 수익을 얻을 수 있고, 5천 원 이하이면 권리를 행사하지 않고 그냥 채권으로써 이자와 원금을 받을 수 있습니다. 투자자에게 유리한 손익 구조인 것이죠. 이렇게 전환사채에는 채권을 주식으로 바꿀 수 있는 **권리**, 즉 주식을 정해진 가격에 살 수 있는 **콜Call옵션**이 들어 있습니다.

"전환사채 = 채권 + **콜Call옵션**"

　탈레스의 사례에서 보듯이, 우리가 콜옵션을 사려면 프리미엄을 지불해야 하는데요. 전환사채 투자자들은 원래 받을 이자보다 더 적은 이자를 받는 방식으로 프리미엄을 지불합니다. 즉 전환사채는 주식으로 바꿀 수 있는 권리인 콜옵션을 갖는 대가로 상대적으로 이자율이 낮은 채권인 것이죠.

　ABC 회사 입장에서 채권은 꼭 갚아야 할 부채(타인자본)입니다. 하지만 전환사채가 주식으로 전환되면 채권자가 회사의 주인인 주주로 신분이 바뀌게 되고, 이에 따라 채권자에게 빌린 돈이, 이제는 갚지 않아도 되는 회사 자본금(자기자본)으로 바뀐다는 큰 장점이 있습니다.

　그러나 회사의 주인인 주주 입장에서는 회사가 잘 되면 그 이익을 기존의 주주들끼리 나누고 싶지 채권자와 나누고 싶지는 않습니다. 이러한 이유로 전환사채는 '일반적'으로 상황이 좋지 않은 기업들이 발행하는 편입니다. 일단 투자자를 모으기 위해 채권투자자에게 유리한 조건을 제시하되, 콜옵션을 넣어서 이자를 적게 주어 회사의 부담도 줄이려는 것이지요.

　좋지 못한 회사의 사례로 설명드릴 수는 없기에, 매우 우량한 회사인 현대로템으로 예를 들겠습니다.

〈사례 현대로템 30CB〉

(일반적인 경우 채권은 1장당 1만 원에 발행됩니다.)

세부사항		설명
발행일	2020년 6월 17일	채권 발행일입니다.
만기일	2023년 5월 17일	채권 만기일입니다.
신용등급	BBB+ (한국 신용 평가사의 등급입니다)	'일반적'으로 BBB-까지는 투자등급으로 분류됩니다.
표면 금리	연 1.00%	만기 전까지 지급하는 이자율입니다. 1만 원을 투자해서 1%의 수익률이니 1년에 100원의 이자이고 실제로는 분기마다 25원씩 지급됩니다. 등급이 BBB+라면 금리가 4% 정도는 되어야 하는데도 이 채권은 1%라는 낮은 금리에 발행되었는데요. 이것은 전환사채 투자자들이 원래 받을 이자보다 더 적은 이자를 받는 방식으로 콜옵션 프리미엄을 지불하기 때문입니다.
만기 보장 수익률	연 복리 3.70%	만기 보장 수익률은 만기까지 전환권을 행사하지 않을 경우 투자자에게 보장해 주는 수익률입니다. 채권투자자가 전환권을 행사하지 않고 (= 주식으로 바꾸지 않고) 만기까지 들고 있다는 것은 회사의 주가가 오르지 않았고 투자자도 수익을 얻지 못했다는 것을 의미하는데요. 그것에 대한 일종의 보상으로서 약속한 이자 이외에 보너스 개념으로 추가 이자를 주는 것입니다. 그것도 복리로 말이죠. 그래서 만기에 원금과 이자를 받을 때는 원금 1만 원 + 25원과 더불어 추가로 **852원**을 더 받습니다. 이렇게 만기보장수익률 3.70%(연 복리)를 얻는 것입니다.
만기 상환액	10,852	
현재 주가 (2020년 7월 20일)	15,600	현재 주가(15,600원)보다 전환 가격(9,750원)이 낮기 때문에 채권을 주식으로 전환하면 수익을 얻을 수 있습니다. 그래서 원래 1만 원에 발행된 채권이 아래의 표에서 보듯이 1만 3천 원대에 거래되는 것입니다.
전환 가격 (행사 가격)	9,750원	

매도잔량	가 격	수익률	매수잔량
600	13,099.00		
700	13,097.50		
100	13,096.00		
5,670	13,080.00		
11,591	13,078.50		
	13,078.00		31,852
	13,058.50		5,800
	13,022.50		7,828
	13,020.00		30,500
	13,015.50		2,100
475,376	잔량합계		704,248

현대로템30CB

　　현대로템은 전환사채의 매력도를 높이기 위해 발행했을 때부터 전환 가격이 시장 주식 가격보다 낮도록 발행했습니다. 이 전환사채는 사자마자 수익을 얻을 수 있는 조건이었기 때문에 경쟁률이 47 대 1로 매우 치열했습니다.

　　전환사채를 통해 수익을 얻는 방법도 말씀드리겠습니다. (A)회사가 발행한 전환사채가 있다면, 우리는 (A)회사의 전환사채를 사면서 동시에 (A)회사의 주식도 빌려 옵니다. 주식을 빌리는 조건으로 증권사에 약간의 수수료를 내면서 말이죠. 그러고는 빌려온 (A)회사 주식을 시장에 내다 팝니다(공매도한 것입니다. 더 알아보기를 참고해 주세요). 만일 현재 주가가 15,000원이라면 15,000원에 (A)회사 주식을 파는 것이죠. 그러면서 전환사채는 갖고 있으니까 이자는 받습니다. 이후 (A)회사의 주가가 13,000원으로 떨어지면 우리는 시장에서 (A)회사 주식을 13,000원에 사 와서 빌려준 증권사에 다시 갚습니다. 이 경우 총 수익은 {2,000원(= 15,000원 - 13,000원) - 주식 빌리는 수수료 + 전환사채 이자}가 됩니다.

반대로 주가가 18,000원으로 오르면 이때는 전환 사채를 주식으로 전환한 후 빌려준 증권사에게 다시 갚습니다. 공매도의 위험을 전환사채에 포함된 콜옵션을 통해 헷지한 것이지요. 이 경우 총 수익은 {전환사채 보유 기간 동안의 이자 - 주식 빌리는 수수료}가 됩니다. 이렇게 하면 우리는 (A)회사의 주식 가격이 오르든 내리든 절대적인 수익을 얻을 수 있는 것입니다.[20]

상황 (A)회사의 전환사채를 사면서 (A)회사 주식을 증권사를 통해 빌려 와서 현재 주가인 15,000원에 시장에 매도합니다.
이후의 주가 시나리오에 따른 수익구조는 표와 같습니다.

〈주가 시나리오에 따른 수익구조〉

주가	매매 방법	수익
13,000원일 때	시장에서 (A)회사 주식을 13,000원에 사 와서 빌려준 증권사에 다시 갚음	2,000원(= 15,000원 - 13,000원) - 주식 빌리는 수수료 + 전환사채 이자
18,000원일 때	전환사채를 주식으로 전환한 후 빌려준 증권사에 다시 갚음	전환사채 보유 기간 동안의 이자 - 주식 빌리는 수수료

---

[20] 주식을 빌려올 수 없는 경우도 있기 때문에 위의 방법이 항상 가능한 것은 아닙니다.

더 알아보기 5 공매도

우리가 (가)회사의 주식을 갖고 있는데, 이 회사 사정이 좋지 못해 주가가 떨어질 것 같으면 시장에 팔면 됩니다. 너무나 당연한 것이죠. 하지만 우리가 (가)회사의 주식을 갖고 있지 않아도 (가)회사 주식을 갖고 있는 사람에게 빌리면 팔 수 있습니다. 물론 빌릴 때는 수수료와 언제까지 갚을지 미리 합의하고요.

+) Story
빌리는 수수료는 종목마다 연 0.1%~5.0%이며 구하기 어려운 종목일수록 수수료가 높아집니다.

이렇게 주식이나 채권을 보유하고 있지 않지만 해당 자산의 가격 하락을 예상하고 빌려서 파는 것을 공매도(空賣渡. 비어 있을 공 空, Short Selling)라고 합니다. 현재 (가)회사 주식 가격이 1만 원이면 1만 원에 팔고, 향후 1만 원 밑으로 주가가 하락하면 그때 시장에서 다시 사서 갚아 차익을 얻는 것이지요.

공매도에는 팔기 전에 미리 빌려서 매도하는 차입 공매도(借入空賣渡. Covered short selling)와 빌리지 않았는데 일단 파는 무차입 공매도(無借入空賣渡. naked short selling)가 있습니다. 현재 우리나라에서는 미국과 마찬가지로 차입공매도만 법적으로 허용되며 무차입공매도는 불법입니다. 무차입공매도는 결제 불이행 위험이나 나쁜 목적으로 이용될 가능성이 크기 때문입니다.

+) Story
2013년부터 2017년까지 5년 동안 한국에서는 무차입공매도 금지 위반으로 68개사가 제재를 받았습니다.

1. 브라질

그렇다면 공매도에는 어떠한 장점과 단점이 있을까요?
공매도는 시장에 풍부한 유동성을 제공하는 순기능이 있습니다. 사고 싶어도 파는 수량이 적다거나, 팔고 싶어도 사는 수량이 적으면 우리가 원할 때 필요한 만큼 매매할 수 없습니다. 하지만 공매도 플레이어들은 빌려서 팔기도 하고, 빌린 것을 다시 갚기 위해 사기도 해야 하기 때문에 시장에 더 많은 유동성을 공급해 주는 역할을 합니다.

또한 거품이 일어나지 않도록 막아 주는 기능도 있습니다. 만일 공매도가 없다면 주가가 떨어질 것이라 생각하는 투자자들은 시장을 떠나고 낙관적으로 보는 투자자들만 남기 때문에 가격이 '비정상적'으로 오를 수 있습니다. 하지만 갑자기 거품이 꺼지게 되면 투자자들이 가격 급락으로 인한 피해를 입을 수 있는데요. 공매도는 이러한 거품을 사전에 견제하면서 자산이 제 가격을 찾아갈 수 있도록 조정하는 역할을 합니다.

공매도는 또한 전략 선택의 폭도 넓혀 줍니다. 말씀드린 전환사채를 통한 헷지 매매뿐 아니라 과소평가된 자산을 사고, 과대평가된 자산을 파는 롱숏Long-Short 플레이도 가능하게 합니다(금융시장에서는 사는 방향을 롱Long, 파는 방향을 숏Short이라고 부릅니다). 언택트Untact 주식을 사는 동시에 컨택트Contact 주식을 판다거나, 가격이 덜 오른 A식품 주식을 사면서 가격이 많이 오른 B식품 주식을 판다거나, 거대한 시장인 중국이 한국과 관계가 좋은 반면 호주와 좋지 못하다면 한국 주식을 사고 호주의 주식을 파는 방식으로 말이죠.

그러나 공매도는 시장 질서를 교란시킨다는 단점도 있는데요. 특정 세력이 공매도를 악용해서 시세를 조종하려 할 수도 있고, 특정 정보를 이용해서 매매하려고 할 수도 있습니다. 성균관대 김영한 교수의 연구에 따르면[P] 1999년부터

2012년까지 살펴보니 일부 공매도 투자자들은 북한이 핵미사일 발사 실험을 하기 전에 공매도 포지션을 늘렸습니다. 즉 이들은 이미 북한이 실험할 것을 알고 있었던 것인데요. 영국을 비롯한 북한과 외교를 수립한 국가들의 외국 투자자들이었습니다.

또한 빌려서 팔기는 했는데 단기간에 가격이 폭등하면, 너무 비싸진 주식을 사서 갚지 못하는 결제 불이행 위험도 존재합니다. 이러한 단점들 때문에 정부당국에서는 시장 안정화 조치의 일환으로 공매도를 제한하기도 하는데요. 2020년 봄, 코로나19로 전 세계 금융시장이 폭락하고 공매도가 넘쳐나자, 정부가 일정기간 동안 주식 공매도를 금지시킨 것이 그 예입니다.

한편, 공매도를 할 때에는 지켜야 할 '규칙'이 있는데요. '사자 가격'에 파는 것이 아니라 '팔자 가격'에 매도 주문을 내야 합니다. '사자 가격'에 팔게 되면 가격이 폭락하여 피해자들이 생길 수 있기 때문입니다.

대비	매도잔량	16:00:02		매수잔량	대비
	1,818	10,250	1.99 시	10,050	0.00%
	4,328	10,200	1.49 고	10,150	1.00%
	6,480	10,150	1.00 저	9,980	0.70%
	1,439	10,100	0.50 전	10,050	
	3,254	10,050	0.00 가	10,031	0.19%
			거	149.17	
상 ↑	13,050	10,000	0.50	6,407	
		9,990	0.60	10,502	
		9,980	0.70	2,302	
		9,970	0.80	1,117	
하 ↓	7,050	9,960	0.90	389	

현재 시장은 10,050원 팔자/10,000원 사자인데요. 공매도하려면 10,050원의 팔자 가격에 매도 주문을 걸어 놓아야지, 사자 가격인 10,000원에 매도 주문을 낼 수 없습니다.

교육

브라질의 공립학교는 초등학교부터 대학교까지 전액 무료입니다. 무료라서 좋아 보일 수도 있지만 공교육의 질이 낮기 때문에 상류층은 자녀들을 비싼 사립 중고등학교로 보내고 있습니다. 브라질 중산층이 대략 한 달에 100만 원 정도 버는데 고급 시설을 갖춘 사립학교 학비가  월 200만 원 정도이니 정말 부자 자녀들만 갈 수 있는 것이죠. 브라질의 한 식당에서 만난 점원은 몹시 피곤한 모습이었는데요. 괜찮냐고 물으니 그녀는 괜찮다면서 사실은 회사를 마치고 밤마다 식당에서 일을 한다는 것이었습니다. 초등학교에 다니는 예쁜 딸이 지금은 공립학교에 다니지만 중학교부터는 사립으로 보내고 싶다고 말이죠.

브라질에는 한국의 수능에 해당하는 '에넹ENEM'이라는 시험이 있는데요. 이 시험을 잘 봐야 원하는 좋은 대학에 갈 수 있습니다. 브라질의 대표적인 대학교는 상파울루 대학교University of São Paulo로서, 브라질은 물론 남미 최고 대학으로 꼽히는데요. 이러한 명문대는 대부분 공립학교입니다. 공립학교의 학비는 무료인데, 이러한 공립 대학은 사립고등학교 출신들이 주로 입학하게 되니, 결국 상류층 자녀들이 가장 좋은 대학을 무료로 다니고 있는 셈입니다. 실제로 교육 예산의 30% 정도가 전체 학생의 2%에 불과한 공립 대학교에 지출되고 있고요.

브라질 이민 2세인 A군에 따르면, 그의 고등학교 친구 B는 공부를 안 해서 대학 자체를 갈 수 없는 성적이었는데 놀랍게도 좋은 의과 대학교에 진학했다고 합니다. 대체 이것이 어떻게 가능했던 것인지 주변 친구들도 모두 놀라워했는데요. 알고 보니 의사인 B의 아버지가 학교에 손을 써서 입학한 것이었습니다. A군도 처음에는 이런 상황을 받아들이기 어려웠으나 이제는 브라질에서는 얼마든지 있을 수 있는 평범한 일로 여깁니다.

브라질은 빈부격차가 심해서 하루 평균 소득 5.5달러 이하를 버는 빈곤층이 2015년 기준 전체 인구의 22%(우루과이 6.2%, 칠레 10.1%, 파라과이 19.1%)인 4천500만 명이나 됩니다. 브라질의 빈부격차가 심한 이유는 여러 가지가 있지만, 오랜 기간 동안 전쟁이나 혁명과 같은 큰 사회적 변혁이 없었고, 수백 년 전 포르투갈 왕실로부터 하사받은 땅이 아직도 소수 대지주의 소유물로 남아 있을 정도로 토지 개혁을 제대로 하지 않았기 때문입니다. 이런 상황 속에서 자신의 사회 계층과 미래를 바꿀 수 있는 기회는 교육에 있는데, 브라질은 교육부터 공정한 게임의 룰이 지켜지지 않고 있는 것입니다.

> 부의 상위 1퍼센트 이내에 들어가면
> 그 지위를 계속 유지할 수 있는 사회는 역동적인 사회도 아니고 평등한 사회도 아니다.
> 상위 1퍼센트의 부자들이 자신이 내린 판단의 결과로
> 현재 위치에서 떨어져 나갈 수 있는 리스크가 존재하는 사회가 더 평등한 사회다.
> — 나심 탈레브 Nassim Taleb, 스킨인더게임, 비즈니스북스, 2019

또한 브라질의 신생아 중 20%는 엄마가 10대 여학생인데요. 엄마가 아이를 돌보기 위해 중간에 학업을 그만두는 경우가 많습니다. 엄마가 학업을 제대로 마치지 않은 경우, 자녀들 역시 교육을 제대로 받지 못하는 상황이 반복됩니다.

　교육을 제대로 받지 못한 하위층은 비싼 금리, 그것도 장기 할부로 돈을 빌려 물건을 사기 때문에 자신의 미래 소득까지 모두 바치면서 빚에 얽매인 삶을 살아 갑니다. 교육받은 상류층들은 해외시장에서 물건을 팔지 않아도 브라질 서민들을 대상으로 큰 수익을 낼 수 있으니 해외시장을 개척하거나 절박하게 개발하려는 노력을 덜 하게 됩니다. 이러한 요소들은 브라질의 변동성 V를 높이지 못하게 작용하고 있는데요. 브라질 정부가 교육부터 공정한 룰을 지키려고 노력하는지 관심 있게 봐야 할 것입니다.

미래의 나라

프랑스의 드골Charles De Gaulle 대통령은 브라질에 대해 이렇게 말했습니다.

"브라질은 미래의 국가이다.
그리고 아마도 항상 미래의 국가로 남아 있을 것이다."

이파네마Ipanema 해변

상파울루São Paulo의 공원

　예전부터 미래의 나라라고 불렸지만 기대했던 미래의 모습은 아직 못 보여 주고 있다는 일종의 농담인데요. 브라질에는 아직 세금, 금융, 교육, 연금, 인프라 부분들에 개선할 점들이 많이 있을 수 있습니다. 하지만 이런 부분들이 개선된다면, 브라질은 큰 면적, 많은 인구, 막대한 자원과 기술력이라는 엄청난 잠재력을 바탕으로 큰 힘을 발휘하는 강국이 될 것입니다. 낙천적이고 긍정적인 사람들이 살고 있는 브라질이 미래의 국가로만 남아 있는 것이 아니라 정말로 '미래를 선도하는 나라'로 발돋움하기를 응원하고 기대합니다.

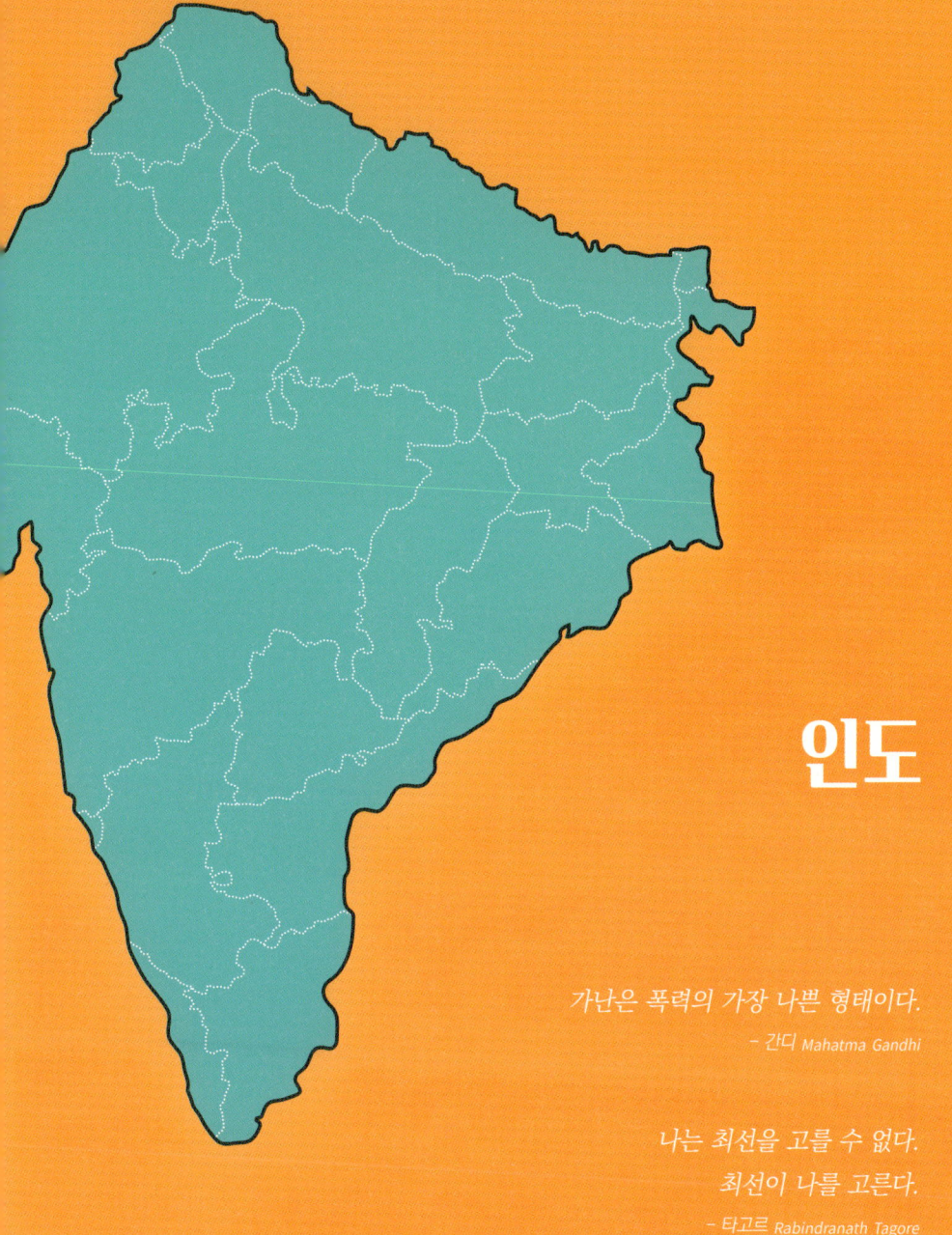

인도

가난은 폭력의 가장 나쁜 형태이다.
- 간디 Mahatma Gandhi

나는 최선을 고를 수 없다.
최선이 나를 고른다.
- 타고르 Rabindranath Tagore

사실을 말하면 예측은 큰 가치가 없고
예측하는 사람들 대부분은 시장에서 돈을 벌지 못한다.
그 이유는 아무것도 확실한 것이 없기 때문이다.
- 레이 달리오 Ray Dalio

　강렬한 색상의 나라, 맛있는 커리Curry의 나라, 힌두교, 시크교, 불교, 자이나교가 탄생한 나라, 체스를 발명하고, 파이와 무한대를 발견했으며, 코페르니쿠스 Nicolaus Copernicus보다 천 년 일찍 지동설을 주장했던 천재들의 나라, 흥겨운 춤과 재미있는 영화의 나라, 빠른 속도로 경제가 성장하고 있는 나라.

　인도는 세계에서 일곱 번째로 큰 영토를 가진 나라로서(한국의 33배), 인구 약 13억 8천만 명R의 대국입니다. 지금의 추세라면(2019년 현재 출산율 2.20명) 수년 안에 중국을 넘어서 세계 1위의 인구 대국이 될 것이고요. 인도에는 수많은 민족들이 살고 있어서 언어도 무려 약 3천여 개나 통용되고 있는데요. 이 중에서 영어를 포함한 23개 언어가 공용어로 사용되고 있습니다.

인도에 대한 인식 그리고 문화

인도인들은 정신적인 부분만 강조한다는 인식이 있는데요. 실제로는 물질적인 부분도 상당히 강조하고 있습니다. "가난한 사람은 죽은 사람과 같다. 부富를 얻어라! 세상의 뿌리는 부富에 있다"라는 말이 있을 정도이지요. 또한 인도 신화 속의 주인공들은 자신이 원하는 바를 얻기 위해 남을 속이는 경우도 많은데요. 이들은 속이는 것을 부끄러워하기보다는 오히려 스스로를 정당화합니다. 군인이 자신의 역할에 충실하려면 용맹하게 싸우고 적을 죽여야 하는 것처럼, 상업을 담당하는 사람은 남을 속이더라도 일단 돈을 버는 것이 상인의 임무에 충실한 것이라는 논리입니다.[21] 그래서 거짓말을 해서라도 부를 얻는 것은 정당하며 정신이 물질에 지배되지만 않으면 괜찮다고 주장합니다.

---

[21] 상인의 임무는 돈을 버는 것에서 끝나는 것이 아니라 고객을 위한 선량한 관리자의 의무를 다하는 것까지 포함됩니다.

이러한 사고방식은 인도 전통문화가 섞여 있는 민족 신앙인 힌두교와 관련 있습니다. 인도 인구의 80%가 믿는 힌두교에서는 신자들이 무엇을 해야 하고, 무엇을 하면 안 되는지에 대한 뚜렷한 절대적 행동 규범을 제시하지 않습니다. 이렇게 절대적 기준이 없다 보니, 너도 옳고 나도 옳다고 할 수 있는데요. 이런 이유로 힌두교에는 이단이 없습니다.

　사람이 신을 믿고, 종교를 갖는다는 것은 일정 부분 자신이 가진 자유를 내려놓고 자발적으로 속박되는 것을 의미합니다. 기독교인들이 십계명을 지키고 불자들이 살생을 자제하고 무슬림들이 메카를 향해 하루 다섯 번씩 기도하면서 자신들의 종교 규율에 기꺼이 따르는 것처럼 말이죠. 하지만 힌두교는 신자들에게 무엇을 해라 말라 강요하지도 않고, 어떤 행동을 해도 그것을 정당화시킬 수 있는 논리를 만들어 주니까 매우 편리한(?) 종교라는 생각이 들었습니다.

　한편, 인도인들은 포크보다 손으로 먹는 것이 더 일반적인데요. 왼손은 불결하다고 여겨서 식사할 때는 청결한(?) 오른손만 사용합니다. 수저나 포크를 놔두고 왜 굳이 손으로 먹을까 궁금했는데요. 인도인들은 사람의 몸에서 나오는 피나 땀 혹은 침과 같은 분비물을 더러운 것으로 여기기 때문입니다. 아무리 씻었다고 해도 다른 사람의 침이 묻어 있을지도 모르는 포크보다는 항상 청결함을 유지하는 자신의 오른손이 더 깨끗하다고 생각하는 것이지요. 게다가 인도의 쌀은 찰기가 많지 않아 쉽게 흩어지기 때문에 수저보다 손으로 집어 먹는 것이 더 편리하며, 식사하면서 시각, 후각, 미각뿐 아니라 촉각까지도 즐길 수 있다는 장점이 있습니다.

인도에는 맛있는 요리가 정말 많습니다. 커리만 해도 수천 종류가 있고, 커리에 찍어 먹는 난Naan과 로티Roti, 볶음밥 비리야니Biryani, 맛있는 간식 사모사Samosa 등 삶에 큰 기쁨을 주는 맛 좋은 음식들이 많습니다. 특히 우리나라 화덕과 비슷한 탄두리에 구운 탄두리Tandoori 치킨은 정말 인기가 많습니다.

인도 사회 특유의 신분제도인 카스트Caste에는 수천 단계의 등급이 있는데요. 그중 가장 낮은 계급에서 끝나는 것이 아니라 그 밑으로 아예 계급조차 없는 불가촉천민(Untouchable 혹은 Dalits)[22]까지 있습니다. 예전에 '고귀한' 계급들은 불가촉천민들의 목에 방울을 달게 해서 자신들과는 마주치는 것조차도 허용하지 않을 정도로 불가촉천민들을 박해했지요.

그렇다면 외국인의 카스트는 어느 정도일까요? 힌두교에서 외국인은 불가촉천민보다 더 낮은 계급입니다. 예를 들어 인도네시아 발리섬의 주민들은 대부분 힌두교도인데요. 이들은 기꺼이 힌두교를 받아들였지만, 외국인이기 때문에 인도인들은 불가촉천민으로 여기고 있습니다. 우리 주변에서 힌두교 신자를 보기 어려운 이유도 힌두교인 입장에서는 미천한(?) 외국인에게 굳이 포교할 이유가 없어서 해외로 전도하지 않기 때문입니다. 물론 외국인 입장에서도 신자가 되자마자 가장 낮은 계급으로 직행하는 힌두교를 받아들이고 싶지 않을 것입니다. 그래서 인도에 가서도 인도인들에게 호의를 기대하지는 말아야겠구나 생각했지요.

---

[22] 불가촉천민은 사회적 관습이나 법적인 구속에 의해 주류 사회에서 분리 및 격리된 집단을 말합니다. 인도의 달리트Dalits, 조선의 백정白丁, 일본의 부락쿠민部落民, 서유럽의 카고Cagot, 예멘의 아크담Akhdam족 등이 있습니다.

하지만 실제 가 보니 인도인들의 외국인 대접은 전혀 그렇지 않은데요. 한국에 대한 호감을 가지고 있고, 지방이든 도시든 호의의 눈으로 바라보며 인사를 하면 아주 좋아합니다. 학생들은 학교에서 배운 영어를 말해 보려고 다가와 말을 걸거나 같이 사진 찍자고 요청을 하기도 하고요. 실제로 외국인은 인도에서 꽤 높은 계급의 대우를 받는데요. 왜냐하면 오랫동안 수많은 외세에 정복당해 외국인을 우월하게 생각하기도 하고, 외국인 관광 수입이 크다는 현실적인 이유 때문에도 호의적일 수밖에 없는 것이었습니다.

인도의 역사

인도의 북부 지역은 넓은 평야 지대이고 땅도 비옥하기 때문에 예전부터 많은 침입자들이 인도로 들어왔습니다. 그 유명한 알렉산더 대왕부터 시작해서 페르시아, 몽고, 이슬람까지 다양한 세력들이 인도로 진격해 온 것이죠. 인도 역사상 최전성기라고 할 수 있는 무굴 제국도 북쪽에서 내려온 이슬람 세력이 세운 것입니다.[23]

바람의 궁전The Palace of Winds이라고 불리는 하와 마할Hawa Mahal

이후 지방에 있는 호족들의 세력이 커져 가면서 무굴 제국의 세력은 약해졌는데요. 이때 이권을 얻기 위해 진출한 영국이 조금씩 인도에 영향력을 확대해 나갔습니다. 그리고 1858년에는 인도 전체를 점령하여 영국령 인도 제국(1858~1947년)

---

[23] 무굴은 "몽골에서 온 사람"이라는 뜻의 페르시아어입니다.

을 세웠는데요. 영국령 인도 제국은 지금의 인도뿐만 아니라 파키스탄과 방글라데시, 미얀마 전체는 물론이고 아프가니스탄과 네팔, 부탄의 일부 지방까지 포함하는 엄청난 규모의 대제국이었습니다.

그렇다면 인구도 많지 않은, 작은 섬나라인 영국이 어떻게 수억 명의 대제국을 지배할 수 있었을까요? 물론 영국은 당시 최첨단 무기와 유럽에서 쌓은 풍부한 전투 노하우가 있었습니다. 하지만 그에 못지않게 중요한 요인은 고대 로마 제국에게 배운 "분열시킨 후 다스린다Divide and Rule"는 전략을 사용했기 때문입니다.

인도 내 영국군에서 진짜 영국인은 소수의 장교들뿐이었고 대다수의 군인은 용병으로 뽑은 인도인이었는데요. 인도 내 다수인 힌두교도 대신 소수인 무슬림 위주로 군인과 경찰을 뽑았습니다. 인도인의 반란을 더 쉽게 진압하기 위해 소수 종교의 사람들로 채용한 것이죠. 또한 영국은 각 지역 간의 지역 감정을 조장함으로써 분열을 통해 인도인들이 하나로 합쳐 영국에 대항할 여지를 차단했습니다.

이후, 제1차 세계대전이 발발하자, 영국은 유럽뿐만 아니라 아프리카와 중동에서도 싸우게 되었는데요. 이때 전투를 수행한 영국군 중에 인도 출신은 무려 110만 명이나 되었습니다. 이렇게 많은 인도 군인들이 전쟁에 참가한 이유는 전쟁이 끝나면 인도의 자치권을 보장해 주겠다고 영국이 약속했기 때문이었고요. 그러나 영국은 전쟁이 승리로 끝난 뒤 약속을 지키기는커녕 오히려 인도인들에 대한 탄압의 강도를 높였는데요. 이때부터 인도 독립에 대한 열망이 거세게 일어났습니다. 인도의 국부國父이자 존경받는 간디Mahatma Gandhi의 비폭력 무저항 운동도 이때부터 시작된 것이고요.

영국의 약속을 믿고 제1차 세계대전에 참전했다가 전사한 약 8만 5천 명의 인도 군인들을 추모하기 위해 세워진 위령탑 겸 전승탑, 인디아 게이트India Gate입니다. 높이 42m의 아치에는 제1차 세계대전에서 전사한 인도 병사의 이름이 일일이 새겨져 있습니다.

제2차 세계대전이 발발했을 때도 영국군에는 250만 명의 인도 출신 군인들이 있었는데요. 이들은 또 한 번 영국을 위해 세계 각지에서 싸웠습니다. 전쟁이 끝난 후 영국은 이들이 흘린 피에 대한 보상을 해 줘야 했고, 영국의 힘도 약해졌기 때문에 1947년 인도는 결국 원하던 독립을 할 수 있게 되었습니다.

100여 년에 걸친 식민지 시기가 끝나고 꿈에도 그리던 독립이 되어 모두가 기뻐했지만, 한편으로는 한 가지 큰 문제가 있었습니다. 왜냐하면 인도 제국은 영국의 힘에 의해 묶여져서 이뤄진 제국일 뿐 우리는 하나라는 인식이 없었기 때문입니다. 영국에 의해 역사, 언어, 문화, 종교가 다른 수많은 민족들이 인도 제국이라는 단일 구호 밑에 공존하고 있었는데, 갑자기 인도 제국이 독립하게 되니 앞으로 나아갈 방향에 대해서는 서로 생각이 다를 수밖에 없었던 것이죠.

특히나 종교 간의 갈등이 너무 깊었는데요. 인도에서 다수를 차지하는 힌두교도들은 이슬람 세력인 무굴 제국 밑에서 오랫동안 억압당했기 때문에 무슬림에 대한 반감이 컸습니다. 이후 무굴 제국이 영국에게 무너지자 더 이상 무슬림들의 특권은 사라졌고 오히려 복수를 기다리던 힌두교도들에게 역으로 차별을 당했습니다.

독립을 앞두고 무슬림들은 자신들이 소수이기 때문에 투표로는 도저히 힌두교 정당을 이길 수 없기에 무슬림만의 국가 수립을 요구하였습니다. 새로운 국가의 이름은 무슬림들이 주로 살고 있는 서북부의 다섯 개의 주, P 펀잡 Punjab, A 아프간 Afghania, K 카슈미르 Kashmir, S 신드 Sindh 그리고 발루치스탄 Baluchistan의 '스탄'을 따서 파키스탄 PAKISTAN으로 말이죠.

+) **Story**
발음을 좋게 하기 위해 i를 중간에 넣은 것입니다. PAKISTAN은 청정한 땅 이라는 뜻도 있습니다.

이렇게 되자 인도 전역에서는 힌두교와 무슬림 세력 간의 충돌로 수십만 명이 사망하는 안타까운 사태로까지 번졌는데요. 결국 힌두교의 인도와 이슬람교의 파키스탄으로 분할되어 지금의 인도가 탄생했습니다.

+) **Story**
인도의 분열을 끝까지 막으려고 노력했던 인도의 영웅 간디는 오히려 힌두교 극우파 청년에게 암살당하고 맙니다.

미국에 할리우드Hollywood가 있듯이 인도에는 발리우드BollyWood가 있습니다. 뭄바이의 옛 지명인 봄베이 Bombay에서 B를 따온 것이죠. 인도에서는 매년 천 편 이상의 영화가 제작될 정도로 인도의 영화산업은 상당히 큰데요. 인도는 영화산업이 발전할 수 있는 여러 조건이 갖추어져 있다는 생각이 들었습니다. 왜냐하면 수백 개의 언어와 문화가 다른 민족들로 구성되어 있고, 민족 간의 경제적, 정치적 갈등, 힌두교와 이슬람의 종교 갈등, 카스트 제도의 모순으로 인한 갈등 등 할 이야기가 너무 많기 때문이죠.

흥이 많은 인도인들은 공연에서 배우들이 춤을 출 때 자신도 신나서 그 자리에서 일어나 함께 춤을 추기도 합니다.

카스트 제도

카스트 제도는 몇천 년 전 아리안족이 인도에 침입하고 지배층으로 올라서면서 자신의 지배를 정당화하기 위해 만들었습니다. 인도 사람들은 카스트를 색깔이라는 뜻의 '바르나'라고 부르기도 하는데요. 밝은색 피부의 아리안족이 인도에 쳐들어와서는 검은색 피부의 원주민들에게 자신들의 우월성에 대한 근거로 피부색을 내세운 것입니다.

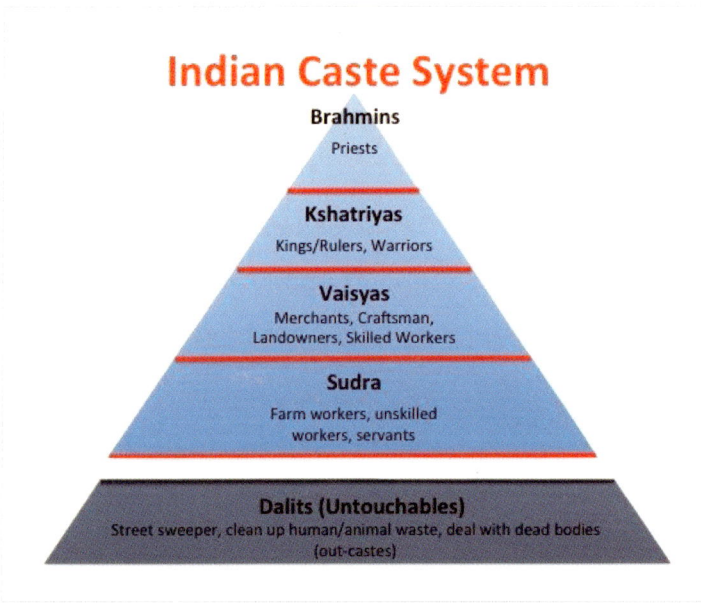

카스트는 성직자인 브라만Brahmin, 귀족과 군인인 크샤트리아Kshatriya, 상인과 기술자인 바이샤Vaisyas 그리고 농부 및 비숙련공인 수드라Sudra 그리고 그 밑으로 거리 청소, 분뇨 및 시체 처리 등의 더러운 일을 전담하는 불가촉천민Dalits, Untouchables으로 구성되었습니다. 불가촉천민들의 삶은 너무 가혹했는데요. 이들은 수천 년 동안 경제, 정치적으로 불이익을 받았습니다.[5]

우리가 평소 알고 있었던 카스트는 4종류이지만, 조금 더 세분화하면 무려 3천여 개로 나뉩니다.

그래서 어떻게 보면 카스트는 일종의 직업 분류라고 보는 시각도 있는데요. 의료 기술이 발달하지 못했던 시기에는 더러운 일을 소수가 전담해야 전염병을 막을 수 있었으며 그런 일들을 자라면서 보고 배운 자손들이 부모의 직업을 그대로 물려받는 것이 카스트의 본질이라는 주장도 있습니다. 하지만 실제로는 기득권 세력들이 힌두교의 '업'과 '윤회' 사상으로 자신들의 지배를 정당화하고 낮은 카스트의 사람들에게 자신의 카스트를 숙명으로 여기게 하면서 나쁘고 더러운 일들을 떠넘긴 것입니다.

카스트는 태어나면서 받은 것이기 때문에 개인의 노력이나 의지로는 어떻게 바꿀 수 없는데요. 이렇듯 불합리한 카스트 제도에서 벗어나는 길은 다른 종교로 개종하는 방법밖에 없습니다. 이슬람을 믿는 무굴 제국이 인도를 장악할 수 있었던 요인 중에 하나도 억압받던 낮은 카스트의 사람들이 환영했기 때문이고요.

그렇다면 현재 인도에서 카스트 제도는 어떻게 작용하고 있을까요? 헌법상으로 보면 인도의 모든 국민들은 법 앞에서 평등합니다. 카스트에 따른 계급 질서는 없기 때문에 높은 신분에서 태어났다고 다른 사람들에게 무언가를 강요할 수 없습니다. 게다가 예전에는 아버지가 하던 일을 아들들이 물려받곤 했는데 이제는 개인이 능력만 있으면 아버지의 직업을 세습할 필요도 없습니다. 그래서 하층 카스트 출신이지만 경제력이 있는 사람은 상층 카스트 출신을 직원으로 고용하는 경우도 있습니다.

하지만 아무리 세월이 바뀌었다고 해도 카스트 제도는 아직도 인도인들의 삶에 큰 영향을 끼치고 있는데요. 특히나 사회 변화에 둔감한 시골 지역에서는 더욱 그러합니다(인도인의 70%가 시골에 살고 있습니다). 아직도 일부 인도인들은 자신보다 낮은 카스트 사람과는 같은 자리에서 식사를 하려 하지 않고 하위 카스트 사람이 준 음식은 되도록이면 먹지 않으려 합니다.

여담입니다만, 한번은 지인 A와 식당에서 점심 식사를 했는데요. 저는 닭을 못 먹기 때문에 A에게 닭 요리만 빼고 주문해 달라고 부탁했습니다. 그러자 A는 의아한 표정과 함께 왜 그 맛있는 닭을 안 먹느냐고 하면서 닭을 빼면 주문할 음식이 별로 없다고 했습니다. 저는 저대로 왜 주문할 것이 없나 했는데 알고 보니 A가 돼지고기를 먹지 않는 것이었습니다. 그렇다고 인도에서 소고기를 주문했다가는 큰일 날 테고요. 저는 어렸을 때 닭에게 심하게 쪼인 트라우마가 있어서 닭을 못 먹는데요(닭을 못 먹으니 인생에서 불편한 점들이 많아서 몇 번이고 먹으려고 시도하고 노력도 했는데요. 그래도 쉽지 않네요). A는 자신의 카스트가 높은 편이기 때문에 불결한 인분을 먹는 돼지는 먹을 수 없다는 것이었습니다.

다시 돌아와서, 일부 시골 학교에서는 상층 카스트 출신들은 앞에 앉고 불가촉천민 출신 학생들은 뒤에 앉습니다. 상층 출신 선생님은 낮은 카스트의 학생들을 제대로 가르치려고 하지 않는데요. 배운 것 없고 당장 생계를 유지하기에 급급한 하층계급 학부모들은 제대로 학교에 항의도 하지 않습니다. 법적으로 평등하나 실제로는 공공연히 차별받고 있는 것이죠.

인도의 인재들이 공대와 의대에 몰리고, 전 세계 많은 기술자와 엔지니어들 중에 유독 인도인이 많은 이유 중에 하나는, 인도에서는 자신만의 기술이 있어야 카스트에 속한 일을 하지 않을 수 있기 때문입니다. 카스트로부터 벗어나기 위해서는 해외로 나가거나 신분을 바꾸기 위해서는 전문성이 필요한 것이죠.

인도 공과대학IIT, Indian Institute of Technology
IIT는 세계 3대 공대 중 하나로서, 미국항공우주국NASA 직원의 32%, 실리콘 밸리의 벤처 창업자 중 15%가 IIT 출신입니다.

여담입니다만, 할아버지가 인도에서 미국으로 이민 와서 미국에서 태어난 이민 3세와 이야기를 나눈 적이 있습니다. 그는 자신과 같은 인도계 이민 2세, 3세들이 미국에서 만나도 서로 상대의 카스트가 무엇인지 물어보기 때문에 그들을 만나도 반갑지 않다고 했습니다. 자기는 태어나서 한 번도 인도에 가 본 적도 없으며, 할아버지가 삶을 억압하는 카스트 제도를 피해 미국으로 왔으며, 아마 미국에 사는 다른 인도인들도 비슷할 텐데 자유의 땅인 이곳에서도 누가 높고 낮은지를 따지자고 하니 이해할 수 없다는 것이었습니다. 미국에 살고 있는 인도인들도 이러한데 본토 인도에서는 어떠할지 충분히 상상할 수 있습니다.

카스트의 폐해가 크다면 자신의 카스트를 숨기면 되지 않을까 생각할 수도 있을 것입니다. 그러나 인도인의 성姓에는 카스트가 들어 있기 때문에 이름만 들어도 그의 카스트를 알 수 있습니다. 출생 신고할 때 공무원들이 부모의 신분을 알고 있어서 자녀의 신분을 속일 수 있는 이름으로 지을 수도 없고요.

결혼 그리고 지참금

인도에서 쿠마르Kumar Singh와 산제이Sanjay Meghwal라는 친구를 만났습니다. 그들은 각각 Singh(전사, 사자[24])과 Meghwal(기우제를 지내는 일)이 자신의 카스트라고 했습니다. 20대 후반의 산제이는 결혼을 앞두고 있는데요. 그에게 약혼녀는 어떤 사람이고 어느 부분이 마음에 들어 사귀게 되었냐고 물어보니 그는 수줍은 미소를 지으면서 요즘 한창 신부에 대해 알아가는 중이라고 했습니다. 왜냐하면 산제이의 아버님이 같은 카스트 출신의 신부를 골라서 그에게 소개한 것이기 때문에 아직 서로에 대해 잘 모르는 상태인 것이었습니다.

다행히도 산제이는 부모님이 정해 준 같은 카스트의 약혼녀를 마음에 들어 했는데요. 조금 상상력을 발휘해서, 만일 사랑하는 여자가 있는데 서로 카스트가 다르면 어떻게 하냐고 산제이에게 물어보니 대부분의 인도 청년들은 부모님의 말씀에 따른다고 합니다. 인도는 3대가 함께 사는 대가족인 경우가 많기 때문에 집안에서 어린 축에 속하는 젊은이가 마음대로 자신의 의견을 내놓기 어렵다는 것입니다. 게다가 지방의 시골에서는 같은 카스트끼리 모여 살면서 다른 카스트 마을과는 우물의 물도 공유하지 않을 정도로 배타적이기 때문에 다른 카스트 출신이 집에 들어와서 산다는 것은 결코 쉽지 않습니다.

그렇다면 로맨틱(?)하게 멀리 떨어진 곳으로 도망가서라도 살 수 있지 않냐고 물어보니 산제이는 난처한 표정을 지으면서 그런 경우는 많지 않다고 했습니다. 왜냐하면 인도인들은 친족과의 유대감이 매우 강하기 때문에 친인척과 친구들을 두고 지역 사회를 떠나려면 상당히 많은 각오를 해야 한다는 것입니다. 결혼은 집

---

[24] 싱가포르의 '싱'은 사자를 뜻하는 산스크리트어에서 기원했습니다.

안과 집안과의 결합인데 어찌 가문을 모욕하냐면서 카스트가 다른 연인들을 죽이는 극단적인 경우도 종종 발생하고, 집안에서 정한 상대와 결혼하지 않으면 쫓겨나거나 유산을 받지 못할 것이라고 겁을 주기도 합니다.

한편, 인도인들이 결혼에서 카스트만큼 중요하게 보는 사항은 **지참금**입니다. 지참금은 고대 로마시대에도 있었으며 오랜 시간 동안 전 세계에 걸쳐 내려온 풍습인데요. 인도에는 이 문화가 아직 강하게 남아 있습니다. 그렇다면 신랑을 돈 주고 사는 것도 아닌데, 도대체 왜 신부 쪽에만 많은 금액의 지참금을 내라고 할까요?

인도에서의 결혼은 개개인의 의지만큼이나 일정한 '조건'들이 서로 잘 맞는지가 매우 중요한 부분입니다.

원래 지참금은 신랑의 가족들에게 자신의 딸을 잘 부탁한다는 의미로 신부의 아버지가 보내는 선물이었습니다. 하지만 점점 의미가 확대되고 그 이유도 더 늘어났는데요. 인도에서 남자는 상속을 받지만 여자는 상속을 못 받기 때문에 딸이 결혼으로 분가할 때 지참금을 통해 미리 상속해 준다는 의도가 있습니다. 또한 지참금에는 시댁에서 생활할 신부의 식비와 같은 생활 비용이 포함되어 있고, 남편을 잃을 경우를 대비해 신부가 생계 수단을 확보하기 위함도 있습니다. 게다가 시어머니는 본인이 결혼할 때 지불했던 지참금에 대한 보상 심리가 있고, 이번에는 아들이 결혼하지만 앞으로 결혼할 딸의 지참금을 마련하기 위해 며느리에게 과도한 지참금을 요구하기도 합니다.

주는 쪽에서의 '충분함'과 받는 쪽에서의 '충분함'은 서로 간격이 있을 수밖에 없기 때문에 지참금으로 인한 사회적 부작용은 지금도 많이 발생하고 있습니다. 그래서 인도 정부는 1961년부터 법으로 지참금을 금지하고 있습니다만, 지참금 제도가 사라지기는커녕 오히려 시간이 지날수록 요구하는 금액이 점점 늘어나고 있습니다. 선호하는 직업의 신랑과 결혼하려면 신부의 아버지는 더 큰 지참금을 지불해야 하고요.

오죽하면 '공주가 세 명이면 왕도 견딜 수 없다'고 할 정도인데요. 이렇듯 지참금은 딸 가진 부모에게 상당한 부담으로 작용합니다. 그렇다면 지참금으로 대체 얼마를 내야 할까요? 여기에는 명확한 기준이 없어서 지역과 집안의 경제 사정에 따라 천차만별입니다. 어떤 인도인은 딸 한 명당 '4년 동안의 빚'을 의미한다고 했고, 또 다른 인도인은 아버지 연간 수입의 5~6배를 내야 한다고 했습니다. 적게는 몇백만 원에서 많게는 억 단위까지 이르는데, 한 달 평균 월급이 20만 원 부근인 대다수의 인도인들에게는 지참금 천만 원도 감당하기 힘든 큰 금액입니다. 그나마 딸을 낳는 순간부터 준비를 했다면 다행이지만 그렇게 미래를 준비하는 경우는 흔치 않기 때문에 신부의 아버지는 며칠간의 빛나는 딸 결혼식이 끝나면 보이지 않는 곳에서 몇 년간 빚을 갚느라 허덕이게 됩니다.

한편, 산제이는 결혼을 앞두고 약혼녀와 즐겁게 교제하고 있지만 그의 집안에서 요구하는 지참금이 커서 그녀에게 어떻게 말해야 할지 모르겠다며 난감해하고 있습니다. 그도 그럴 것이 신부 측의 지참금이 신랑 측의 기대감을 충족시키지 못하면 축복받아야 할 선남선녀의 출발이 처음부터 삐걱거리기 때문입니다.

인도에서는 기대했던 만큼의 지참금을 가져오지 않았다고 신부를 폭행하는 경우가 종종 발생하고, 심한 경우에는 남편이나 시어머니가 신부를 살해한 후 부얼에서 불이 나서 죽었다고 신고하는 경우도 있습니다. 2015년만 하더라도 지참금으로 인해 신부들이 하루에 20명씩 죽었으니까요.[v]

그렇다고 신부가 마음대로 친정으로 돌아갈 수도 없는데요. 신부의 부모님은 결혼한 딸이 곧바로 친정에 오는 것은 좋지 못하다고 생각하며, 이혼은 더더욱 집안의 불명예로 여깁니다. 게다가 막대한 지참금을 내고 결혼했는데 이혼해 버리면 지참금을 돌려받지 못해 헛돈만 쓴 것이 되기 때문에 마음대로 친정에 돌아올 수도 없습니다. 상황이 이러하니 인도에서는 이혼을 자기 마음대로 할 수가 없는데요. 이러한 이유로 인도의 이혼율은 약 1%로[w] 세계에서 가장 낮습니다.

+) Story
이혼율 1위는 룩셈부르크로서 87%입니다.

인도인은 부를 과시하는 것을 좋아해서 인도의 결혼식은 한 번 치르면 집안이 휘청거린다고 할 정도로 굉장히 성대하게 합니다. 우연한 기회에 참석한 인도 상류층의 결혼식은 제가 가 본 전 세계의 결혼식 중에서 가장 호화찬란했습니다. 결혼식도 보통 3일이고, 길게 하면 무려 일주일 동안 하는 경우도 있을 정도로 성대하게 합니다.

금의 밝음과 어두움

아마도 세계 모든 사람들의 공통점 중에 하나는 금을 좋아한다는 것일 겁니다. 하지만 그중에서도 인도인의 금에 대한 애정은 정말 대단한데요. 힌두교에서는 금이 부와 건강을 상징하고 금을 사면 신의 축복이 온다고 믿습니다. 그래서 인도인들은 명절 때에는 서로 금을 선물하고 아이가 태어나면 금으로 장식을 해 줍니다. 결혼할 때도 신부에게 지참금으로 반지부터 시작해서 목걸이, 귀걸이, 코걸이, 머리 액세서리, 팔찌, 발찌까지 온몸을 금으로 장식해서 신랑 집에 보내고요.

하지만 인도인들이 금을 좋아하는 데에는 문화적인 이유뿐만 아니라 경제적인 이유도 있습니다. 인도의 경제가 좋지 못했기 때문에 인도 루피(₹)의 가치는 계속 떨어진 반면에 금 가격은 꾸준하게 올랐기 때문입니다. 지난 40년을 봐도 루피(₹)는 달러($) 대비 약 1/10로 가치가 떨어졌지만 금값은 달러($) 대비 약 4배 올랐습니다.

예를 들어 40년 전 A, B, C, D 네 명의 부인이 각각 지참금으로 1만 루피(₹)를 가져갔는데, A부인은 이 돈을 금고에 넣어 놨고, B부인은 루피(₹)를 달러($)로 환전해서 금고에 넣었고, C부인은 8% 복리 이자로 예금을 들었고, D부인은 금을 샀다고 하겠습니다. 그러면 40년 후인 현재 A부인은 금고에 그대로 1만 루피(₹), B부인은 달러($) 가치 상승으로 10만 루피(₹), C부인은 복리의 힘으로 22만 루피(₹)[25], 그리고 D부인은 금값의 상승으로 40만 루피(₹)가 됩니다.

이렇듯 금은 루피(₹)가치 하락에 따른 인플레이션을 막아 주었고, 금값 상승에 따른 추가 이익까지 얻을 수 있으니 인도인들이 금을 신의 축복이라고 하는 것이지요.

하지만 인도인들이 금을 사랑하는 것은 좋지만, 문제는 인도에서 금이 많이 나지 않는다는 것입니다. 인도는 세계 금 수요의 30%를 차지하는 나라이자 세계 2위의 금 수입국인데요. 매년 800~1천 톤이라는 엄청난 양의 금 수입은 고질적인 인도 무역 적자 요인 중 하나입니다. 인도 정부가 국내의 금 수요를 억제하기 위해 수입품에 관세를 높게 부과하면 국제 금값이 떨어지기도 하고, 인도인이 상서롭다고 여기는 날이 많은 해에는 신혼부부

+) Story

힌두교에서 결혼하기 좋은 상서로운 날들은 주로 10~2월에 몰려 있습니다. 그래서 금을 결혼 시즌 전인 9월 1일에 사서 시즌이 끝나는 그다음 해 2월 28일에 팔면 어떨까 해서 2001년부터 2020년까지 계산해 보니 수익이 날 확률은 65%였습니다.

---

[25] 만일 10% 복리였다면 45만 루피(₹)가 됩니다. 복리의 힘은 대단합니다.

가 많이 탄생하기 때문에 금값이 오르기도 하는데요. 그렇기 때문에 금 투자자들에게 있어 인도의 상황은 체크해야 할 부분입니다.

수입한 금의 50~60%는 결혼식에서 사용되고 있는데요. 빛나고 화려한 금의 뒤에는 그만큼의 짙은 그림자도 있습니다. 금 가격이 오르는 시기에는 어린 자매들이 부모님의 부담을 줄이겠다며 극단적인 선택을 하기도 하고, 신생 여자아이의 사망률이 매우 높아지기도 하기 때문입니다.

미국의 한 논문에 따르면[x] 1972~2005년 사이에 금값이 6.3% 치솟은 달에는 인도의 여자 신생아의 사망률도 6.4% 증가하는 등 금값과 여아 사망률 사이에는 상관관계가 있습니다. 반면, 남자아이의 사망률에는 큰 변화가 없고요. 금값이 오른 시기임에도 살아남은 여자 신생아들은 그나마 운이 좋고 다행이라고 할 수 있습니다만, 이 여성들은 금값이 높지 않았던 시기의 여성들과 비교하면 키가 작았습니다. 제대로 영양을 공급받지 못한 것이었죠. 2017년 현재 인도의 성비는 남자 108, 여자 100으로 남초인 상태입니다. 그나마 국민 전체의 성비여서 이 정도의 비율이지 나이별 성비를 보면 25세 미만은 113:100의 심한 남초입니다.

더 알아보기 6 금 가격과 이자율의 관계

금에 투자할 때는 인도의 상황도 봐야겠지만, 일반적으로 금 가격은 이자율과 반대로 움직입니다. 이자율이 낮아지면 금 가격은 높아지고, 이자율이 높아지면 금 가격이 낮아지는 것이죠.

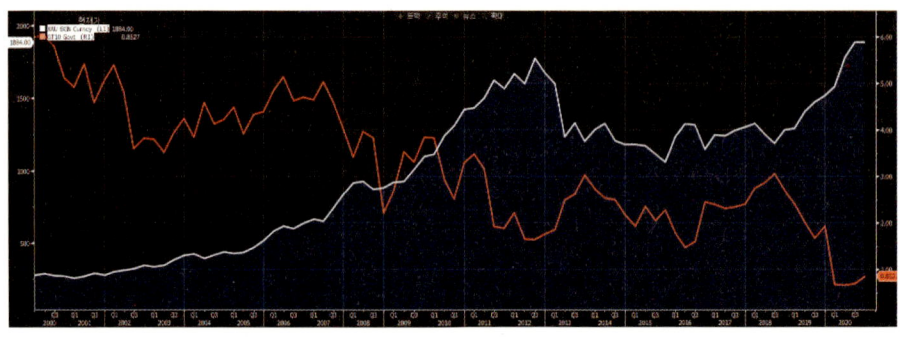

Copyright©2021 Bloomberg Finance L.P.
(출처: Bloomberg Finance L.P.)

금 가격(흰색 선)과 이자율(빨간 선, 미국 국채 10년물)은 서로 반대로 움직이는 모습을 볼 수 있습니다.

이자율이 낮아지면 시중에 돈이 흔해지면서 물가가 상승하게 되는데요. 금은 이러한 인플레이션을 막기 위한 좋은 수단이기 때문에 이자율이 낮을 때 금을 매수하려는 움직임이 많습니다. 대신에 금은 보유하고 있더라도 캐리가 없다는 단점이 있는데요. 이자율이 낮으면 어차피 예금도 캐리가 적기 때문에 차라리 금 가격 상승에 베팅하면서 갖고 있는 것이 더 낫다고 보는 것입니다.

쿠마르와 라니

산제이의 친구 쿠마르는 쇼핑몰에서 일하는데요. 쿠마르는 인상도 좋고 싹싹해서 그의 가게에는 손님들로 북적거렸습니다. 어느 날 쿠마르가 고민이 있다면서 조언을 구했는데요. 그에게는 세 살 된 딸 '라니Ranee'가 있는데 너무 예쁘고 천사 같아서 보고만 있어도 세상 모든 것을 다 가진 듯하다는 겁니다. 그러나 라니를 시집보낼 생각을 하니 지금부터 준비한다고 해도 금액이 만만하지 않아 어떻게 해야 할지 모르겠다며 제게 고민을 토로했습니다.

딸 결혼을 위한 지참금 고민은 중세 이탈리아에도 있었는데요. 신랑은 신부 측에게 받을 지참금으로 사업을 해 볼 생각까지 할 정도였다고 하니 그 금액이 결코 작지 않았습니다. 이렇게 지참금이 신부 아버지에게 과도한 부담으로 작용하자 이 문제를 해결하기 위해 15세기 피렌체 정부는 '지참금을 위한 공적 기금'을 만들었는데요. 딸이 태어나면 아버지는 정부가 만든 기금에 일정액씩 불입하는 것이었습니다. 이것은 신부 아버지의 부담을 경감시킬 뿐 아니라 피렌체 정부에게도 좋은 일이었는데요. 딸 가진 아버지로부터 돈을 빌려서 빚을 갚거나 이웃나라와 전쟁을 하는 등으로 피렌체 정부의 주된 자금 조달 수단이 되었기 때문입니다. 한편, 이렇게 애지중지 모은 지참금을 줘야 하는 신부의 아버지는 리스크를 줄이기 위해 신랑 측에게 몇 가지 약속을 받아냈는데요. 첫째, 가족들을 위해 이 돈을 사용할 것이며, 둘째, 헛되이 탕진하지 않을 것 그리고 만일 자신의 딸이 사망하면 반환하겠다는 것에 서약하게 했습니다.

여담입니다만, 인도와는 반대로, 신랑이 신부에게 '신부값Bride price'을 지불해야 하는 지역들도 있습니다. 예를 들어 중국의 일부 지방에서는 일반 근로자 연봉의 5배에 해당하는 금액을 신부값으로 지불하고 있습니다. 시골에서는 젊은 여자들이 도시로 나가서 신부가 귀한 데다가 얼마 전까지 한 자녀 갖기 운동에 따라 남녀 성비의 불균형이 더욱 심해졌기 때문입니다.

또한 제주도에서는 여성이 집안 경제력에 끼치는 영향이 컸기 때문에 딸을 보낸 신부 측에 신랑 측이 보상의 명분으로 신부값을 지급하는 풍습이 있었습니다. 지참금을 지급하지 못했을 경우에는, 신랑이 데릴사위가 되어 신부 집에 들어가 살면서 몇 년씩 일을 도왔고요.

신랑이 신부에게 지급하는 '신부값Bride price' 제도가 있는 곳도 있습니다.

+) Story

그래서 일부 아랍인들은 인도로 신부를 찾으러 가기도 합니다.

아랍의 경우는 일부다처제로 인해 신부들이 부족하기 때문인데요. 경제적으로 여유가 많은 남자가 여러 부인과 살다 보니 신부값을 치를 여력이 없는 남자들은 결혼을 못 하거나 신부 값을 치르지 않아도 되는 사촌과 결혼하기도 합니다. 게다가 신부값은 테러와도 깊은 관계가 있는데요. 팔레스타인의 자살 테러리스트들을 조사해 보니 이들에게는 두 가지 공통점이 있었습니다. 하나는 결혼 안 한 미혼 남성이라는 것이고, 또 하나는 이들의 형제가 6명 이상이라는 것입니다. 테러리스트들은 자신의 목숨을 바치는 내가 나머지 형제들이 모두 충분히 신부값을 지불할 수 있는 금액을 제시받습니다.

다시 돌아와서, 라니의 지참금 때문에 고민하는 쿠마르에게, 저는 일단 지금부터 준비할 것을 권했습니다. 미리부터 준비한다면 적은 금액으로도 충분히 대비할 수 있기 때문입니다. 쿠마르는 그렇다면 어디에 투자해야 하느냐고 물었는데요. 쿠마르가 원하는 것은 라니가 약 20년 후에 결혼할 때를 대비한 것이기에 가장 중요한 것은 안전성이었고, 두 번째로는 은행 이자보다는 금리가 더 높았으면 좋겠다는 것이었습니다. 쿠마르와 라니의 인생이 달린 중요한 결정이기 때문에 저도 몹시 조심스러웠는데요. 고민 끝에 위 두 가지 조건을 모두 만족시킬 수 있는 'ETF'와 '스팩SPAC'을 추천하였습니다. 확정적으로 은행 이자보다 높은 수익을 거둘 수 있다고 말할 수는 없지만, 시간을 길게 본다면 ETF와 스팩이라면 충분히 승산이 있다고 본 것이었습니다.

ETF

ETF(Exchange Traded Fund)는 '**상장지수펀드**'라고 하는데요. 얼굴은 붉으락푸르락해 보이지만 성격은 몹시 착하고 단순한 친구처럼, ETF도 '**상장**' + '**지수**' + '**펀드**' 세 단어의 뜻만 알면 아주 쉽게 이해할 수 있는 간단한 구조의 상품입니다.

'**펀드**'는 투자하기 위해 여러 명이 돈을 모은 것을 의미하는데요. ETF는 이렇게 모은 돈으로 **지수**Index에 투자하는 것입니다. 그렇다면 **지수**는 무엇일까요? **지수**는 과거에 비해 가격이 얼마나 올랐는지 쉽게 파악할 수 있도록 만든 것인데요. 예를 들어 소비자물가**지수**는 2015년을 기준 삼아 이때의 물가를 100이라 하고 이후 물가가 얼마나 변하는지 보는 것입니다. 2020년 11월 현재 105.50이니 그동안 물가가 5.50% 정도 오른 것입니다.

마찬가지로, 예를 들어 KOSPI200 지수라면, 한국Korea을 대표하는 200개 회사들의 주식Stock 가격Price을 지수Index로 만든 것입니다. KOSPI200 지수는 1990년을 기준일로 정해 100으로 했는데요. 2020년 11월 현재 KOSPI200 지수가 346이니 30년 동안 약 3.46배[26] 올랐다는 것을 알 수 있습니다.

---

[26] 30년간 복리로 약 연 4.16%의 수익입니다.

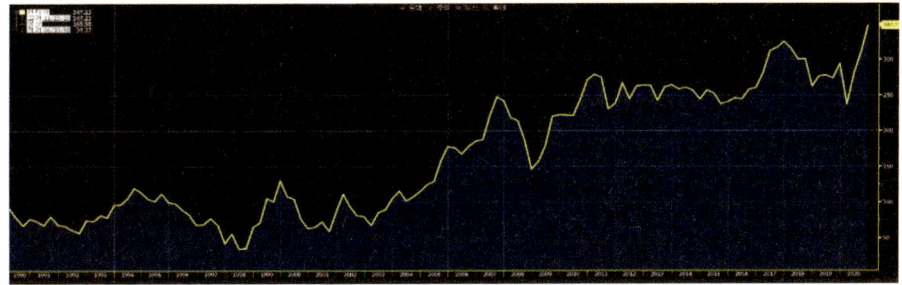

Copyright©2021 Bloomberg Finance L.P.
(출처: Bloomberg Finance L.P.)

왼쪽 끝이 1990년이고 이때 KOSPI200 지수가 100입니다. 2020년 11월 현재 346이니 30년 동안 약 3.46배 오른 것입니다.

우리가 **펀드**에 돈을 모아서 KOPSI200 **지수**에 투자한다는 것은 한국의 대표적인 200개 기업의 주식 가격이 오른다는 것에 베팅한 것과 같습니다. 즉 앞으로 한국 주식시장이 지금보다 오를 것으로 보는 것이죠.

하지만 **펀드**로 투자하면 불편한 점도 있습니다. 일례로, 우리가 KOSPI200 **지수**에 투자하는 펀드에 1천만 원을 넣었다가 중간에 환매하면[27] 펀드는 우리에게 돈을 돌려주기 위해 지수를 그만큼 시장에 팔아야 합니다. 이렇게 팔면 시장 가격에 작게라도 영향을 미칠 수도 있고, 우리가 돈을 돌려받는 데까지 시간이 걸릴 수도 있습니다. 그래서 이러한 불편함을 줄이기 위해 ETF는 펀드를 거래소에 **상장**해서 마치 주식처럼 언제든지 쉽게 사고 팔 수 있도록 한 것입니다.

즉, 우리가 돈이 필요하면 펀드를 운용하고 있는 자산운용사에게 환매를 요청하는 것이 아니라, 우리가 가입한 펀드의 지분만큼을 거래소를 통해 다른 사람에게 파는 것입니다. 일반 주식이나 채권과 같이 HTS(Home Trading System)와 앱App

---

[27] 가입했던 적금을 중간에 깨는 것을 '해약'이라고 한다면, 펀드는 '환매'라고 합니다.

등을 통해 원하는 가격에, 원하는 금액만큼 거래하는 것이죠. 정리하면, ETF는 **펀드**로 돈을 모아서, **지수**에 투자하고, 이것을 사고 팔기 쉽게 하기 위해 **상장**시켜 놓은 금융상품입니다.

쿠마르에게 ETF를 추천한 이유는 다음과 같습니다.

첫째, 쿠마르가 주식시장이나 금융상품에 대해 잘 모르기 때문에 금융시장의 움직임에 연연하기보다는 투자는 해 놓되, 지금과 같이 본인이 잘할 수 있는 일에 충실한 것이 더 낫다고 판단했기 때문입니다.

둘째, ETF는 작은 돈으로도 투자할 수 있기 때문입니다. 한국을 대표하는 200개 회사의 주식을 시장의 움직임과 똑같이 움직이도록 복제하기 위해서는 대략 15억 가량 듭니다. 이렇게 비용이 많이 들기 때문에 펀드로 돈을 모아서 지수를 사는 것이지요. 하지만 ETF는 1주만 사도 200개 회사 전체를 산 것과 동일한 효과를 볼 수 있으며, 싼 ETF는 1만 원도 되지 않기 때문에 월급이 많지 않은 쿠마르도 적은 금액으로 우량 기업들로 구성된 ETF에 충분히 투자할 수 있습니다.

셋째, 거래 상대방 위험을 분산시키기 위해서였습니다. 만일 쿠마르가 특정 회사의 주식에만 투자한다면 쿠마르와 라니는 그 특정 회사에 인생을 건 셈이 됩니다. 투자한 특정 회사, 특정 종목은 망할 수도 있지만, 금융시장 자체는 망할 수 없기 때문에 ETF를 추천한 것이었습니다.

넷째, 요즘은 저금리 시대이기 때문입니다. 너무 안정적인 것만을 추구하기에는 이자가 너무 낮습니다. ETF는 예금보다 안정성은 떨어지지만 더 높은 수익을 기대할 수 있고, 개별 주식보다는 위험하지 않습니다. 즉 ETF는 예금과 개별 주식의 중간에 있는 금융상품이라고 할 수 있습니다.

다섯째, ETF는 분배금을 주기 때문입니다. 주식 ETF와 채권 ETF라면 각각 주식과 채권에 투자된 ETF이기 때문에 배당과 이자를 받는데요. 이것을 분배금이라는 이름으로 ETF 투자자들에게 돌려주기 때문에 가격 상승 이외에도 추가적인 수익을 기대할 수 있습니다.

+) Story
단, 레버리지 ETF는 분배금을 주지 않습니다.

여섯째, 수수료가 저렴하다는 장점이 있기 때문입니다. ETF는 지수의 움직임을 그대로 따라가도록 만들기 때문에 펀드 매니저가 어떤 종목을 사야 할지 고민할 필요가 없습니다. 즉 지수를 구성하는 종목을 그대로 비율대로 사서 담기만 하면 되기 때문에 ETF는 일반 펀드에 비해 수수료가 저렴합니다. 그래서 주식형 펀드는 1~2%대임에 반해 ETF는 0.5% 정도입니다.

일곱째, 위험을 줄이기 위함입니다. ETF로 개별 종목에 대한 위험은 분산시켰지만, 주식시장 자체가 안 좋을 때는 분산도 소용없기 때문에 일반적으로 주식과 반대로 움직이는 채권 ETF도 함께 권하였습니다. 이렇게 되면 한쪽에서 손실이 난다 하더라도 다른 쪽에서는 이익이 나서 전체적으로는 안정적인 수익을 얻을 수 있기 때문입니다.

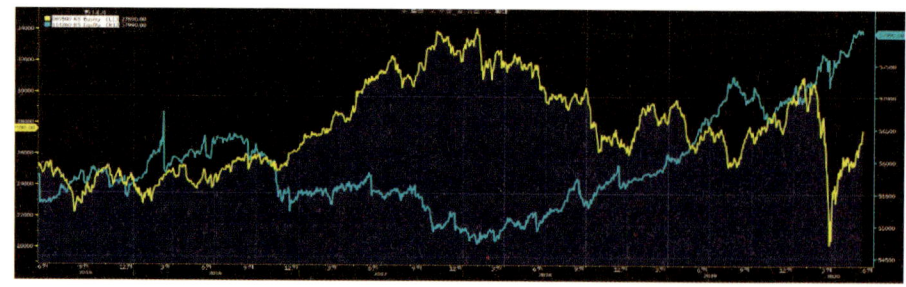

Copyright©2021 Bloomberg Finance L.P.
(출처: Bloomberg Finance L.P.)

한국 주식 가격(노란색, KOSPI200 ETF)과 한국 정부 채권(청색, 3년 만기 국채 ETF) 가격을 보시면 서로 반대되는 움직임을 볼 수 있습니다. 경기가 좋으면 주식은 가격이 상승하는데, 채권은 앞으로 금리가 인상될 것이라 봐서 오히려 가격이 떨어집니다. 반대로 경기가 안 좋으면 주식 가격은 떨어지지만 채권은 향후 금리가 인하될 것이라 예상해서 가격이 올라가고요. 채권은 경기가 안 좋아야 가격이 올라가기 때문에 채권투자자들은 경기가 안 좋아지기를 바라는데요. 자산을 주식과 채권으로 나누어서 분산투자하시면 경기가 좋을 때는 주가가 올라서 좋고, 경기가 나쁠 때는 채권값이 올라서 좋습니다.

투자 비율을 조절하는 방법에는 시간에 따라 비율을 달리 하는 방법과 계속해서 일정 비율을 유지하는 방법이 있습니다. 시간에 따라 비율을 달리 하는 방법은, 라니가 20년 후에 결혼 혹은 독립할 것으로 예상하고, 처음에는 주식 위주로 공격적으로 투자하다가 시간이 지날수록 채권 비중을 늘리면서 보수적으로 투자하는 것입니다. 투자금 배분을 첫해에는 (주식 100% + 채권 0%), 둘째 해에는 (주식 95% + 채권 5%), 셋째 해에는 (주식 90% + 채권 10%) 이런 방식으로 비율을 조금씩 조절해 가는 것이죠.

⟨시간에 따른 투자 비율의 예⟩

연도	주식	채권
1	100	0
2	95	5
3	90	10
…	…	…
19	10	90
20	5	95
21	0	100
투자금 합계	1,050	1,050

또 다른 방법은 계속해서 배분 비율을 유지하는 것입니다. 만일 주식과 채권을 6:4로 배분하기로 했다면 첫해 주식 60%, 채권 40%를 투자하고 그다음 해는 가격에 따라 투자 금액을 바꾸는 것입니다. 예를 들어, 작년에 100만 원으로 주식 60만 원, 채권 40만 원 투자했는데 1년 후에 주식 80만 원, 채권 50만 원으로 되었다면 다음 해에는 주식에 덜 투자하고 채권에 더 많이 투자해서 다시 6:4의 비율로 맞추는 것입니다. 반대로 채권의 가격이 더 올라 채권의 비중이 증가했다면, 다음해에는 주식에 더 많이 투자해서 다시 6:4 비율로 맞추는 것이죠.

⟨비율에 따른 투자의 예⟩

	주식	채권	배분 비율
현재 100만 원 분산투자	60만 원	40만 원	6:4
→ 1년 후	80만 원	50만 원	6.2:3.8
추가 100만 원 투자	58만 원	42만 원	5.8:4.2
→ 신규 포트폴리오	138만 원	92만 원	6:4

더 알아보기 7 ETF

우리가 시험을 보거나, 달리기 시합, 요리대회 혹은 노래경연대회에 나가는 등으로 어떤 경쟁을 해야 한다면 우리는 과연 매번 상위권에 있을 수 있을까요? 몇 번은 상위권에 있을 수 있겠지만 계속해서 상위권에 있기는 어려울 것입니다.

펀드를 운용하는 펀드 매니저들은 공부를 많이 하고, 시장의 풍파도 여러 번 겪어 본 현명한 베테랑들입니다. 하지만 이들이 펀드 수익률로 경쟁한다면 아무리 뛰어나고 똑똑한 펀드 매니저라도 매번 잘할 수는 없을 것입니다. 그래서 펀드 매니저들에게 너무 많은 것을 바라지는 말고 그냥 시장 평균이라고 할 수 있는 지수만큼만 수익을 내 달라고 만든 것이 ETF라고 할 수 있습니다. 만일 시장 평균보다 더 좋은 성과를 원한다면 펀드 매니저가 직접 운용하는 펀드에 가입하는 것이고요.

한편, 이 세상 모든 사물에 이름이 있듯이 ETF에도 성과 이름이 있습니다. 우리가 부모님의 성을 물려받듯이, ETF도 만든 회사의 이름을 성으로 쓰고, 성격을 나타내는 것을 이름으로 합니다.

〈ETF를 만든 회사의 이름(성) + 추종 지수(이름)〉

ETF를 만든 자산운용사	(성)	ETF를 만든 자산운용사	(성)
삼성자산운용	KODEX	한국투자신탁운용	KINDEX
미래에셋자산운용	TIGER	키움투자자산운용	KOSEF
KB자산운용	KBSTAR	뱅가드자산운용	VANGUARD
한화자산운용	ARIRANG	블랙락자산운용	iShares

규모가 큰 자산운용사에서 발행한 ETF일수록 거래량이 많기 때문에 시장에서 사고 팔기 쉽습니다.

예를 들어 "KODEX200"이라면 삼성자산 운용이 만든 KOSPI200 지수를 추종하는 ETF라는 것입니다. "TIGER 일본 니케이225"라면 미래에셋자산운용이 만든 일본 주식 지수 Nikkei225의 성과를 추종하는 ETF라는 것입니다.

〈ETF 종류 예시〉

투자 대상	국내 ETF의 예	해외 ETF의 예
주가 지수 예 국내외 주가 지수	KODEX 200 KODEX 코스닥 150	TIGER 미국 다우존스 30 ARIRANG 미국 S&P 500
금융 주식 예 은행, 증권, 보험	TIGER 은행 KODEX 보험	VANGUARD Financials
첨단 기술 주식 예 IT, 반도체, 바이오	KODEX 반도체 KBSTAR 헬스케어	iShares U.S. Technology
천연 자원 주식 예 에너지 화학, 풍력 발전, 산림	TIGER 200 에너지 화학 KBSTAR 200 에너지 화학	Vanguard Energy iShares Global Energy
기타 주식 예 중소형 가치, 주류/담배, 실버 산업	TIGER 여행 레저 KODEX 200 중소형	iShares US Consumer Services
고배당 주식 예 고배당 주식, 우선주	KOSEF 고배당 KODEX 배당성장	ARIRANG 미국다우존스 고배당주
채권 예 국공채, 우량 회사채	KODEX 단기 우량 채권 TIGER 중장기 국채	TIGER 미국달러단기채권 액티브
원자재 예 원유, 콩, 구리, 금	KINDEX 골드 선물 KODEX 콩 선물	iShares Gold Strategy

만일 쿠마르가 라니의 지참금을 '금'으로 주려고 한다면 지금부터 금Gold ETF를 사면 됩니다.

또한 ETF의 큰 장점 중에 하나는 개별 주식 종목을 몰라도 된다는 것입니다. 예를 들어 첨단 기술 섹터가 좋아 보이거나 혹은 바이오 분야가 전망이 좋을 것 같은데 산업에 대한 이해도 없고 어떤 회사가 좋은지 몰라서 투자를 주저할 수도 있는데요. 이때 반도체 ETF, 혹은 바이오 ETF 등을 사면 되는 것입니다.

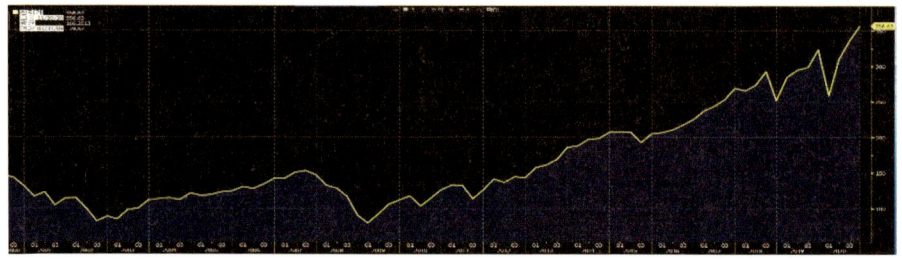

Copyright©2021 Bloomberg Finance L.P.
(출처: Bloomberg Finance L.P.)

2000년 1월~2020년 11월의 미국주식 S&P ETF 그래프

2003년 "100"에서 2020년 "356"로 3.56배 상승했습니다.

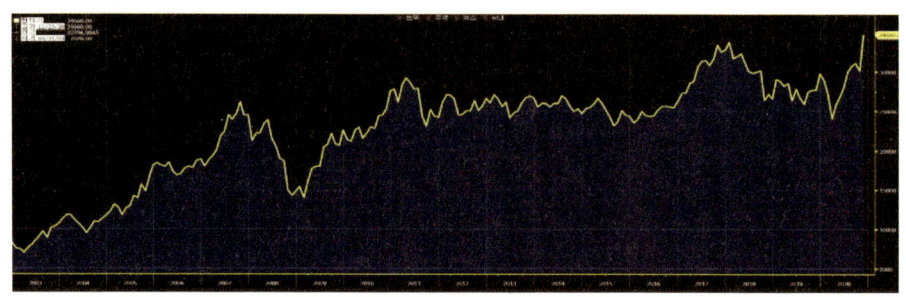

Copyright©2021 Bloomberg Finance L.P.
(출처: Bloomberg Finance L.P.)

2003년 1월~2020년 11월의 한국주식 ETF 그래프

2003년 10,000에서 2020년 34,660으로 3.46배 상승했습니다.

참고로, ETF는 자산운용사에서 만들지만 ETF를 사려면 증권사와 은행에서 사야 합니다. 자산운용사는 지점이 거의 없기 때문에 증권사나 은행에서 대행해서 판매하는 것입니다.

ETF를 사는 방법은 주식이나 채권을 사는 것과 동일합니다. 증권사에 계좌를 개설하고 해당 증권사의 HTS나 APP에 들어가서 사고 싶은 ETF의 이름을 입력하고 매매하시면 됩니다.

스팩

쿠마르는 ETF를 잘 이해하였지만, 그래도 하나만 더 소개해 달라고 했는데요. 그래서 제가 권한 두 번째 상품은 스팩입니다.[28] 스팩은 Special Purpose Acquisition Company(SPAC 기업인수목적회사)의 약자로서 이름은 생소하지만 구조를 살펴보면 매우 간단합니다.

실체는 없고 서류로만 존재하는 이름뿐인 회사를 페이퍼 컴퍼니Paper Company라고 하는데요. 스팩은 페이퍼 컴퍼니를 설립하고 주식을 상장해서 1주당 2천 원에 팔면서 주주들을 모읍니다. 예를 들어 스팩이 상장해서 주식 500만 주를 발행한다면 100억 원(2천 원 × 500만)을 모으는 것이죠. 이렇게 되면 껍데기(?)뿐인 페이퍼 컴퍼니에 '주주에게 모은 돈 100억 원'이라는 알맹이(?)가 채워지는데요. 이 돈으로 인수합병(M&A, Merger and Acquisition)할 회사를 찾는 것입니다. 사실, 서류로만 존재할 뿐인 페이퍼 컴퍼니를 상장하도록 한국거래소가 허락해 준 것도 기업의 인수합병을 활성화하고 우량한 비상장 벤처 중소기업들에게 혜택을 주기 위함이라는 특별한 이유가 있기 때문입니다. 그래서 스팩은 다른 데에 투자해서는 안 되고, 인수합병에만 자금을 사용해야 합니다.

+) Story
SPAC이 기업과 합병하기 위해서는 기존의 경영진과 협의해야 하는 등 우호적인 합병만 할 수 있습니다.

---

[28] 한국의 스팩으로 말씀드리겠습니다.

비교	
ETF	펀드로 돈을 모아서 지수에 투자한 후 상장시킨 것입니다.
스팩	페이퍼 컴퍼니를 상장시켜서 돈을 모으고(1주당 2천 원에 주식 발행), 그 돈으로 괜찮아 보이는 비상장 회사를 인수합병하는 것입니다.

그렇다면 비상장 회사들은 왜 스팩에 인수합병되려고 할까요?

결격 사유가 있는 회사를 상장시켰는데 이 회사가 망하면 투자자들이 큰 손해를 볼 수 있기 때문에 한국거래소는 투자자 보호를 위해서 상장을 신청한 기업들에게 매우 까다롭고 복잡한 절차를 요구하고, 일정 기준을 충족시켜야만 승인을 해 주고 있습니다. 따라서 상장하고 싶은 기업의 입장에서는 상장 준비를 위한 시간과 비용이 많이 소요되는데요. 이미 상장된 스팩과 합병하면 큰 절차 없이 바로 상장될 수 있기 때문에 합병되려고 하는 것입니다.

쿠마르에게 스팩을 권한 첫 번째 이유는, 1주당 가격이 저렴하기 때문입니다. 스팩 주식은 상장될 때 공모주 가격이 1주당 2천 원이기 때문에 누구나 부담 없이 살 수 있습니다. 공모가 아닌, 상장된 후 시장에서 산다 하더라도 대부분 2천 원 초반대에 가격이 형성되어 있고요.

종목명	현재가 (2021년 1월)
케이비제19호스팩	2,065
유진스팩5호	2,045
교보9호스팩	2,085
대신밸런스제7호스팩	2,135
하나금융14호스팩	2,075
신한제6호스팩	2,060
미래에셋대우스팩4호	2,050
IBKS제12호스팩	2,160
유안타제5호스팩	2,045
대신밸런스제8호스팩	2,085

2021년 1월 현재 스팩 가격들. 합병할 회사를 찾지 못하는 동안에는 스팩의 가격은 2천 원 부근에서 움직입니다. 한편, 스팩의 이름은 ETF 이름을 짓는 것과 비슷한 방식인데요. 발행한 증권회사의 이름이 앞에 나오고 그 증권사에서 몇 번째로 발행한 스팩인가에 따라 이름이 지어집니다.

둘째, 매우 안전하기 때문입니다. 스팩은 주식 발행으로 모은 자금 중에서 운영을 위한 약간의 돈을 제외하고는 대부분의 돈을 인수합병할 대상기업을 찾을 때까지 한국증권금융에 예치해야 합니다. 참고로 우리가 증권사 계좌에 돈을 넣으면, 증권사는 그 돈을 반드시 한국증권금융에 예치해 놓아야 합니다. 만에 하나라도 증권사가 파산하는 경우를 대비하고, 증권사 자산과 고객 자산이 섞이는 등의 문제가 발생하지 않도록 제3자인 한국증권금융에 예치시키는 것입니다. 이렇게 안전한 한국증권금융에서 인수합병을 위한 스팩의 자금도 맡아 주고 있는 것입니다.

만일 3년 동안 스팩이 인수합병할 대상기업을 찾지 못한다면 자동으로 상장폐지 되는데요. 이때 한국증권금융은 예치되어 있는 돈에 약간의 이자를 붙여서 다시 주주들에게 돌려주기 때문에 스팩은 예금해 놓은 것과 다름없습니다. 또한, 흔하지는 않지만 때때로 스팩의 가격이 2천 원 밑으로 내려갈 경우도 있는데요. 스팩은 발행 후 3년이 지나면 무조건 1주당 2천 원 이상(원금 + 이자)을 지급하기 때문에 2천 원 이하의 스팩을 사면 무조건 이익을 낼 수 있습니다.

셋째, 스팩은 운이 좋으면 큰 수익률을 낼 수 있기 때문입니다. 우량 비상장사와 스팩이 합병한다는 소식이 들리면 스팩 가격은 오를 수 있는데요. 이때 스팩 주식을 팔아서 수익을 실현하는 것입니다.

+) Story
미국 스팩은 상장 기간이 2년이고 공모가는 일반적으로 10달러입니다.

〈2021년 1월 현재, 가격이 크게 오른 스팩 종목〉

종목명	현재가
유안타 제3호 스팩	4,300
교보 8호 스팩	4,952
엔에이치 스팩14호	6,630

만일 스팩과 합병하는 대상기업(= 비상장회사)이 마음에 든다면, 합병 후 스팩 주식을 대상기업의 주식으로 교환 받으면 됩니다. 물론 합병이 된다면 이제는 그냥 일반 주식일 뿐이지 스팩이 아니기 때문에 더 이상 원금 보장은 되지 않습니다.

넷째, 스팩은 구조가 매우 좋기 때문입니다. 스팩은 3년 동안 한국증권금융에 예치되어 있다가 인수합병 대상기업을 찾지 못하면 다시 돈을 돌려주기 때문에 주식시장의 상황과 무관합니다. 즉 아무리 경기가 좋지 못하고 주식시장이 좋지 못하더라도 스팩 주식은 2천 원 부근에서만 움직이기 때문에 손실을 보지 않습니다. 게다가 인수합병 대상기업을 찾으면 주가가 폭등하기 때문에 아래는 막혀 있고 위는 열려 있습니다. 투자자에게 아주 유리한 구조인 것이죠.

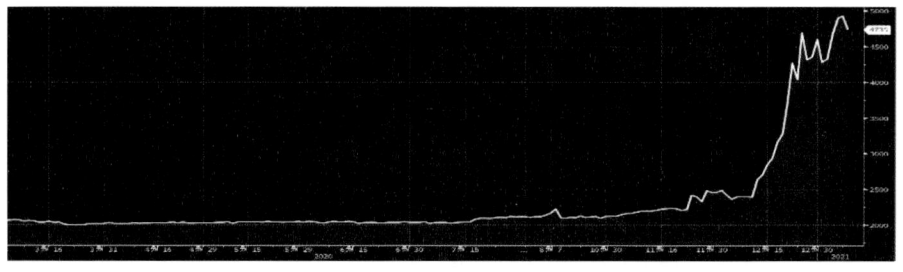

Copyright ⓒ2021 Bloomberg Finance L.P.
(출처: Bloomberg Finance L.P.)

2020년 코로나가 한참이던 3월 주가가 폭락했을 때도 스팩 주식의 가격은 2천 원 부근에서만 움직였습니다. 이후 스팩이 대상기업을 찾으면서 합병이 진행되자 스팩의 가격은 빠르게 상승했습니다. 즉 스팩의 가격은 경기나 주식시장의 상황보다도 스팩이 좋은 비상장기업과 합병할 수 있는가에 더 달려 있습니다. 이 그래프는 교보 8호 스팩입니다. 비상장기업이었던 원바이오젠과 합병되어 현재는 원바이오젠으로 거래되고 있습니다.

다섯째, 스팩에 투자하면 매일 주식시장을 보지 않아도 됩니다. 스팩은 경기가 좋든 나쁘든 관계없이 다만 인수합병 대상기업을 찾을 때만 오르기 때문에 자신의 업무에 지장을 받지 않으면서 투자할 수 있습니다.

쿠마르가 ETF와 스팩을 통해 라니의 지참금을 준비하는 것은 한국에서도 그대로 적용될 수 있습니다. 유학 가고 싶은 학생이 미리부터 준비하거나, 독립을 준비하든지, 결혼 자금을 준비하든지, 어린 자녀의 학자금을 미리 준비한다든지, 100세 시대에 장수하실 부모님의 부양을 준비한다든지, 자신의 노후를 미리 대비하는 등으로 말이죠.

고귀하신 독자분들께서도 담배 한 번 덜 피고, 커피 한 번 덜 마신 돈으로 ETF와 스팩에 가입해 볼 것을 권해 드립니다. 시작은 작아 보이지만 시간이 지나면서 결과는 크게 차이 날 수도 있기 때문입니다. 왜냐하면 우리는 우리가 스스로 결정하고 행동한다고 생각하지만 실제로는 우리를 둘러싼 상황이 우리의 행동을 결정하는 경우가 많기 때문입니다. 우리는 단지 주어진 상황 속에 있는 제한된 선택지 중에서 최선안을 고를 뿐이고요. 알뜰하게 모아진 돈은 고귀하신 독자분들에게 선택지의 폭을 더 넓혀 줄 것입니다.

> *나는 최선을 고를 수 없다.*
> *최선이 나를 고른다.*
> – 타고르 Rabindranath Tagore

> *당신이 취하는 모든 행동이 보잘것없다 하더라도,*
> *중요한 것은 일단 행동을 취하는 것이다.*
> – 간디 Mahatma Gandhi

동화 〈신데렐라〉에서는 불쌍하고 가여운 신데렐라, 나쁜 계모 및 두 언니 그리고 멋진 왕자와 착한 마법사에 대한 이야기가 나옵니다. 하지만 정작 중요한 그녀의 아버지에 관해서는 비중 있게 다루지 않고 있습니다. 만일 신데렐라의 아버지가 쿠마르처럼 일찍이 딸을 위해 교육이나 결혼 자금을 준비했다면 신데렐라는 왕자님을 만나기 전에 새엄마로부터 독립하여 좀 더 자신의 삶을 개척했을 수도 있었을 것이며, 꼭 구두가 발에 맞지 않더라도 또 다른 방식으로 더 당당하게 왕자님을 만날 수도 있지 않았을까 합니다.

더 알아보기 8   스팩

    스팩은 주주들에게 모은 돈으로 회사를 합병해야 하는데요. 합병할 회사를 알아보는 데에는 시간이 걸리기 때문에 상장한 지 6개월 이상 된 스팩을 사는 것이 유리합니다. 반면에 발행한 지 2년 6개월이 된 스팩에 투자하면 불리할 수 있습니다. 왜냐하면 3년 동안 합병하지 못하면 자동으로 상장폐지되기 때문인데요. 남은 6개월 동안 정부당국의 승인도 받아야 하고 주주총회에서 합병 승인도 받아야 하기 때문에 시간이 부족합니다.

    스팩을 살 때는 두 가지 방법이 있습니다. 하나는 공모할 때 2천 원에 사는 것인데요. 공모로 사면 싸게 살 수 있는 장점이 있지만 원하는 수량만큼을 받기 어렵고 수익을 내기까지 시간이 걸릴 수 있다는 단점이 있습니다. 반면에 이미 상장되어 만기가 6개월~2년 6개월 남은 스팩을 사면 수익을 내기까지는 시간이 단축되는 장점이 있지만 2천 원보다 조금 더 비싼 가격으로 사야 한다는 단점이 있습니다.

    스팩도 적금처럼 매달 한 종목씩 산다면 1년에 총 12개의 스팩을 살 수 있습니다. 12개 중에서 단 하나의 스팩만이라도 합병 승인이 난다면, 투자 수익률은 은행 이자를 훨씬 뛰어넘을 것입니다. 이렇게 계속 적금 붓듯이 스팩을 산다면, 3년 후부터는 합병이 안 되어 만기가 돌아오는 스팩의 원리금과 함께 더 큰 금액을 투자할 수 있습니다. 눈덩이가 구르면서 커져 가듯이 자산 규모도 커져 갈 것이고요.

    한편, 스팩에 투자할 때 유의해야 할 부분도 있는데요. 스팩의 유동성은 풍부한 편이 아니기 때문에 원할 때 필요한 만큼 팔기 어렵습니다. 언제, 어떤 회사와 합병할지 모르기 때문에 그렇게 많이 거래되지 않는 것이죠. 또한 스팩이 비상장회사와 합병되기 위해서는 거래소의 승인을 받아야 하는데요. 기다리는 약 2개월 동안 거래가 정지되기도 합니다. 따라서 스팩은 급하게 써야 할 돈을 투자하기보다는 멀리 바라보면서 투자해야 합니다.

하지만 유동성이 아예 없는 것도 아니고, 원금은 보장되면서도 운이 좋을 때 큰 수익을 얻을 수 있는 좋은 구조의 상품이기 때문에 보수적인 투자자들에게 스팩은 꼭 필요한 상품이라고 할 수 있습니다. 금융감독원에 따르면, 국내에서 스팩을 도입한 2009년 12월 이후 2020년 5월까지 총 183개의 스팩이 상장되었고 이 중 94사가 합병에 성공하거나 진행 중이라고 합니다.

돈을 버는 3가지 방법

우리가 돈을 버는 방법에는 크게 세 가지가 있다고 볼 수 있는데요. 직업을 통해 벌기, 투자로 벌기, 그리고 소비 조절로 벌기입니다.

돈을 버는 방법			
종류	직업으로 벌기	투자로 벌기	소비 조절로 벌기
성격	공격	공격	수비

직업을 통해 버는 것은 기본적으로 캐리라고 할 수 있습니다. 만일 현재 연봉이 3천만 원이라면 현재 금리인 1%를 적용하면 30억 원(3천만 원/0.01 = 30억)의 금융자산을 갖고 있는 것과 같습니다. 또한 근로에서는 일하는 기간도 매우 중요한 요소인데요. 당장에 큰 월급을 받지 못하더라도 임금은 상승할 것이기에 일하는 기간이 길면 충분히 상쇄될 수 있습니다. 크게 벌어서 일찍 은퇴하는 것이 화려해 보일 수도 있지만 길게 바라보면 조금 적게 벌더라도 오래 버는 것과 큰 차이가 없기도 하고요. 따라서 건강을 잘 관리하고, 직업을 유지하는 데 있어 문제될 만한 행동을 하지 않는다는 것은 돈을 벌고 있는 것과도 같습니다.

둘째, 투자로 버는 부분도 반드시 필요합니다. 한국은행에 따르면 2017년 한 해 대한민국 근로자들 모두의 월급을 합친 금액은 약 823조 원 정도 됩니다.[Y] 하지만 주식시장만 봐도, 2016년 1,514조 원이었던 시가총액(주식수 × 주식가격)이 2017년에는 1천893조 원으로 한 해 동안 약 379조 원이 증가했습니다. 즉 대한민국 전체 취업자들이 근로로 번 돈의 약 46%에 해당하는 돈을 주식 투자자들이 벌었다는 것입니다. 물론 해마다 시가총액은 증가할 때도 있고 감소할 때도 있지만 장기적으로 봐서는 증가하고 있으니 투자하지 않으면 그만큼 덜 벌게 되는 것이지요.

또한 투자를 하지 않으면 가정의 경제가 근로 수입에만 의존하는 구조가 됩니다. 더욱이 근로만으로 더 많은 돈을 벌기 위해서는 더 오랜 시간 동안 일해야 합니다. 그만큼 가족과 친구 그리고 자기 자신을 위해 쓸 시간이 부족해지게 되고, 혹시 아프기라도 하면 큰일입니다. 따라서 우리도 일하고 돈도 함께 일하게 해야 합니다.

셋째, 소비 조절입니다. 스포츠에서도 강한 팀은 일단 수비가 탄탄한 팀이라고 할 수 있는데요. 공격으로 버는 것 못지않게, 소비를 어떻게 관리하는지는 **매우 중요합니다**.

지인 중에 유명 인사 A가 있는데요. 그(녀)는 팬들의 사랑과 지지를 한 몸에 받고 있습니다. 팬의 성원만큼 A의 수입도 상당히 높아서 주변의 많은 사람들이 부러워하지만 정작 A는 제게 종종 상담을 요청합니다. 왜냐하면 무계획적인 소비로 인해 놀랍게도 A의 통장 잔고는 마이너스이기 때문입니다. 저는 A의 상황이 믿기지 않았는데요. A는 태평한 모습으로 돈은 또 벌면 되는 것 아니냐는 반응이었습니다. 하지만 A가 당장 아프기라도 하면 수입이 급감할 것이고, 앞으로도 지금처럼 잘되리라는 보장도 없는 것이었습니다. A는 공격은 훌륭하지만 수비는 좋지 못한 전형적인 타입이었지요. 그나마 다행인 것은, 효심이 깊었던 A는 매달 부모님께 용돈을 보내 드렸고, 어머니께서는 그 돈이 A가 힘들게 번 돈이라고 쓰지 않고 모으셨는데요. 결국 어머니께서 모아 주신 돈이 A가 가진 전부였습니다. 이러한 사례는 비단 A에게만 해당되는 것이 아닌데요. 미국의 한 조사에 따르면 NBA 농구 선수들 중에 약 60%는 은퇴 후 5년 안에 재정적인 문제로 어려움을 겪으며[Z] 미국 복권 당첨자 중에 수년 안에 파산하는 비율은 약 70%라고 합니다.[AA]

비슷한 사례로 금융시장에서 희로애락을 함께했던 동료들 중에는 부나비처럼 무모한 행동들로 인해 더 이상 일할 수 없게 된 동료들이 있었습니다. 좋은 학교 출신에

밝은 성격과 출중한 실력을 갖고 있었기 때문에 꾸준히 근무했다면 커리어도 잘 쌓고 조직에서도 크게 될 수 있었는데 도대체 왜 리스크가 큰 무모한 행동을 했을까 싶었지요.

하지만 시간이 지나서 보니 유사한 공통적인 이유가 있음을 알게 되었습니다. 그것은 지금처럼 앞으로도 잘될 것이라는 계산하에 자신의 소득 수준을 넘어서는 소비나 허례허식 혹은 인터넷 도박에 빠져 있었고 이를 유지하기 위해서 위험한 거래를 했던 것이었습니다. 즉 수비의 작은 부분에서 삐걱거리다 보니 공격뿐 아니라 인생까지도 큰 영향을 받게 된 것이었습니다.

+) Story

평소에 수비를 잘하게 되면 일을 하면서 부정한 일에 연루되는 유혹에 빠지지 않게 되는 큰 장점이 있습니다.

조금 더 극단적인 사례를 말씀드리면, B라는 펀드 매니저가, 경영진의 능력과 사업 내용이 의심스러우며 신용등급도 매우 낮은 (가)회사에 투자한 사건입니다. B는 대체 왜 저런 회사에 투자해서 본인의 커리어와 삶을 벼랑 끝으로 내몰았을까 이해가 되지 않았지요.

나중에 알고 보니 사태의 전말은 다음과 같았는데요. (가)회사가 발행한 채권에 투자해 달라고 B에게 청탁이 들어오자 B는 좋지 않은 회사의 채권은 투자할 수 없다며 거절했습니다. 하지만 계속 청탁이 들어오자 결국 B는 투자자에게 받은 펀드 자금으로 이 채권에 투자했고, 이에 대한 대가를 (가)회사로부터 받은 것이었습니다. 5만 원권으로 가득 채워져 있는 명품 가방과, 수천만 원짜리 시계 그리고 고급 외제차라는 3종 세트로 말이죠.

그런데 정작 B가 운용하는 펀드가 (가)회사에 수백억 원을 투자하자 (가)회사의 대표는 받은 돈을 빼돌렸는데요. 황당해하는 B가 (가)회사를 고소하려고 하자 (가)회사 대표는 그러면 나는 당신을 뇌물죄로 고소하겠다고 하니 B도 제대로 대응을 할 수 없었습니다. 그러자 (가)회사 대표는 "투자한 돈을 다시 돌려받고 싶으면 (나)회사에도 투자해라" 혹은 "이번에 (다)회사로 주가 조작을 할 건데 그때 같이 참가해서 벌어 가라"라고 하여 이후 B는 계속 이런저런 작전 세력들에게 끌려 다녔던 것이었습니다. 그리고 어느 순간 자신이 선을 넘었다는 것을 깨닫자 그때부터는 B도 돈을 착복하기 시작했고요.

시작은 작았지만 그 끝은 B를 믿고 펀드[29]에 돈을 맡긴 투자자들의 소중한 돈을 날려 버렸고, 그들의 가족에게까지 막대한 피해를 끼쳤으며 B 자신도 파멸로 끝을 맺었습니다. 처음부터 B도 투자자들을 배신할 생각은 아니었을 것입니다. 하지만 자신의 소득 수준에 맞지 않는 소비와 주변 사람들에게 자랑하는 허례허식을 하게 되자 작은 유혹에 쉽게 빠졌고, 누구도 원하지 않는 결과를 낳게 된 것이었지요.

또한 소비 조절은 '사기'를 예방하는 것에도 관련 있습니다. 보통 사기 피해를 당하는 것은 경험이 없거나 현명하지 못해서라고 생각할 수 있지만 실제로는 그 사람이 어떤 상황에 처해있는지가 중요한 요인으로 작용합니다. 연구에 따르면[AB] 실직하거나 빚 때문에 고민하고 있거나 외롭다고 느낄 때 속을 확률이 높다고 하는데요. 빚을 진 사람들은 가짜 다이어트 제품과 같은 사기에도 쉽게 넘어갈 수 있다고 합니다.

---

[29] B의 펀드는 사모펀드였습니다. 공모펀드와 사모펀드에 대해서는 〈일본〉 편에서 자세히 말씀드리겠습니다.

가계부와 50:25:20 그리고 5

과소비는 얼마나 쓰는 것이며, 한 달에 얼마만큼을 저축하는 것이 바람직한 것일까요? 이것에 대해서는 개인마다 처한 상황이 다르기 때문에 정답은 없습니다만, 파산법 전문가인 미국의 엘리자베스 워렌Elizabeth Warren 상원의원은 50:30:20 법칙을 주장했습니다. '반드시 지출이 되어야 하는 비용Need'에 50%, '하고 싶은 것Want'에 30% 그리고 20%를 '저축Saving'하라는 것입니다. 대출 원리금 상환, 월세, 식료품, 교육비, 통신비, 교통비, 관리비, 경조사비 등등 월급에 들어오자마자 나가야 하는 비용에 50%를, 본인의 취미나 여가활동, 문화생활에 30%를 쓰고 나머지는 저축과 투자를 하는 것이죠.

+) Story
미혼이라면 20%보다 더 높은 비율로 저축할 수 있을 것입니다.

저는 그녀의 주장에 타당성이 있는지 확인하고 싶어 간략하게라도 가계부를 써 보기로 했습니다. 사실 용돈 기입장조차도 써 본 적이 없었기에 처음에는 망설였지만, 쓰다 보니 익숙해졌고, 무엇보다도 제 소비에 대한 통계를 낼 수 있었습니다. 제가 돈을 어디에 주로 쓰는지, 제 관심사가 무엇인지 알 수 있었으며 낭비를 하고 싶어도 가계부에 기입할 때 자신에게 죄책감이 들어서 덜 쓰게 되는 효과도 있었습니다.

> 사람을 알려면 그의 쾌락과 불평 그리고 지갑을 보라.
> - 탈무드

> 사람을 평가하는 것에는 세 가지 기준이 있다.
> 첫째 술을 어떤 식으로 마시는가? 둘째 인내심이 강한 사람인가?
> 셋째 돈을 어떻게 사용하는가?
> - 탈무드

분류	항목
반드시 지출되는 비용 NEED	부모님 용돈, 공과금, 월세, 대출 이자와 원금, 교육비, 식료품, 통신비, 차비, 유류비, 보험료, 미용/화장품, 의료비, 피복비, 기념일, 경조사비
하고 싶은 것에 지출 WANT	친구, 모임, 운동 및 취미, 도서비, 여행비, 문화비, 기부금, 잡비
저축 및 투자금 SAVING	적금, ETF, 주식, 채권 등

각 항목들은 개개인마다 NEED와 WANT에 들어가는 항목이 다를 텐데요. 각각 몇 %를 차지하는지 살펴보시길 권해 드립니다. 참고로 http://finance-tutor.com/에 가계부를 만들어 놓았습니다. 필요하신 독자분들께서는 다운받으시고 직접 한번 체크해 보셨으면 합니다.

사실, 한 달에 얼마 안 되는 돈을 모아 봐야 인생이 크게 달라지지 않는다고 생각할 수 있습니다. 하지만 이 작은 시작이 여러 가지로 큰 차이를 낳을 수 있는데요. 자신의 분수에 맞는 소비는 무리한 행동을 막아 직업에 안정성을 주며, 투자로 잃고 있을 때에는 캐리로 버틸 수 있는 힘이 되어 주고, 우리가 V를 만들어 내고 실력을 길러 한 걸음 더 나아갈 수 있는 시간을 벌어 줍니다.

또한 사람이 경제적으로 궁지에 몰리게 되면 앞날을 멀리 내다보지 못하고 당장의 눈앞의 것에만 급급해질 수 있습니다. 경제적 어려움이 정신적인 자유까지 침해할 수 있는 것인데요. 이렇게 보면 지출을 관리한다는 것은 경제적인 부분뿐만 아니라 정신적 자유 그리고 미래를 내다보고 계획하는 것까지도 연결되는 것입니다.

기분이 좋아서 웃을 수도 있지만, 웃는 표정을 짓기 때문에 기분이 좋을 수도 있습니다. 환경을 만들어 놓으면 상황이 따라올 수 있는 것이지요. 그래서 저는 50:30:20에서 한 걸음 더 나아가 50:25:5:20을 권해 드리고 싶습니다. '하고 싶은 것' 30에서 5만큼을 줄여서, 그 5로서 자신의 변동성 V를 현실화시키기 위한 비용으로 모아 놓는 것입니다. 변동성 V를 증대시킬 수 있는 기회가 왔는데도 망설이거나, '굳이 돈을 쓰면서까지 이것을 해야 하나'라는 생각이 들 때를 대비해서 미리 비축해 놓는 것이죠.

그것은 견문을 넓히기 위한 여행일 수도, 배우고 싶던 것에 대한 레슨비, 고가의 악기 혹은 전자 장비가 될 수도 있습니다. 해 보고 싶던 쇼핑몰의 개설 비용일 수도 있고, 유튜브 제작을 위한 방송 장비일 수도 있고, 가수 데뷔를 위한 녹음 비용이 될 수도 있으며, 개발자라면 시제품을 만들 수 있는 비용이 될 수도 있고, 사업을 목표로 한다면 사무실을 열 수 있는 비용이 될 수도 있습니다. 5%가 쌓이면 쌓일수록 이것으로 나는 어떻게 변동성 V를 만들 것인가를 고민할 수밖에 없게 되기도 하고요. 게다가 5%씩 어렵게 모은 돈으로 도전하는 것이기 때문에 더 진지한 마음으로 준비하게 되는 선순환으로 이어지기도 합니다.

고기도 먹어 본 사람이 먹는다는 말이 있습니다.[30] 무섭다고, 위험하다고, 된다는 보장이 없다고, 나이 들었다고, 준비가 되지 않아서 등등의 이유로 망설이기보다는, 일단 한번 시도를 해 봐야 나중에 다른 시도도 할 수 있습니다. 물론 누구나 다 사업가가 될 수 있는 것도 아니고, 누구나 다 원하는 시험에 붙을 수도 없으며, 누구나 다 자신이 꿈꿔 온 대로 살 수 있지는 않습니다. 하지만 적어도 자신의 꿈을 현실화시킬 수 있는, 도전할 수 있는 자금이 마련된다면 현재의 상태 P에서 자신의 목표 G에 가까워질 시도의 기회를 갖게 됩니다. P와 G가 가까워질수록 우리의 자존감과 행복도는 더욱더 높아질 것이고요.

---

[30] 사랑하는 어머니께서는 생선 대가리도 맛있게 씹어 드시고 몸통은 입 안에서 뼈째 발라 드시는 것을 볼 때마다 이 속담에서 고기는 육류가 아니라 물고기가 아닐까 하는 생각이 들곤 합니다.

소와 관련된 인도의 여러 현상들

전 세계 사람들에게 가 보고 싶은 나라를 꼽으라면 다양한 답이 나오겠지만 만일 소에게 물어본다면 모두 인도를 가고 싶어 할 것입니다. 때로는 소가 인간보다 더 귀하게 대접받는 곳이 인도이니까요. 그렇다면 도대체 왜 인도에서는 소를 귀하고 신성하게 여길까요? 그것은 소의 몸에 많은 신들이 살고 있다고 여기기 때문입니다. 특히나 흰 소를 가장 숭상하는데요. 흰 소는 전생에 착한 일을 한 사람이 흰 소로 다시 태어난 것이라고 인도인들은 믿고 있습니다.

물론 소는 힌두교의 교리상으로도 귀한 존재이지만 실제로도 사람들에게 여러 가지 도움을 줍니다. 농사를 지을 때는 물론이고 우유와 버터를 공급해 주고 배설물은 말려서 거름과 난방용 연료로 쓰기도 하니 소가 귀할 수밖에요. 심지어 어떤 인도인들은 소의 오줌이 사람 몸에 좋다고 주장하기도 하고 소의 똥은 좋은 것이라며 손으로 만지기도 하는데요. 이것은 힌두교에서 소의 배설물을 귀하다고 가르치기 때문입니다.

하지만 아이러니하게도 힌두교에서는 사람의 배설물은 가까이해서는 안 되는 부정한 것으로 보는데요. 이러한 이유로 2014년까지만 해도 13억 인구 중 6억 명의 집에는 화장실이 없었습니다(대부분 농촌지역입니다). 집에 신상을 모셔 놓고 매일같이 기도하는데 이렇게 신성한 집 안에 화장실이라는 더럽고 부정적인 존재를 함께 둘 수 없다는 것이었습니다. 하지만 집에 화장실이 없다 보니 결국 야외에서 용변을 봐야 하는데요. 시골 지역에서는 야외 용변 중에 곤충이나 동물들에게 공격당하는 경우도 있고 밤에는 성폭력을 당하는 경우도 종종 생겨납니다.

+) Story

사람들이 많이 다니는 도심은 깨끗합니다.

　게다가 야외 용변은 위생과도 연결되는데요. 사람의 배설물을 치우는 일은 불가촉천민들이 하는 일이지 내 일이 아니라며 사람들이 그냥 방치해 두기 때문에 배설물이 이곳저곳 쌓이게 됩니다. 이렇게 쌓인 배설물이 빗물에 흘러가면 전염병으로 번져서 수십만 명의 어린 아이들이 사망하기도 하고요.

　저는 어렸을 때 화장실 시설이 좋지 못한 시골에 놀러 가면 밤에 화장실 가기가 무서워서 엄마 손을 잡고 가거나 아니면 그냥 참을 수 있을 때까지 참았는데, 인도에서는 평생 이렇게 살아야 하니 참으로 고달픈 일입니다. 화장실이 집에 없다는 것은 상상도 못 했고, 남자에게도 몹시 불편한데 여자들이 경험하는 불편과 고통은 오죽할까요? 그러다 보니 참다못한 인도 여성들은 '노 토일렛No Toilet, 노 브라이드No Bride'라는 캠페인을 벌이기도 했습니다. 화장실이 없는 집의 남자와는 결혼하지 않겠다는 것이죠.

　상황이 이렇게 되자 2014년 모디Modi 총리는 취임하자마자 배설물과의 '전쟁'을 선포하면서 인도 전역에 화장실 1억 1천만 개를 짓는 '클린 인디아Clean India' 운동을 전개하였습니다. 인도의 모든 집마다 화장실을 갖추고 위생 수준을 높여 인도인의 청결과 건강을 지키겠다는 것이었지요.

'클린 인디아' 운동 이후, 인도에는 약 1억 개의 화장실이 새로 지어졌는데요. 덕분에 2014년 37%에 그쳤던 화장실 보급률이 이제는 95%까지 올라왔다고 인도 정부는 주장하고 있습니다. 세계보건기구WHO 역시도 '클린 인디아' 덕분에 수십만 명의 인도인들이 설사에서 벗어날 수 있었다고 칭찬했고요.

하지만 이러한 정부의 노력에도 불구하고, 놀랍게도(?), 인도인의 40% 이상은 아직도 노상 배변을 하고 있습니다. 왜냐하면 정부 주도로 설치한 화장실 중에 재래식은 구덩이가 너무 작아 빨리 차기 때문이었고, 수세식은 각 가정마다 상하수도가 제대로 완비되지 않아 오물만 쌓였기 때문입니다. 하지만 무엇보다도 가장 큰 이유는, 예전 습관을 고치지 못했기 때문인데요. 집 안에 더러운 인간의 배설물을 놓을 수 없다면서 기껏 만들어 놓은 화장실에 곡식이나 소똥을 말린 연료 혹은 옷을 보관하는 창고로 쓰는 경우도 있습니다.

다시 소 이야기로 돌아와서, 소를 신성시하는 인도이지만 놀랍게도 브라질, 호주와 더불어 세계 최대의 소고기 수출국 중 하나는 바로 인도입니다. 아니 어떻게 소를 신성시하는 인도에서 도축할 수 있을까 의문이 드실 수도 있지만, 인도에는 신성한 소만 있는 것이 아니라 신성하지 않다고 생각하는 소도 있기 때문입니다. 도축되는 소는 주로 물소Water buffalo인데요. 인도 신화에서 물소는 죽음의 신이 타고 다니는 동물이기에 죽여도 괜찮다고 여깁니다. 그래서 인도는 물소 고기를 세계 각국으로 수출하는데요. 인도 전역에서 최소 550만 명이 축산 등 소 관련 산업에 종사하고 있습니다. 소고기를 먹을 수 있는 무슬림들이 주로 종사하고 있고요.

World Beef Exports: Ranking of Countries

Rank	Country	2020	% of World
1	Brazil	2,550,000	23.93%
2	Australia	1,400,000	13.14%
3	India	1,400,000	13.14%
4	United States	1,322,000	12.40%
5	Argentina	760,000	7.13%

하지만 인도의 소고기 수출에도 제동이 걸렸는데요. 독실한 힌두교 신자이자 채식주의자인 인도의 모디Modi 총리가 소에 대한 보호 법률을 점점 강화시키고 있기 때문입니다. 모디 총리는 소를 보호하는 시설에 수백억 원을 투자하기도 하고, 물소를 포함한 모든 소의 도축 거래를 금지시키기도 했습니다. 당장 생계가 막막해진 무슬림 도축업자들이 크게 반발하자 거래는 다시 허용하였지만, 그래도 일부 지역에서는 자체적으로 소의 도축을 금지하고 있습니다.

몬순과 골드론 Gold Loan

인도는 신에게 두 가지 선물을 받았는데요. 첫째는 드넓고 비옥한 평야지대라는 선물입니다. 덕분에 옛날부터 많은 인구가 먹고살 수 있었으며 쌀과 밀, 사탕수수, 면화, 차 등의 세계적인 생산국도 될 수 있었지요. 그러나 정작 인도에는 농사에 필요한 물이 충분치 않은데요. 관개 시설 역시도 열악해서 하늘만 바라볼 때가 많습니다.

여기서 인도가 받은 두 번째 선물이 등장하는데요. 그것은 바로 몬순 Monsoon입니다. 몬순은 원래 계절풍을 의미하지만 인도에서는 장마를 의미합니다. 메마른 대지를 한껏 적셔 주는 몬순은 6월에서 9월 사이에 내리는데요. 이때 내리는 몬순은 연간 강수량의 80%를 차지합니다. 인도 경제에서 농업이 차지하는 비율이 20%이고 인구의 70%가 농업에 종사하고 있으니 몬순이 제대로 내려 주는가에 따라 농민들의 생존은 물론이고 인도 경제도 좌우된다고 할 수 있습니다. 만일 몬순 시즌인데도 비가 내리지 않으면 기상청에 문의 전화가 빗발치고 사원에서는 기우제를 지내기도 합니다.

+) Story

비가 예년에 비해 10%만 적게 내려도 인도 경제성장률은 0.5% 정도 감소합니다.

몬순은 원래 계절풍을 의미하지만 인도에서는 여름의 계절풍이 초래하는 우기, 또는 우기에 내리는 비를 의미합니다.

몬순이 충분히 내리지 않으면 경제적으로 여유가 없는 농민들과 서민들은 큰 타격을 입게 되는데요. 약값같이 당장 필요한 곳에 쓸 돈이 없는 경우도 있습니다. 그렇다고 소득이 불안정하고 신용도가 낮은 인도의 농민들이 은행에서 대출받는 것도 쉽지 않은데요. 이 틈새를 파고든 것이 바로 골드론Gold Loan입니다.

골드론은 전당포와 비슷한 개념인데요. 가지고 있는 금을 담보로 맡기고 돈을 빌리는 것입니다. 돈을 빌릴 때 신용만 가지고 "갚을 테니 저를 믿고 빌려주세요"라고 하면 빌리기도 어려울 뿐만 아니라, 빌린다 하더라도 대출금리가 높을 것입니다. 하지만 '금'이라는 확실한 담보를 맡기고 빌리면 대출받기도 쉽고 지불해야 하는 이자도 낮아집니다. 실제로 인도의 신용대출금리는 연 70%이지만 골드론은 12~24%이고요.

돈을 빌려주는 쪽에서는 금값이 떨어지면 담보 가치가 하락할 수도 있기 때문에 일정한 버퍼를 두고 빌려줍니다. 금 100만 원어치를 맡긴다면 금값 하락에 대비하여 75만 원만 빌려주는 것이지요. 흥미롭게도, 골드론은 연체율이 1%도 안 되는데요. 집안 최대 보물인 금을 담보로 맡겼기 때문에 무슨 일이 있어도 대출을 갚고 되찾아 가는 것입니다.

이렇게 골드론처럼 귀중품을 담보로 맡기고 돈을 빌리는 것은 금융시장의 주된 자금조달방식 중에 하나입니다. 단지 차이점이 있다면 인도에서는 담보로 금을 맡기고 금융시장에서는 채권을 담보로 맡기고 빌린다는 것이죠.[31] 물론 아무 채권이나 담보로 인정되는 것은 아니고 누가 봐도 믿을 수 있는 채권만 담보물로 가능합니다. 담보로서 가장 선호되고, 가장 높은 담보 가치를 인정받는 채권은 정부가 발행한 국채이고요.

신용등급이 좋은 채권은 금처럼 언제든 현금으로 교환이 가능하고, 양도 금보다 훨씬 많고, 운반 도중 분실할 위험도 없으며, 전자 결제시스템으로 관리되고 있어서 이 채권이 진짜인지 가짜인지 판별하기 위해 돋보기로 보지 않아도 되고, 훔친 채권인지 아닌지 조사할 필요도 없습니다. 이렇게 채권을 담보로 맡기고 돈을 빌리는 거래를 금융시장에서는 RP(**Re**purchase Agreement, 환매조건부채권) 거래라고 합니다.

---

[31] 물론 주식도 담보로 맡기고 빌릴 수 있습니다만 일반적으로 금융기관들 간에는 채권을 담보로 거래합니다. 채권이 주식보다 가격이 안정적이고 상환 순위도 앞서기 때문입니다.

RP 펀드

우리가 채권 펀드 매니저가 되었다고 상상해 보겠습니다. 펀드는 여러 사람이 투자를 위해 돈을 모은 것이니 채권 펀드 매니저는 이 돈으로 채권을 잘 운용해서 투자자들에게 수익을 안겨 주어야 합니다.

현재 펀드에 모인 돈은 100억입니다. 이 현금 100억으로 금리 2% 국채를 100억 원어치 샀다고 하겠습니다. 이렇게 되면 펀드는 국채 100억의 포지션이 됩니다. 그리고 1년 후에는 이자를 받아 국채 100억 + 이자 수익 2억 = 102억이 되겠지요.

하지만 국채 100억을 그냥 들고 있는 것보다 이 채권을 활용하면 추가적인 수익을 얻을 수 있는데요. 우리가 보유하고 있는 채권을 담보로 제공하고 돈을 빌려서, 그 돈으로 채권을 한 번 더 사는 것입니다. 이렇게 담보로 채권을 맡기고 돈을 빌리는 것을 RP 거래 혹은 **Repu**rchase Agreement에서 이름을 따서 레포 Repo 거래라고 합니다.

펀드가 금융기관에 채권 100억을 담보로 맡기면 현금 90억을(담보로 제공한 채권 금액보다는 적은 금액을 빌릴 수 있는데요. 여기서는 담보 비율을 90%라고 하겠습니다) 빌릴 수 있는데요. 좋은 담보를 맡기고 빌렸으니 낮은 금리로 빌릴 수 있습니다. 이해의 편의를 위해 1.6%에 빌렸다고 하겠습니다. 그리고 빌린 90억으로 채권을 한 번 더 삽니다. 이렇게 되면 우리의 채권 펀드 포지션은
(담보로 맡겨진) 국채 100억 + (RP로 빌린 돈으로 산) 국채 90억 - (RP로 빌린) 빚 90억이 됩니다.

그리고 1년이 지나면

(담보로 맡겨진) 국채 100억 + 이자 수익 2억 (= 100억 × 2%)
+ (RP로 빌려서 산) 국채 90억 + 이자 수익 1.8억 (= 90억 × 2%)
- (RP로 빌린) 빚 90억 - (RP로 빌리는 데 따른) 이자 비용 1.44억 (= 90억 × 1.6%)
= 국채 190억 + 이자 수익 3.8억 - 빚 90억 - 이자 비용 1.44억
= 국채 190억 - 빚 90억 + 이자 수익 2.36억

국채를 사고 가만 있었으면 '국채 100억 + 이자 수익 2억'이었는데 RP로 한 번 더 자금을 조달해서 채권을 사니 0.36억만큼 추가 수익을 얻을 수 있습니다. 이런 방식으로 추가적으로 레포Repo 거래를 더 할 수 있는데요. 이렇게 하면 약 1% 정도 더 높은 수익을 얻을 수 있습니다.[32]

> **마법의 채권투자, RP거래의 비밀**
>
> 차입 투자 가운데 가장 큰 규모를 자랑하는 게 바로 채권 레버리지(지렛대) 투자방법이다. 일명 '레포(REPO 또는 RP, 환매조건부채권) 펀드'라 불린다. 채권을 담보로 단기 자금을 조달해 원금을 불리는 전략이다. 금융시장이 안정적일 때는 큰 위험 없이 짭짤한 수익을 낼 수 있어 '마법의 채권투자'로도 불린다.
>
> 레포펀드는 손실 위험도가 높은 헤지펀드 중 비교적 투자처가 안정적인 편이다. 우량 회사채에 투자하기 때문에 1년 이하 단기 투자의 경우 원금 손실 가능성이 상당히 작다. 2020년 4월 현재 국내 헤지펀드의 투자 전략 중 레포 투자가 24.7%로 가장 높은 비중을 차지하고 있다.
>
> 서경원 기자, 헤럴드경제, 2020.05.04. [AD]

---

[32] 사모펀드는 RP가 400%까지 가능하며, 공모펀드는 투자자를 보호하기 위해 사모펀드에 비해 훨씬 보수적으로 제한되어 있습니다.

지렛대(레버리지, Leverage)를 쓰면 평소에는 들 수 없는 무거운 것도 들 수 있는데요. 이것에 착안해서 금융권에서는 돈을 빌려서 투자하는 것을 레버리지Leverage를 썼다고 합니다. RP(레포) 펀드는 레버리지를 쓴 것인데요. 레버리지를 쓰면 그만큼 수익률은 높아지지만 위험도도 함께 높아지는 양날의 검과 같습니다. 물론 RP(레포) 펀드는 상당히 안전한 상품입니다만 그래도 RP(레포) 펀드에 가입하기 전에는 펀드가 안전한 채권으로 RP 거래를 하는지 반드시 체크하셔야 합니다.

〈RP 펀드〉

장점	1. 일반적으로 신용이 좋은 채권을 담보로 주고 레버리지를 쓰기 때문에 상대적으로 안전하며 수익률도 은행 이자보다 더 높습니다. 2. 자금을 빌리는 비용보다 채권금리가 충분히 높으면 보다 큰 수익을 낼 수 있습니다. 3. 보유하고 있는 자금보다 더 큰 금액의 채권을 사는 전략이기 때문에 채권 가격이 상승하면 레버리지 비율만큼 가격이 상승합니다. 4. 가격이 떨어졌다 하더라도 우량 채권으로 구성되었다면, 만기까지 기다리면 원금과 이자를 모두 받을 수 있습니다.
확인 사항	1. 신용이 좋은 채권으로 구성했다 하더라도 최대 4배(= 400%)까지 레버리지를 썼기 때문에 채권 가격이 떨어지면 RP펀드는 레버리지를 일으킨 비율만큼 가격이 떨어지게 됩니다. 2. 보유하고 있는 자금보다 더 큰 금액의 채권을 사는 전략이기 때문에 채권시장의 상황이 좋지 않으면 원할 때 펀드를 환매할 수 없는 위험도 있습니다. 3. RP펀드가 안전한 채권으로 구성되었는지 반드시 체크해야 합니다. 4. 레포 펀드는 대부분 사모펀드[33]로 운용되고 있습니다.

[33] 사모펀드에 대해서는 〈일본〉 편에서 자세히 다루겠습니다.

인도 투자 시점의 징조들과 거인이 될 인도

인도인들은 태어나자마자 부여된 카스트에 무의식적으로 얽매여 있습니다. 낮은 카스트 계급 출신들은 어렸을 때부터 보이지 않는 차별을 받아 왔고 그것을 운명이라고 배웠기 때문에 자신의 사회적 신분을 바꾸기 위한 의지가 꺾여 있습니다. 부모에게 받은 계급을 죽을 때까지 유지해야 하는 것은 사회 변동성을 크게 줄이는 요인으로 작용하고요. 따라서 인도에서 카스트 제도가 점점 옅어질수록 인도의 변동성 V도 높아지고 투자 조건도 향상될 텐데요. 그렇다면 언제, 그리고 어떻게 카스트의 개념이 희미해질 수 있을까요?

물론 카스트에는 종교와 문화가 녹아 있기 때문에 하루아침에 사라지지는 않을 것입니다. 하지만 도시화가 더 진행되면 카스트의 의미가 더 희미해질 텐데요. 왜냐하면 산업화가 된 대도시에서는 카스트에 따라 일하는 것이 아니라 개개인의 능력으로 일하기 때문입니다. 또한 현재는 많은 인도인들이 지방에 대가족으로 함께 모여 살고 있지만 도시화로 인해 핵가족화되면 결혼 당사자가 자신의 배우자를 좀 더 자유롭게 정할 수 있게 됩니다.

인도의 한 초등학교 복도에는 "교육은 누구도 빼앗을 수 없는 우리의 소중한 선물입니다"가 붙어 있었습니다.

    응원하는 스포츠 팀이 잘할 때는 그들을 마치 신과 같이 대우하다가도 못하면 언제 그랬냐는 듯이 비난하고 폄하하는 경우가 있는데요. 사실 이 팀은 잘할 때도 그렇게 대단한 팀이 아니었으며 못할 때도 그렇게 실력 없는 팀이 아닐 수 있습니다. 단지, 결점이 있어도 잘할 때는 기뻐서 잘 안 보일 뿐이고, 질 때는 가려졌던 부족한 부분이 더 잘 보이는 것이죠.

마찬가지로, 인도를 과대 평가해서도 안 되고 과소 평가해서도 안 됩니다. 거대한 잠재력을 가진 거인 인도가 제조업 육성과 중산층 확대라는 허리 근육을 키우고, 공정한 룰의 적용 및 종교 간 차별 철폐, 그로 인한 변동성 확대라는 올바른 길로 들어선다면 인도는 세계를 깜짝 놀라게 할 것이고 많은 투자자에게 큰 기쁨을 줄 나라가 될 것입니다.

현재 인도의 도시화율은 30%에 불과합니다.[34] 하지만 앞으로 2035년까지 전 세계에서 가장 빠르게 성장할 것으로 예상되는 상위 10개 도시는 모두 인도에 있습니다.[AE]

---

[34] 중국 58%, 한국 81%, 일본 91%입니다.

누가 발가벗고 수영하고 있었는지는 물이 빠지면 알 수 있다.
- 워렌 버핏 Warren Buffett

사람에게 상처 주는 것 세 가지가 있다.
근심, 말다툼 그리고 빈 지갑.
그중에서 빈 지갑이 사람에게 가장 많은 상처를 준다.
- 탈무드

전 재산을 거는 사람은
얻을 수 있는 이득이
아무리 클지라도
얼간이처럼
행동하는 것이다.
- 다니엘 베르누이 Daniel Bernoulli

부실한 벗들을 경계하라.
그러면 적들로부터는
내가 그대를 지켜주겠노라.
- 얀 소베스키 Jan Sobieski

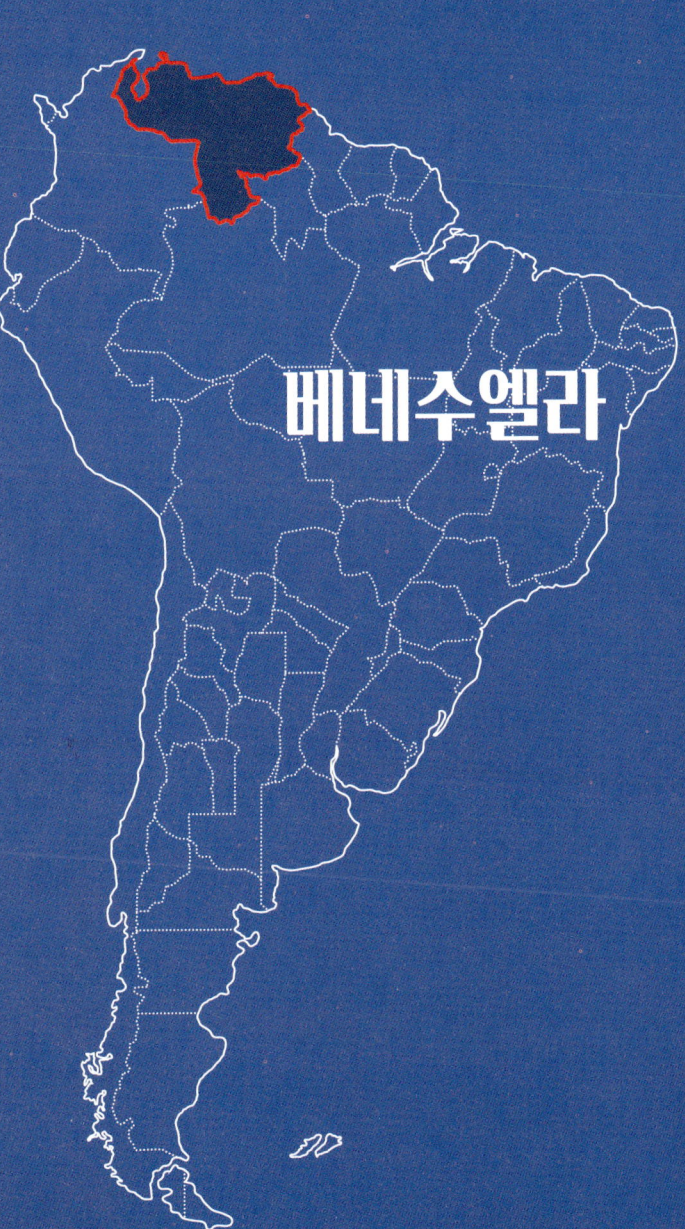

베네수엘라

맛있는 음식이 가득한 나라, 전 세계에서 가장 높은(979m) '앙헬 폭포 Angel Falls' 의 나라, 새로운 사회주의를 주장했던 차베스의 나라, 최악의 경제 상황으로 잊을 만하면 화제의 뉴스로 나오는 나라.

미국을 거쳐 베네수엘라로 가는 비행기는, 베네수엘라에 도착하기 전에 '아루바 Aruba'라는 네덜란드령의 섬에 잠시 머무르는데요. 작으면서도 예쁜 이 섬은 베네수엘라의 수도인 카라카스에서 비행기로 30분밖에 걸리지 않는 곳에 있습니다. 하지만 목적지에 거의 다 왔는데 굳이 왜 이 작은 섬에 들렀다가 갈까 궁금했는데요. 알고보니 베네수엘라의 치안 상황이 좋지 못해서 항공사 승무원들의 안전을 위해 이 섬에서 교대한다는 것이었습니다. 베네수엘라는 도착도 하기 전에 심장이 두근두근 뛰는(?) 느낌을 주는 나라였던 것이죠.

하지만 상쾌한 공기, 장엄하고 아름다운 자연 경관, 너무나도 신선하고 맛 좋은 음식들 그리고 친절한 사람들을 만나다 보니 시간이 지날수록 베네수엘라는 상당히 매력적으로 다가왔습니다.

전체 높이가 979m로 세계에서 가장 높은 앙헬 폭포

그래서 베네수엘라에 대한 느낌은 살벌함(?)에서 점차 안타까움으로 바뀌었는데요. 전 세계 석유의 1/4을 보유하고 있는 엄청난 자원 부국인데 국민들은 굶고 있고, 만나는 사람들 모두 하나같이 정 많고 친절하지만 범죄율은 세계 1위이며, 따뜻한 날씨, 영화 〈아바타〉를 찍을 정도로 거대하고 멋진 자연환경, 신선하고 맛있는 음식들과 같은 훌륭한 관광국의 조건을 갖추었지만 정작 치안이 불안정하여 여행할 수 없는 나라이기 때문입니다.

베네수엘라의 대표적 음식 파베종Pabellon.
흰쌀은 유럽에서 온 백인, 검은콩은 아프리카 출신 흑인, 고기는 혼혈인, 바나나는 인디언을 상징합니다.

베네수엘라 전통음식 아레파Arepas.
빵 안에 소고기와 야채 그리고 검은 콩이 가득 들어 있습니다.

역사

면적은 한국의 약 9배, 인구 3천200만 명의 베네수엘라는 '작은 베네치아'라는 의미를 가지고 있습니다. 이곳에 유럽인들이 왔을 때 원주민들이 호수의 수상 주택에 사는 것을 보고 부른 것이 국명으로 된 것이죠.

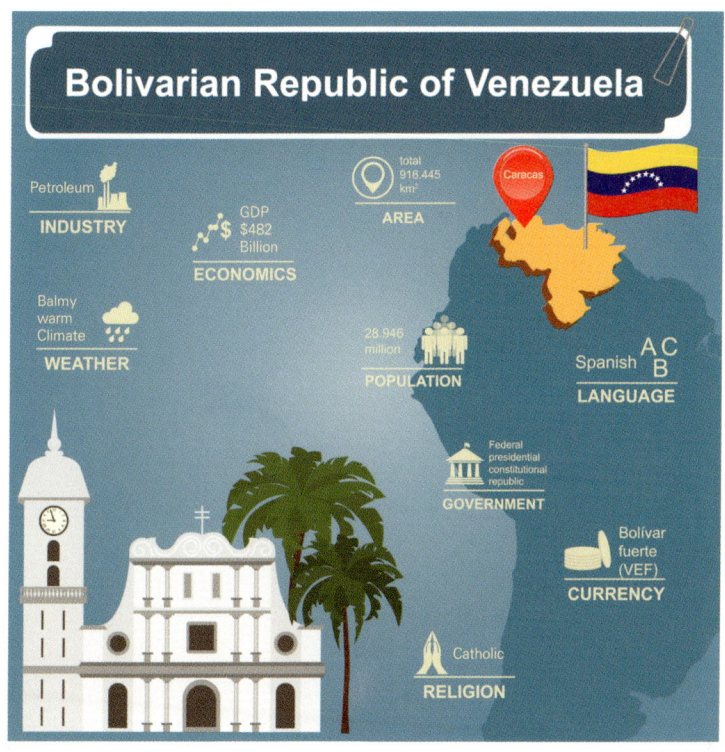

브라질과 비슷하게 베네수엘라의 독립에도 나폴레옹이 큰 영향을 끼쳤는데요. 유럽을 제패한 나폴레옹은 스페인군을 패배시키고, 자신의 친형을 스페인 왕위에(조제프 보나파르트Joseph-Napoléon Bonaparte, 호세 1세José I) 오르게 합니다. 프랑스로 인해 본국 스페인의 힘이 떨어진 것을 느끼자 식민지 남미의 세력가들은 스페인으로부터 독립하려 하는데요. 그중 대표적인 인물이 바로 남미의 해방자라고 불리는 시몬 볼리바르Simón Bolívar입니다. 그는 여러 전투를 거쳐 결국 베네수엘라, 콜롬비아, 에콰도르, 파나마, 페루, 볼리비아[35]를 스페인으로부터 독립시킵니다.

AF
남미의 해방자 시몬 볼리바르

시몬 볼리바르는 영국으로부터 독립한 13개 주의 식민지가 연방을 이루어 미국이 된 것처럼 남미 대륙도 연방인 남아메리카 합중국이 되기를 꿈꾸었습니다. 그는 자신이 독립시킨 지역을 묶어 '그란콜롬비아Gran Colombia'라는 거대한 국가를 세우면서 아르헨티나, 페루, 칠레까지 통합시키려 했습니다. 그러나 다른 지방과 그의 뜻이 맞지 않아 결국 남아메리카 합중국은 성립되지 않았고, 그가 죽은 후에는 그란콜롬비아마저 해체되어 각자 독립했습니다. 이렇게 독립한 나라 중의 한 나라가 베네수엘라입니다.

베네수엘라는 다른 남미 국가들과 달리 은이 발견되지 않았기 때문에 처음에는 그다지 주목받지 못했습니다. 하지만 1910년대부터 석유가 본격적으로 개발되면서 경제가 급속히 발전하였고 유럽에서도 많은 사람들이 꿈을 찾아 베네수엘라로 왔습니다.

---

[35] 볼리비아의 국명은 그의 이름을 딴 것입니다.

일반적으로 베네수엘라 하면 떠오르는 것은 차베스Hugo Rafael Chávez Frías가 등장하여 경제를 망쳐 놓은 포퓰리즘Populism의 전형적인 모습일 것입니다. 그러나 베네수엘라의 문제는 하루 이틀 사이에 발생한 것이 아니었습니다. 차베스가 집권한 1998년 이전까지도 석유 가격에 따라 베네수엘라의 경제는 호황과 불황을 넘나들었습니다. 1970년대 오일쇼크로 석유값이 고공 행진할 때는 재정 수입이 4배나 늘어나는 엄청난 호황을 누리기도 했지만 1980년대 초 가격이 하락하자 급속히 불황을 겪는 등으로 말이죠.

또한 1989년에는 실업과 물가 폭등, 복지 삭감에 항의하는 대규모 항쟁이 있었고, 1994년에는 경제가 어려워 IMF로부터 구제금융을 받았습니다. 이렇게 혼란한 상황 속에서 무언가 새로운 변화를 바라던 베네수엘라 국민들은 새로운 희망으로 차베스를 선택한 것이었습니다.

차베스 1

차베스는 원래 메이저리거를 꿈꾸던 소년이었습니다. 그가 육군사관학교를 간 이유 중에 하나도 그곳에 가면 야구를 할 수 있기 때문이었고요. 그러나 막대한 자원이 있음에도 불구하고 제대로 사용하지 못하는 조국의 상황과 엄청난 빈부격차를 보면서 그는 나라를 바꾸고 싶다는 생각을 하게 됩니다.

차베스는 1992년 쿠데타에 참가하는데요. 야심 차게 준비했던 쿠데타는 내부 밀고로 결국 실패하게 됩니다. 이때 검거되던 차베스는 기자들 앞에서 생방송 인터뷰를 자처하였는데요. 자신들이 한 것은 쿠데타가 아니라 '볼리바르 군사운동'이며 모든 책임은 자신이 전부 다 지겠다고 하였습니다. 베네수엘라 사람들은 그의 당당하고 책임지려는 모습에 열광하면서도, 차베스라면 기존의 부패한 정치인들과는 다를 것이라는 기대감을 가졌습니다. 인터뷰 한 번으로 무명의 차베스가 하루아침에 베네수엘라의 스타로 떠오른 것이었죠.

AG
사관 생도 시절의 차베스

동서고금을 막론하고 쿠데타에 실패하면 보통의 경우 중형을 선고받기 마련인데, 차베스는 놀라운 국민적 인기에 힘입어 불과 2년 만에 석방되었습니다. 또한 그동안 베네수엘라의 대통령은 상류층 출신의 백인들이 차지했는데, '메스티소(Mestizo, 백인과 아메리카 원주민 혼혈)에 가난한 서민 출신인 차베스라면 서민을 위한 정치를 할 것이다'라는 믿음이 국민들 사이에 퍼졌고, 이러한 엄청난 지지를 바탕으로 그는 대통령으로 선출됩니다.

　차베스는 참으로 운이 좋았던 사람이었는데요. 그가 처음 집권했을 때는 원유가 1리터당 16달러이었지만 그의 임기(1999~2013년) 대부분의 기간 동안에는 100달러 부근의 고유가가 유지되었습니다. 차베스는 나라의 돈줄을 쥐고 있는 석유회사 PDVSA(Petróleos De Venezuela, S.A)를 국유화했고, 여기에서 들어오는 수입을 이용해서 대규모 복지 프로젝트를 발표했습니다. 이것이 바로 "새로운 21세기 사회주의"라고 하면서 말이죠.

　차베스는 석유에서 나오는 돈으로 빈곤층을 위한 무상교육을 시행하였고, 무료로 의료를 제공했으며 가난한 국민들을 위한 주택을 지어서 나눠 주었습니다. 뿌리 깊은 엘리트 그룹의 착취에서 벗어나려면 빈곤층에게도 기회가 있어야 한다는 것이었습니다. 이러한 차베스의 정책 덕분에 1998년 49%에 달하던 베네수엘라의 빈곤율은 2012년에는 25%까지 떨어졌고, 문맹률도 5%로서 남미 평균인 9%보다 훨씬 낮아지는 놀라운 성과를 거두었습니다. 이렇게 짧은 기간에 나라 상황이 급격히 좋아지자 국내외에서는 차베스에 대한 칭송이 이어졌습니다.

차베스 2

차베스 시대에 고유가가 지속되자 적극적으로 다가온 나라가 있었는데요. 바로 중국과 쿠바입니다. 차베스가 반미反美를 주장했고 사회주의를 추구한 이유도 있었지만 무엇보다 이들 나라 역시 석유에 몹시 목마른 상태였기 때문이었습니다.

중국은 세계 최대의 석유 수입국으로서, 에너지는 중국의 가장 큰 고민 중에 하나인데요. 자국에서 채굴되는 가스와 석유 생산량은 중국인들의 소비량에 비해 턱없이 부족한 상황이기 때문입니다. 결국 해외에서 에너지원을 가져와야 하는데 대표적인 산유국인 쿠웨이트와 사우디아라비아가 친미親美국가인 것이 부담이었습니다. 게다가 석유를 중국까지 싣고 오는 것도 문제인데요. 수입 에너지원의 대부분이 말라카Strait of Malacca 해협을 통과하는데, 말라카 해협을 장악하고 있는 미국이 혹시라도 이곳을 봉쇄한다면 중국 입장에서는 매우 괴로운 상태가 되기 때문입니다.

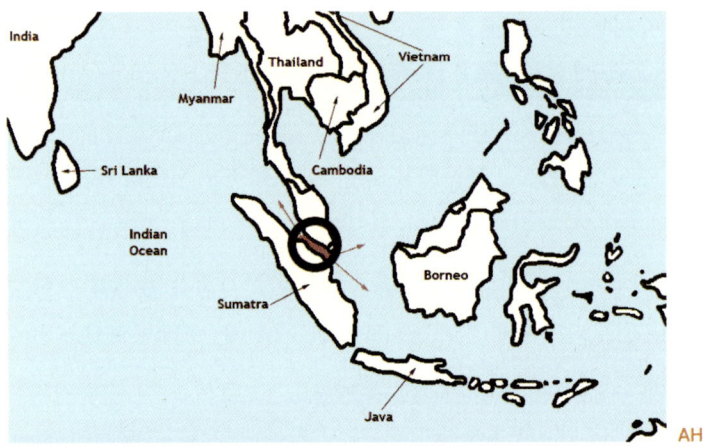

인도네시아와 말레이시아 사이의 검은색 원 부분이 말라카 해협Strait of Malacca입니다. 만일 말라카 해협을 통과하지 않으면 멀리 돌아가야 하기 때문에, 말라카 해협은 한국, 인도, 태국, 인도네시아, 말레이시아, 중국, 대만, 일본 등 아시아 국가들의 주요 운송로입니다.

이러한 상황에서 중국이 베네수엘라에서 대량의 석유를 가져올 수 있게 된다면 중동 이외의 또 다른 에너지 창구를 확보하는 것이기 때문에 중국으로서는 베네수엘라와 친해지고 싶을 수밖에 없었습니다. 중국은 당시 후진타오胡锦涛 주석과 차베스 대통령 모두 성이 '후'씨(Hu Jintao, Hugo Chavez)이니 '중국과 베네수엘라는 친척이다'라는 농담을 할 정도였는데요. 중국의 공산품과 베네수엘라의 석유를 교환하는 무역을 하면서 두 나라는 급속히 가까워졌습니다.

한편 쿠바는 사회주의 맹주 소련이 1991년에 무너지자 기댈 곳이 없어 매우 힘든 시기를 보내고 있었는데요. 사막을 헤매다가 오아시스를 발견하기라도 한 것처럼 쿠바는 차베스를 향해 적극적인 구애 공세를 펼쳤습니다. 쿠바의 러브 콜을 받은 차베스는 인심 후하게도 매일 20만 배럴이라는 엄청난 석유를 무상으로 쿠바에 보내주었습니다. 하루에 20만 배럴이라는 것은 천만의 인

"우리의 가장 좋은 친구(Nuestro Mejor Amigo)"
쿠바가 얼마나 차베스를 좋아했는지 알 수 있습니다.

구에 농업 및 관광이 주된 산업인 쿠바가 필요로 하는 것보다 훨씬 많은 양입니다. 그래서 쿠바는 베네수엘라로부터 무료로 받은 석유 중 40%를 시장에 되팔아서 엄청난 소득을 얻기도 했지요.

한편 차베스는 그의 우상인 시몬 볼리바르를 본받아 라틴아메리카 연방공화국을 꿈꾸었습니다. 유럽연합EU과 미국처럼 통화도 함께 쓰고 정치적으로도 연합된 나라를 만들자는 것이죠. 그래서 주변 나라들이 고유가로 어려움을 겪자 저렴한

가격에 석유를 공급하는 방식으로 유대를 강화하면서 '아메리카를 위한 볼리바르 동맹ALBA', '남미국가연합UNASUR', '라틴아메리카 카리브해 국가공동체CELAC'의 결성에 주도적인 역할을 하였습니다.

차베스의 과감한 행보와 큰 씀씀이 덕분에 베네수엘라 서민들과 주변국들은 많은 혜택을 받았고 세계적으로 그와 베네수엘라의 명성이 높아졌지만, 한편으로는 실속이 없어서 부작용도 만만치 않았습니다. 무엇보다도 석유에 대한 의존도가 너무 심해졌는데요. 물론 차베스 정권 이전에도 석유 의존도는 60~70%로 높았지만 현재는 무려 98%나 됩니다. 이렇게 석유에 대한 의존도가 높아진 이유는 물론 석유를 많이 수출해서이기도 하지만, 한편으로는 다른 산업들이 몰락했기 때문이기도 합니다.

차베스는 서민을 위해 '좋은 의도'로 필수품에 대한 가격 통제를 했습니다. 해외에서 1만 원짜리 물건을 수입해 와서는 정부가 손해 보면서 국내에는 1천 원에 공급하는 식이었지요. 서민 입장에서는 공산품과 식료품을 싸게 살 수 있어서 좋았지만 정작 베네수엘라에서 생산된 제품들은 낮은 가격에 공급된 제품들과 가격 경쟁이 되지 않았습니다. 점점 베네수엘라 내의 각종 산업들은 붕괴될 수밖에 없었지요.

농업만 하더라도 베네수엘라는 3모작을 할 수 있는 좋은 조건의 나라이고 옥수수와 쌀의 세계적인 산지였는데 지금은 대부분의 식료품을 사 오고 있습니다. 소는 키워서 정부가 지시하는 가격으로 팔면 사료값도 나오지 않으니까 그냥 방목해서 키우고 있고요.

한번은 시내의 한 스시 식당에 갔었는데요. 메뉴판에 스시는 안 보이고 파스타만 있는 것이었습니다. 제가 식당을 잘못 들어왔나 싶었는데 간판에는 분명 스시라고 쓰여 있었고요. 그래서 주인에게 어떻게 된 것이냐고 물어보니 정부의 가격통제가 심하니까 어부들이 생선을 잡아도 대부분 국내에 안 팔고 공해상에서 다른 나라 어선에 팔고 있다는 것입니다. 어부들이 국내시장에 내놓는 것은 극히 소량뿐이라 웃돈을 주고서라도 가져와야 하는데 구하기가 힘들어서 며칠 전부터 업종을 바꾸었다는 것이었지요.

세계 어느 공항을 가든 방문객들은 비행기에서 내리자마자 여러 가지 광고에 노출되는데요. 베네수엘라의 공항에서는 이러한 광고가 없습니다. 베네수엘라에는 기업 활동이 거의 없기 때문이지요. 기업이 문을 닫았다는 것은 나라를 지탱하는 중산층이 매우 얇다는 것이고, 취업할 곳이 없으니까 자연스럽게 범죄도 늘어나게 됩니다.

국가의 부를 계획 없이 사용한 결과, 2013년 차베스가 병사할 때쯤에는 석유 가격이 100달러가 넘었음에도 베네수엘라의 적자는 GDP대비 -15%나 되었는데요. 이후 행복했던 고유가 시대가 끝나고 유가가 하락하자 베네수엘라는 곧바로 엄청난 위기를 겪게 됩니다. 산업이 붕괴되어 대부분의 물건을 해외에서 사 와야 하는데, 유일한 돈줄인 석유에서 유입되는 달러가 적으니 큰 곤란에 직면한 것이죠. 심지어 설탕을 사 올 달러조차 부족한데요. 그래서 베네수엘라에서는 설탕이 없는 '다이어트 콜라' 위주로 생산하고 있을 정도입니다.

+) **Story**

차베스 집권 전
1998년 베네수엘라
빈곤율 49% →
차베스 사망 직전
2012년 25% →
2019년 90%

다급해진 베네수엘라 정부는 자국 화폐인 볼리바르를 찍어 내서 달러와 바꾸려고 했습니다. 석유 가격이 떨어진 상태에서 돈까지 찍어 내니 볼리바르는 돈이 아니라 그냥 초상화가 새겨진 일반 종이랑 다를 것이 없을 정도로 가치가 폭락하게 되었고 물가는 나날이 치솟았습니다. 돈이 많을 때는 각 나라들이 베네수엘라와 관계를 맺으려고 문전성시를 이루었고, 모두에게 사랑과 환영을 받는 멋진 친구처럼 보였지만, 이제 반대로 베네수엘라가 손을 벌리자 그동안 혜택을 받았던 나라들도 본인들 살기 바쁘다며 외면하고 있습니다. 상황이 이렇게 되니, 그토록 찬양했던 차베스에 대해서도 거센 논란이 있는데요. 차베스를 아직도 신과 같이 보는 사람도 있고 반대로 안목이 짧은 최악의 대통령으로 보는 사람도 있습니다.

인플레이션과 세뇨리지 효과

베네수엘라에 도착한 지 얼마 안 돼, 식당에 갔는데요. 타국에서는 볼 수 없는 신기하고 맛있어 보이는 메뉴들이 많아 이것저것 시키다 보니 음식을 많이 남겼습니다. 베네수엘라에서는 먹다 남은 것을 싸 주는 풍습이 있는지 제가 카운터에서 계산하고 있는데 종업원이 큰 쇼핑백에 무엇인가를 담아 주는 것이었습니다. 저는 안 싸가도 된다고 사양했는데도 이것은 제 것이라고 계속 가져가라는 것이었죠. 주기에 일단 받기는 했는데, 알고 보니 쇼핑백 속에 담긴 것은 제가 남긴 음식이 아니라 제가 냈던 100달러에 대한 거스름 돈이었습니다. 돈다발이 수십 개가 되니까 돈을 쇼핑백에 담을 수밖에 없는 것이었죠. 그렇다고 제가 이 거스름돈이 맞는지 일일이 세서 "어? 이거 한 묶음이 100장이 아니라 99장이네요"라고 할 수도 없는데요. 만일 확인하려고 돈을 셌다가는 오늘 안에 집에 못 갈 것 같았습니다.

수도 카라카스 중심가

달러를 가진 외국인에게 베네수엘라는 구매력이 몇 배나 상승하는 경험을 할 수 있는 곳입니다. 식당에 가서 각종 요리와 음료 그리고 와인을 마셔도 1인당 10달러에 불과하고 최고급 호텔 숙박비가 하루 30달러 정도입니다. 하지만 달러가 없는 베네수엘라 사람들에게는 그야말로 힘든 시간의 연속인데요. 한 달에 20달러로 사는 사람들이 국민의 60%입니다. 베네수엘라에서 만난 연방 검사와 변호사의 월급이 100달러였고 대학 교수님은 80달러 수준이었습니다. 부모님과 어린 자녀를 부양해야 하는데 이 돈으로 한 달을 살기에는 턱없이 부족하기 때문에 변호사도 교수님도 퇴근 후에 또 다른 일을 하는 경우가 많습니다.

상류층이 이런 생활을 하고 있으니 중류층이 사는 지역은 더 쉽지 않은데요. 양복 입은 가장이 쓰레기를 뒤지는 모습과 그런 음식조차 자녀들부터 먼저 먹이는 모습이 있을 정도입니다. 베네수엘라의 한 지인은, 원래 베네수엘라에서는 주말만 되면 밤새도록 음악을 크게 틀고 시끄럽게 파티를 하곤 했는데 지금은 너무나 조용해서 오히려 그 시끄러움이 그립다고 하고요.

세뇨리지Seigniorage 효과라는 것이 있습니다. 중세시대의 봉건 영주Seignoir가 자신의 지역에서 화폐 발행에 대한 독점권을 갖고 있던 것에서 유래되었는데요. 세뇨리지 효과는 정부가 화폐를 발행함으로써 얻게 되는 수익을 말합니다. 미국의 100달러 지폐를 한 장 만드는 데는 위조를 막는 기술과 특수 잉크와 종이값을 다 합해서 약 15센트(약 200원) 정도 듭니다. 미국 정부는 100달러 한 장을 발행할 때마다 99.85달러씩 이익을 보는 것이죠. 이것이 바로 화폐를 찍어 낼 수 있는 주체가 가지고 있는 발권력發券力의 힘이라고 할 수 있는데요. 미국의 달러는 전 세계에서 통용되고 있기 때문에 그만큼 달러를 많이 발행할 수 있고 이를 통해 엄청난 이익을 거두고 있습니다. 적은 비용으로 100달러 지폐를 찍어 내서 해외에서 100달러에 해당하는 물건을 사 오고 있는 것이니까요.

+) Story

원래 베네수엘라에서는 옆집에서 밤새 음악을 켜고 놀아도 시끄럽다고 항의하지 않습니다. 왜냐하면 내일은 우리 집에서 파티를 할 예정이기 때문이지요.

100볼리바르도 재질이 100달러와 유사하고 위폐 방지가 들어가서 비용이 200원 정도 드는데요. 100볼리바르 한 장의 가치는 2017년 기준 20원밖에 되지 않습니다.[36] 즉 베네수엘라 정부는 돈을 찍을수록 정부가 오히려 손해를 보고 있으며, 정부가 돈을 찍는 비용보다 돈의 가치가 더 적은 나라입니다.

100볼리바르는 2000년대 초반만 해도 약 2만 원의 가치를 갖고 있었습니다. 하지만 현재의 100볼리바르는 인쇄비도 안 나올 정도로 너무 가치가 낮아서 발행되지 않고 있습니다.

여담입니다만, 2010년 한국에서는 반대의 일이 있었습니다. 한국의 10원짜리 동전은 황동으로 만들어져 제조 원가가 40원 정도였는데요. 이것을 알았던 어떤 사람이 10원짜리 동전을 수억 원어치 모은 후, 이것을 녹여서 나온 황동을 팔아 수익을 낸 것이었습니다. '역逆세뇨리지' 효과를 노린 것이었는데요. 이 사건으로 인해 지금은 10원짜리 동전이 알루미늄으로 바뀌었으며 화폐 훼손을 처벌하는 법 조항도 만들어졌습니다.

다시 돌아와서, 베네수엘라의 인플레이션은 상상을 초월합니다. 2018년 베네수엘라의 물가는 130만 % 올랐고 2019년에는 95만 8천550% 올랐습니다. 이렇게 화폐의 가치가 급락하니 돈을 짊어지고 다닐 수도 없는데요. 그렇기 때문에 대부분 카드를 사용합니다. 그러나 신용카드도 한도가 정해져 있는데요. 그다지 많은 한도액을 주지 않고 24시간 후에 다시 그 한도를 채워 주는 방식으로 통제하고 있습니다.

---

[36] 현재는 새로운 화폐가 발행되었습니다만 상황은 비슷합니다.

값싼 석유와 비싼 대가

AI

카라카스Caracazo 사태

베네수엘라의 석유값은 1리터에 우리나라 돈 20원입니다(흥미롭게도 주차비는 100원이었습니다). 50리터를 꽉 채워 주유해도 1,000원밖에 나오지 않는데요. 값싼 석유는 복지에 대한 상징성을 지닌다고 할 수 있습니다. 차라리 석유값을 올려서 그 재원을 바탕으로 투자를 하거나 빈곤층의 교육이나 의료를 돕거나 새로운 산업을 키우는 데 사용하는 것이 더 낫지 않을까 하는 생각도 드는데요. 베네수엘라에서는 다른 것은 몰라도 석유만큼은 비싸서는 안 된다는 심리적인 요인이 강하게 작용하고 있습니다. 석유값을 올렸을 때 벌어졌던 사건에 대한 트라우마가 있기 때문인데요. 1989년 베네수엘라 정부는 IMF의 권유에 따라 석유를 포함한 몇 가지 물품에 대한 보조금을 줄였고 그러다 보니 버스 요금도 하룻밤 사이에 30%나 오르게 되었습니다. 갑자기 오른 버스 요금에 화가 난 시민들이 거리로 나와 항의 시위를 벌였고, 전국적으로 번진 시위를 진압하는 과정에서 무려 1천500명이나 사망하는 참사가 일어난 것이었습니다.

이런 큰 사건을 겪다 보니 베네수엘라 정부는 아무리 상황이 어려워도 유가 보조금만큼은 계속 부담하려고 하는데요. 원유는 땅만 파면 나오는 것이지만 원유를 정제해서 석유로 만드는 것에는 비용이 들기 때문에 정부가 큰 손실을 감당하고 있는 것입니다.

하지만 1리터당 20원이라는 비정상적인 가격으로 시장에 불균형이 생겼으니 이것을 이용하려는 시도가 일어날 수밖에 없습니다. 베네수엘라 국경 근처에서는 석유를 가득 실은 차량이 옆 나라에 가서 리터당 1천 원에 팔고 있으며, 어선들은 석유를 가득 싣고 출항해서 옆 나라 배에 석유를 팔고, 돌아오는 길에 물고기 몇 마리 잡아와서는 어업하고 왔다고 합니다. 군대에서는 아예 대형 유류 차량에 석유를 가득 실어서 옆 나라에 팔기도 하고요. 하지만 이것은 정부가 국민에게 베푼 보조금을 빼돌리는 것이고 국부가 밖으로 새어 나가는 것입니다.

또한 환율은 경제 상황을 반영해서 움직여야 하는데요. 예를 들어, 한국의 경제 상황이 좋지 못하면 원화 가치도 함께 떨어져서 1달러:1천 원 하던 환율이 1달러:2천 원으로 오르게 됩니다. 하지만 이렇게 원화의 가치가 떨어지게 되면(환율이 오르면) 1천 원에 물건을 파는 기업은 예전에는 1달러에 수출했지만, 이제는 0.5달러에 수출해도 1천 원을 받을 수 있기 때문에 해외에서 가격 경쟁력이 생겨 많이 팔리게 됩니다. 이렇게 수출이 늘어나면 달러가 국내로 많이 유입되기 때문에 달러의 가치는 떨어지고 원화의 가치는 다시 올라가게 됩니다. 이런 방식으로 경제 상황을 반영하면서 환율이 균형을 잡아가게 되는 것입니다.

하지만 베네수엘라처럼 석유 의존도가 높게 되면 경제 상황보다는 석유 가격에 따라 환율이 움직이게 됩니다. 고유가 시대에는 석유 수출로 들어오는 달러가 많다 보니 경제 상황과 무관하게 환율이 낮게 유지하게 되었고(= 볼리바르 가치 강세), 환율 강세에 따라 기업들의 수출이 어려워지니 자연히 석유를 제외한 다른 산업의 쇠퇴로 이어진 것이지요.

바벨 전략

시장을 매번 예측해서 맞춘다는 것은 어려운 일이고, 우리가 가지고 있는 자원들도 충분하지 않기 때문에 우리가 어떠한 '전략'을 사용할 것인지는 매우 중요한 선택입니다.

채권투자 전략 중에 '바벨Barbell'이라는 전략이 있습니다. 역기의 양쪽 끝에 바벨이 있는 것처럼 채권도 만기가 짧은 채권과 긴 채권으로 구성하는 투자 전략인 것이죠.

만기가 짧은 채권(단기 채권)은 원리금을 돌려받을 시기가 얼마 안 남았기 때문에 덜 위험하고 가격 변동 폭도 적으며 유동성도 풍부합니다. 대신 수익률이 낮습니다.

반면에, 만기가 긴 채권(장기 채권)은 원금을 돌려받을 시점이 아직 많이 남았기 때문에 단기 채권에 비해 위험하고 가격 변동 폭도 큽니다. 대신 가격 변동 폭이 커서 한 번 벌면 수익률이 매우 높다는 장점이 있습니다.

포트폴리오를 단기 채권과 장기 채권으로 구성하는 바벨 전략의 핵심은, 한쪽은 안전한 자산으로, 다른 한쪽은 변동 폭이 큰 자산으로 조합을 만드는 것입니다.

단기 채권을 통해 안전하고 꾸준한 캐리 수익을 깔고 가면서, 장기 채권에서 손실이 나면 단기 채권의 캐리로 어느 정도 상쇄하고, 장기 채권에서 이익이 나면 단기 채권의 캐리와 더불어 더 큰 수익을 얻는 구조인 것이죠.

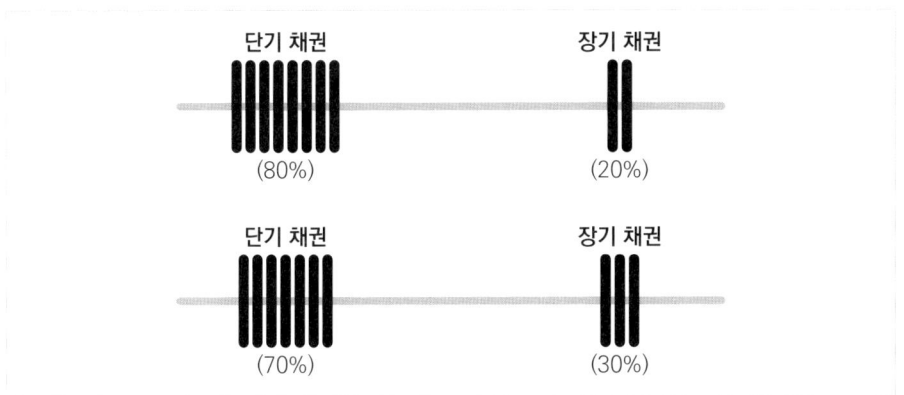

〈바벨 전략으로 자산 비중을 배분한 예〉

바벨이라고 해서 왼쪽과 오른쪽에 각각 절반씩 배분하는 것이 아니라, 안전한 왼쪽 바벨 쪽에 더 많은 비중을 둡니다. 이렇게 배분해야 오른쪽 바벨에서 손실이 났을 때 왼쪽 바벨의 캐리로 상쇄해 나갈 수 있기 때문입니다.

이러한 바벨 전략의 범위를 조금 더 넓히면 '(상대적으로 가격 변동성이 작은) 채권 매수 + (상대적으로 가격 변동성이 큰) 주식 매수'의 조합도 바벨 전략의 한 형태라고 볼 수 있습니다. 바벨 전략을 축구 경기에 대입하면 상당수의 시간을 두텁게 수비하다가 가끔 공을 잡으면 최전방 공격수에게 패스해서 골을 노리는 전략이고, 야구라면 수비를 탄탄히 하다가 거포 타자에게 홈런을 기대하는 것과 비슷하다고 할 수 있습니다. 부모님이 안정적으로 버텨 주시는 동안 자녀가 열심히 미래를 준비하거나, 안정적인 월급이라는 캐리를 받으면서 동시에 미래에 변동성을 줄 수 있는 무언가를 준비하거나, 대기업에 외주를 받으면서 버티는 동안 내부 개발팀에서 모두가 깜짝 놀랄 상품을 준비하고 있는 것도 바벨 전략이고요.

바벨 전략의 핵심은, 세상에는 예상치 못한 일들이 생각보다 자주 발생하기 때문에, 자신의 자리를 단단히 지키면서 예상치 못한 일들이 일어나는 것에 투자하거나 긍정적인 변동성 V를 만들어 나가는 것이라 할 수 있습니다. 여기서 중요한 것은 그렇게 기다리기 위해서는 결국 안전한 캐리가 우선적으로 밑바탕이 되어야 한다는 것입니다.[37]

> 패배한 군대의 열 중 아홉은 보급선이 끊긴 것이 원인이었다.
> – 맥아더 Douglas MacArthur 장군

> 초보는 공격을, 중수는 방어를, 고수는 병참을 생각한다.
> – 한신 장군

베네수엘라를 바벨 전략의 관점에서 바라보면, 안전한 캐리라는 왼쪽 바벨 없이, 가격 변동 폭이 높은 석유라는 오른쪽 바벨에만 국가 경제가 의존하고 있는 구조입니다. 그렇다고 차베스만 탓할 수 없는 것이, 석유에서 나오는 수익을 활용해서 제조업을 키우고 산업을 다각화하자는 주장은 이미 1930년대부터 제기되었습니다. 한창 석유값이 높아 달러가 엄청나게 쏟아져 들어왔던 1970년대에 "베네수엘라는 나중에 석유 때문에 파멸에 이를 수 있다. 석유는 악마의 배설물이다"라는 지독한 말을, 다른 사람도 아닌 베네수엘라의 석유 장관이 했음에도 불구하고 수십 년 동안 산업 구조를 제대로 바꾸지 않았던 것이었습니다.

---

[37] 우리가 주식이나 채권으로 어떤 기업에 투자할 때도 그 기업이 어떤 전략을 쓰고 있는지 살펴보는 것이 필요합니다. 그 기업이 단단한 왼쪽 바벨을 만들면서도 한편으로는 새로운 상품을 만들거나, 새로운 시도를 한다거나, 다른 기업을 인수하면서 사업 영역을 확장시키는 등의 오른쪽 바벨의 V를 만들어 내려고 노력하는지 살펴봐야 하는 것이죠.

그렇다고 모든 산유국이 베네수엘라 같지는 않습니다. 멕시코 역시 1980년대 초에는 석유가 수출의 70% 이상을 차지했지만, 석유 가격 폭락을 경험한 이후로는 제조업을 육성해 지금은 석유 비중을 30%까지 낮추었습니다. 게다가 멕시코는 석유 가격 하락에 대한 대비책으로, 일정한 가격에 팔 수 있는 권리인 '풋옵션'을 2000년대 초반부터 꾸준히 매입하면서 석유 가격 변동에 따른 위험을 관리하고 있고요.

또한 북유럽의 사우디아라비아라고 불리는 노르웨이는 북해 유전에서 나오는 석유를 바탕으로 큰 부富를 얻고 있지만, 국내 석유 가격은 리터당 2천 원이 넘습니다. 석유를 수입해 오는 한국보다도 비싼 가격인데요. 이렇게 비싼 이유는 노르웨이 정부가 석유 가격에 세금을 많이 붙이기 때문입니다. 이렇게 걷은 세금은 석유가 고갈될 때를 대비해 국부펀드에 넣어 운용하고 있고요.

+) Story

노르웨이 국부펀드는 유가 하락, 경기 침체, 인구 고령화를 대비하기 위해 설립되었으며 운용규모는 1천100조 원 이상입니다. 노르웨이 국부펀드에서는 한국 정부가 발행한 채권도 많이 샀습니다.

따라서 베네수엘라가 처한 경제 위기는 단순히 석유가격이 하락했기 때문은 아니며, 장기적인 전략이 없었고, 석유를 바탕으로 또 다른 바벨을 만드는 것에 대한 실행이 부족하여 석유 가격이 높았을 때 파티만 즐겼기 때문이라고 할 수 있습니다.

사실 베네수엘라는 선택권이 있었습니다. 꾸준하고 안전한 수익을 원했다면 석유 가격을 헷지함으로써 안정적인 좌측 바벨을 만들 수 있었고, 이것을 바탕으로 변동성이 있는 우측 바벨을 만들 수 있는 시간과 기회가 있었습니다. 만일 석유 가격을 헷지하지 않음으로써 변동성 높은 우측 바벨로 삼았다면, 탄탄한 기업들이라는 꾸준하고 안전한 수익을 줄 수 있는 좌측 바벨을 만들었어야 했고요.

고대 스토아 철학자들은 Stoicism '최악의 상황 예상하기'를 주장했는데요. 우리가 최선의 답을 찾아내는 것도 물론 중요하지만, 그것보다도 자신에게 일어날 수 있는 최악의 상황이 무엇일지 미리 상상해 보고 그런 일이 절대 일어나지 않도록 하는 것이 더 중요하다는 것입니다. 각가지 시나리오를 만들어 놓고 어떻게 해야 나쁜 상황을 피할 수 있을지 고민해서 그런 일이 벌어지지 않도록 미리 조치를 취해야 한다는 것이죠.

베네수엘라 역시 최악의 상황이 발생하지 않도록 사전에 대비했어야 했는데 결론적으로는 B&P(Buy & Pray, **사고**, 가격이 오르기를 **기도하기**) 전략으로써 석유값 변동이라는 풍랑 속에 나라와 수천만 국민들의 운명을 내던진 것이었습니다. 서민을 위한다고 펼친 정책들은 오히려 서민의 자립을 막았고 그들의 생계를 더욱 위협하는 정책이 되었고요. 돈을 버는 방법으로 직업으로 버는 것, 투자로 버는 것, 소비 조절로 버는 것이 있다고 말씀드렸는데요. 베네수엘라는 투자로 버는 것과 소비 조절로 버는 것에서 실패했다고 할 수 있는 것입니다.

PDVSA 채권

베네수엘라의 가장 큰 소득 원천은 국영 석유회사 'PDVSA(Petróleos de Venezuela, S.A.)'에서 나오는 수입입니다. PDVSA는 2014년에 만기 8년인 달러 채권을 6%에 발행했습니다. 즉 PDVSA가 8년간 달러를 6%의 금리에 빌린 것이었지요.

하지만 3년이 지난 후인 2017년에 이 채권은 약 20%의 금리로 시장에서 거래되었습니다. PDVSA가 채권투자자에게 지급하는 이자는 6%인데, 이 채권이 20%의 금리로 거래된다는 것이 무슨 말일까요? 그것은 원래 1만 원이었던 채권이 지금은 대략 3천 원에 거래된다는 것입니다.

투자자는 PDVSA가 발행한 채권을 1만 원에 사서 PDVSA로부터 이자 600원을 받으니까 투자 수익률은 6%입니다. 하지만 PDVSA가 이자와 원금을 제대로 갚지 못할 것이라는 우려가 있다 보니 1만 원짜리 PDVSA 채권이 3천 원에 거래된 것이었습니다. PDVSA 채권을 시장에서 3천 원에 샀는데, 이자로 600원을 받으니까 금리로는 20%가 되는 것이지요.(채권금리가 올랐다는 것은 채권 가격이 떨어졌다는 것입니다)

즉, 채권 발행금리 6%와, 실제 시장에서 거래되는 시장금리 20%는 서로 별개입니다. 채권을 발행한 PDVSA의 입장에서는 시장에서 거래되는 금리가 어떠하든 처음에 약속했던 이자 6%만 주면 그들의 의무가 끝나는 것이고, 투자자들이 이 채권을 사고 파는 가격에 따라 시장에서 거래되는 이자율이 바뀌게 되는 것입니다.(70페이지 표의 현재 채권 가격 부분을 참고해주세요)

그렇다면, 원래 1만 원이었던 PDVSA 채권이, 채권시장에서 3천 원에 거래된다는 것은 누군가는 사서 크나큰 손실을 봤다고 할 수 있는데요. PDVSA 채권을 사서 손해를 본 대표적인 투자자는 Bayer, Novartis와 같은 세계적인 제약사들입니다. 이 제약 회사들은 약을 베네수엘라에 판매하고, 판매 대금을 달러로 환전해서 본국으로 보내려고 했는데요. 베네수엘라 정부가 달러를 국외로 못 나가게 막자 어쩔 수 없이 그나마 제일 안전하다고 생각한 베네수엘라의 대표 회사 PDVSA의 달러 채권에 투자했던 것이었습니다.

하지만 결국 엄청난 손실을 보고 PDVSA 채권을 팔았고, 몇몇 제약사들은 채권으로 인한 손실을 메우기 위해 몇 년째 대규모 구조조정을 실시하고 있는데요. 정작 자신들의 본업인 약은 잘 만들어 팔았지만, 뜻하지 않은 부분에서 어려움을 겪고 있는 것입니다.

골드만삭스의 PDVSA 채권투자 사례

이렇게 PDVSA 채권 가격이 많이 떨어지자, 이 채권을 대량으로 매수한 투자기관이 있었는데요. 바로 세계적인 금융회사인 골드만삭스Goldman Sachs였습니다. 그것도 1조 원가량이나 말이죠.[AJ]

사실 아무리 PDVSA에서 많은 석유를 생산하고, 채권값이 싸다 하더라도 신용등급이 CCC-로 매우 낮은데, 골드만삭스가 위험한 베팅을 한 것이었지요.

2017년에 골드만삭스는, PDVSA의 5년 남은 발행금리 6% 채권을 약 3천 원에 샀는데요. 이 채권의 현금 흐름은 다음과 같습니다.

1년 후	(+)이자 600원
2년 후	(+)이자 600원
3년 후	(+)이자 600원
4년 후	(+)이자 600원
5년 후	(+)이자 600원 + (+)원금 1만 원

PDVSA는 자신들이 발행한 채권이 시장에서 어떤 금리에 거래되는지 관계없이,
발행했을 때 약속한 이자 6%와 만기 때 원금만 갚으면 됩니다.

PDVSA 채권에 투자했을 경우 나올 수 있는 시나리오는 다음과 같은데요. 첫째는 최상의 시나리오로서 5년 동안 PDVSA가 성실하게 이자와 원금을 다 갚는 것입니다. PDVSA 채권에 3천 원을 투자해서 이자로 매년 600원씩 5년 동안 총 3천 원을 받고, 원금도 1만 원을 받으니, 총 1만 3천 원의 수익을 낼 수 있는 것입니다. 3천 원 투자해서 1만 3천 원을 받으니 333%라는 엄청난 수익을 거두게 되는 것이죠.

둘째 시나리오는 만기 연장입니다. 원금을 못 갚을 것 같으니까 만기를 연장해 달라고 하는 것인데요. 일반적으로 만기 연장은 만기에 가까워졌을 때쯤 요청합니다.

PDVSA 채권을 3천 원에 사서 매년 600원씩 이자를 받으면 5년만 지나도 3천 원입니다. 5년 동안 이자만 받아도 원금이 거의 회수된 상황이기에, 만기를 연장해 달라고 해도 이자는 계속 받는 것이니 추가 수익을 기대할 수 있습니다.

셋째 시나리오는 PDVSA가 갑자기 이자와 원금을 나중에 갚겠다고 모라토리엄 Moratorium을 선언하는 것입니다. 이렇게 되면 채권 가격도 폭락하고, 이자와 원금을 회수하는 데 걸리는 시간도 매우 길어지게 됩니다.

그렇다면 결과는 어떻게 되었을까요? 2017년 11월 베네수엘라는 결국 빚을 나중에 갚겠다며 모라토리엄을 선언했습니다. 예상 시나리오 중에 세 번째 시나리오가 현실화된 것이었죠. 그러자 PDVSA 채권은 가격이 3천 원에서 2천200원까지 떨어져서 골드만삭스 역시 약 2천700억 정도의 손실을 입게 되었습니다.

2020년 현재 PDVSA 채권은 가격이 더 떨어져서 800원에 거래되고 있는데요. 돈을 못 갚겠다고 했음에도 이렇게 거래되는 것에는 이유가 있습니다. 향후 베네수엘라에 새로운 정권이 들어선다면 나라를 재건할 돈이 필요할 텐데 그 돈을 구하기 위해서는 일단 예전의 빚을 어떻게든 해결할 것이라는 계산이 있는 것입니다. 하지만 언제 정권이 바뀌고 새로운 경제 계획이 수립될 것인지는 너무나 불확실성이 많은 상황입니다.

위험 관리

일반적으로 '금융'이라고 하면 '돈을 버는 것', '돈에 관련된 것'이라고 생각할 수 있습니다. 하지만 금융의 좀 더 본질적인 부분은 **'위험 관리'**라고 할 수 있습니다. 왜냐하면 금융은 우리 삶에 밀접하게 관련되어 있고, 인생이라는 바다를 항해하다 보면 여러 가지 위험에 노출될 수밖에 없기 때문입니다. 무엇을 하면 좋을지보다 무엇을 하면 안 되는지 위험을 먼저 아는 것이 더 중요한 것인데요. 일단 살아남아야 다음을 기약할 수 있기 때문입니다.

> 가장 믿을 만한 용기란
> 직면한 위험을 올바르게 인식하는 것이다.
> 그러므로 조금도 겁을 모르는 사람은
> 겁쟁이보다도 더욱 위험한 사람이다.
> 살아가는 중에 위험이 없을 수 없다.
> 언제 어디서 위험이 닥쳐올지 모른다.
> 위험에 직면했을 때 중요한 것은
> 그것을 올바르게 인식하는 것이다.
> 위험을 올바르게 인식하는 능력,
> 그리하여 그에 지혜롭게 대처하는 능력이
> 가장 믿을 수 있는 용기이다.
> – 허먼 멜빌 *Herman Melville*

금융시장에서는 위험의 종류를 크게 다음의 6가지로 분류하고 있습니다.

위험의 종류	내용
시장 위험	주가, 이자율, 환율 등이 움직이면서 갖고 있는 자산의 손익이 변하는 위험 **예** 주식을 샀는데 주식 가격이 움직이면서 수익 혹은 손실이 남 → 분산 투자 및 헷지로 시장 위험 줄일 수 있음 **넓은 의미의 예** 세상이 변화해 감에 따라 우리의 상황도 바뀌는 위험. → 기술의 발전에 따라 단순 노동을 컴퓨터나 로봇이 대체하게 됨
유동성 위험	시장 플레이어들이 많지 않거나, 거래량이 적기 때문에 우리가 원하는 시점에, 원하는 가격으로 사거나 팔 수 없는 위험 **예** 시골의 임야를 팔려고 내놓았는데 사려는 쪽과의 가격 차이가 심하게 나거나 파는 데 시간이 오래 걸림 **넓은 의미의 예1** 친구가 이번 주말에 놀이공원에 놀러가자고 함 하지만 지금 당장에는 돈이 없고 월급날은 아직 1주일 남음 **넓은 의미의 예2** 예상 못한 비용의 발생으로 돈을 마련해야 했음. 어떻게 마련할까 고민하다가 결국 비싸게 주고 산 다이아몬드 반지를 팔기로 함 하지만 다이아몬드 반지는 유동성이 풍부하지 않기 때문에 시세보다 약 10% 정도 낮은 가격으로만 팔 수 있어 손해를 보고 팔게 됨 (반면에 금반지는 유동성이 풍부하여 시세보다 1만 원 정도 낮은 가격이면 팔 수 있음)
신용 위험	거래 상대방이 약속을 어기거나 채무를 불이행할 위험 **예** 자신에게 돈을 맡기면 큰돈을 벌게 해 준다고 해서 믿고 맡겼는데, 정작 투자를 받자 돈을 빼돌리는 유사수신행위 **넓은 의미의 예** 친구 혹은 지인에게 돈을 빌려줬지만 못 받음. 물론 빌려 가는 사람도 돈을 빌릴 때는 갚을 생각을 함. 하지만 정작 빌리게 되면 이제는 상황이 변함에 따라 '친한 사이니까 천천히 돌려줘도 돼, 상황이 좋아지면 주지, 친하니까 안 갚아도 될 꺼야' 등으로 생각이 바뀌게 되는 되는 위험 → 친한 사람들끼리 오히려 빌리기도, 빌려 주지도 않으면 신용 위험을 줄일 수 있음
운영 위험	거래 과정에서 미숙한 처리로 오류가 나거나 시스템이 고장 나는 위험 **예** 유명 인터넷 회사의 전산 시스템에 과부하가 걸려 서비스가 되지 않음 **넓은 의미의 예** 외출할 때 창문을 닫아서 모기가 방에 들어오지 못하게 하거나, 자동차 뒷좌석에 앉을 때도 안전벨트 착용하기, 술 마시면 무조건 대리운전 부르기, 오토바이나 킥보드를 타지 않는 것 → 만석꾼은 난간에 기대지 않는다 – 속담
법률 위험	법률 위반 혹은 규제 변경에 대비하지 못한 위험 **예** 인프라 사업에 투자했는데, 이 사업이 정부의 전략 사업에 포함되어 예상치 못한 규제를 받음

위험의 종류	내용
평판 위험	좋지 못한 이미지와 평판으로 인해 고객과의 관계에 영향을 받는 위험 예 비리 등으로 징계를 받고 평판이 하락하여 고객들의 주문이 급감함 → '어리석은 결정으로 회사에 경제적 손실을 끼친 것은 용서할 수 있지만, 명성에 흠이 가는 일을 했다면 참을 수 없을 것이다. 우리는 엄청난 돈을 잃을 수도 있지만, 명성만은 결코 잃어서는 안된다' – 워렌 버핏

그렇다면 우리는 주로 어떠한 위험에 노출되어 있을까요? 일반적으로 본다면, 우리는 시장 위험, 유동성 위험 그리고 신용 위험에 주로 노출되어 있다고 할 수 있습니다.

시장 위험은 가격이 변동하기 때문에 생기는 위험인데요. 이것은 우리가 주식이나 채권 혹은 부동산과 같은 자산을 매입하는 그 순간부터 바로 노출됩니다. 이러한 위험을 피하기 위해서 헷지Hedge하는 것이고요. 하지만 생각해 보면 우리 자신을 포함해서 이 세상의 모든 것은 끊임없이 변하고 있기 때문에 시장 위험은 지극히 당연하고 자연스러운 위험이라고 할 수 있습니다.

유동성 위험은 우리가 원하는 시점에, 원하는 가격으로 사고 팔 수 없는 위험입니다. 삼성전자나 애플과 같은 회사의 주식은 누구나 갖고 싶어 하기 때문에 언제든지 쉽게 사고 팔 수 있고 호가도 매우 촘촘하게 형성되어 있습니다. 하지만 일명 잡주(?)로 불리는 작은 회사들의 주식은 오를 때는 좋지만 악재가 발생했을 경우 아무도 사지 않아서 팔고 싶어도 팔 수 없고 속절없이 폭락을 감내해야만 하는 위험이 있습니다. 전투에서도 만일을 대비해서 퇴로를 확보해 놓고 싸워야 하듯이 우리가 원할 때 언제든지 빠져나갈 수 있는지의 여부가 유동성 위험입니다.

신용 위험은 거래 상대방이 약속을 어기거나 채무를 불이행할 위험인데요. 개인적인 생각입니다만 우리가 가장 신경 써야 할 위험은 신용 위험이 아닐까 합니다. 왜냐하면 시장 위험은 원한다면 헷지도 할 수 있고 시장 위험 때문에 원금 대부분을 잃는 경우도 거의 없습니다. 하지만 신용 위험은 잘 발생하지는 않지만, 한번 발생하게 되면 원금의 상당 부분을 잃을 수 있는 치명적인 위험이기 때문입니다. 정부나 기업 그리고 개인에게 신용등급을 매기는 것도 결국 신용 위험을 최대한 피하기 위함이고요.

> 나를 거짓 벗들로부터 지켜주소서
> 진짜 적으로부터는 자력으로 나를 확실히 지킬 수 있으니
> – 알렉산더 대왕 Alexander the Great

> 감당할 수 없는 빚을 지지 않는 것은 채무자의 책임이고,
> 돈을 갚을 수 없는 사람에게 돈을 빌려준 것은
> 채권자의 책임이다.
> – 탈무드

가깝게는 지인과 친구들에게 돈을 빌려주고 못 받는 것이고, 더 넓게는 이익금을 줄 테니까 물건을 사라는 다단계에 빠진다거나 정식 금융기관이 아닌 유사수신[38] 업체가 제시하는 큰 수익금에 혹해 투자하는 것 역시 신용 리스크에 노출된 것입니다. PDVSA 채권과 같이 신용등급이 낮은 유가증권에 투자하는 것은 시장 위험은 물론이고 원할 때 제대로 팔 수 없는 유동성 위험, 그리고 제대로 원리금을 상환하지 않는 신용 위험까지 모두 노출되는 것입니다.

---

38 유사수신에 대해서는 〈일본〉 편에서 자세히 말씀드리겠습니다.

선물

 돈을 내면서 물건을 지금 가격에 사는 것을 '현물 거래'라고 합니다. 만일 주유소에서 석유 1L가 1천 원이라면, 1천 원을 내고 1L를 사 오는 것이 현물 거래입니다. 우리가 평소에 하고 있는, 너무나 자연스러운 거래인 것이죠.

 현물 거래가 현재 가격으로 **지금 거래**하는 것이라면, '선물先物 거래'는 현재 가격으로 **미래에 거래**할 것을 약속하는 것입니다. 석유 1L를 1천 원에 사되, 현재가 아닌 한 달 뒤에 사는 식으로 말이죠. 물론, '그냥 한 달 후에 사면 되지, 굳이 미리 사야 하나?' 하는 생각도 들 수 있습니다. 그렇지만 석유 1L가 한 달 뒤에 1천 원이라는 보장이 없다는 것이 문제입니다. 그래서 이러한 가격의 불확실성을 없애고 싶을 때 선물 거래를 합니다.

 하지만 그냥 선물 계약만 맺으면 불리한 쪽에서 약속을 어기고 싶은 마음이 들 수 있습니다. 우리가 한 달 후 석유를 1L당 1천 원에 사기로 주유소 주인과 선물 계약을 했는데, 한 달 후에 가격이 2천 원으로 올랐다면 주유소 주인은 이 계약을 어기고 싶을 것입니다. 반대로 한 달 후 500원이면 우리가 계약을 파기하고 싶어질 테고요.

 이러한 계약 불이행을 방지하기 위해 제3자인 거래소는 양쪽으로부터 거래 대금의 10%[39] 이상을 증거금으로 받아 관리합니다. 거래소가 매 순간 시장을 관찰하면서 불리한 쪽에 있는 돈을 유리한 쪽의 계좌로 옮기면서 정산해 주는 것인데요. 예를 들어 석유 1L가 1천 원에서 1,010원으로 오르면 곧바로 10원에 해당되

---

[39] 선물의 종류(금, 석유, 채권, 주식 등등)마다 요구되는 증거금은 다릅니다. 일반적으로 대략 10% 정도입니다.

+) Story

증거금이 부족해지면 최소 증거금 이상으로 돈을 채워 넣으라고 거래소에서 전화를 거는데요. 이러한 전화를 마진 콜Margin Call이라고 합니다.

는 금액을 우리의 증거금 계좌에서 빼서 주유소 주인의 증거금 계좌로 넘겨주는 것입니다. 반대로 1L가 990원으로 떨어지면 해당 금액을 주유소 주인의 증거금 계좌에서 우리의 증거금 계좌로 보내주고요. 그래서 한쪽의 증거금이 거래대금의 10% 이하로 떨어지게 되면, 다시 돈을 채워 넣게 해서 10% 이상으로 유지시키고, 만일 유지하지 않으면 양쪽의 계약을 즉시 청산시켜 버립니다.

선물시장의 참여자는 크게 세 부류로 볼 수 있습니다.

첫째, 헷지Hedge하는 사람들인데요. 선물로 시장 위험을 헷지할 수 있습니다. 주유소 주인이 보유하고 있는 석유의 가치가 떨어질 것을 우려하면[40] 한 달 후에 1천 원에 파는 계약을(선물 매도) 맺는 것이고, 앞으로 석유 가격이 오를 것 같으면 한 달 후에 1천 원에 사는 계약을(선물 매수) 맺어 안정적으로 석유를 확보하는 것입니다.[41]

둘째, 차익 거래자입니다. 만일 홍콩의 금 가격과 서울의 금 가격이 차이가 난다면 싼 지역의 금을 사서 비싼 곳에 팔면 이득을 볼 수 있는데요. 이렇게 시장에 비정상적인 틈이 보일 때 이득을 얻는 것이 차익 거래差益去來, arbitrage

---

[40] 보유하고 있는 것의 가치가 떨어질 것을 우려하는 경우 프리미엄을 내고 풋옵션을 사도 됩니다. 브라질 정부나, 압착기 공장을 갖고 있는 젊은 부자처럼 말이죠.

[41] 앞으로 사야 하는데 값이 오를 것을 우려할 때는 프리미엄을 내고 콜옵션을 사도 됩니다. 마치 탈레스가 프리미엄을 내고 압착기를 빌릴 수 있는 권리를 산 것처럼 말이죠.

입니다. 차익 거래는 가격이 오를지 떨어질지 예측할 필요도 없고, 홍콩의 금 가격이 정확한 값인지 서울의 금 가격이 옳은 값인지 중요하지 않습니다. 싼 곳에서 삼과 동시에 비싼 곳에서 팔면 되니까요. 마찬가지로 석유의 현물 가격과 선물 가격이 투자자가 보기에 과도하게 벌어졌다면 비싼 것을 팔고 싼 것을 사는 방식으로 거래하면 수익을 낼 수 있습니다.

셋째, 투기적 수요자입니다. 거래 대상물의 가격 방향을 예측해서 금전적 이익을 얻으려는 것인데요. 선물시장 대부분의 플레이어들은 투기적 수요자입니다. 투기라는 말이 붙었다고 투기적 수요자가 꼭 나쁜 것은 아닙니다. 여러 성향의 투자자가 모여야 시장이 활성화되고 언제든지 사고 팔 수 있는 유동성이 풍부해지기 때문입니다.

한편, 지렛대(레버리지Leverage)를 쓰면 무거워 들 수 없는 것도 들 수 있는데요. 이것에 착안해서 금융권에서는 돈을 빌려서 투자하는 것을 레버리지Leverage를 썼다고 합니다. 선물 거래가 활발한 이유 중 하나는 선물은 큰 레버리지를 쓰는 효과가 있기 때문인데요. 예를 들어 1억 원어치 석유를 현물로 사려면 1억 원이 필요하지만, 선물은 거래 대금의 10%인 1천만 원만 있으면 1억 원어치 석유를 거래할 수 있습니다. 우리가 집을 살 때 은행에서 집값의 절반을 대출받아 산다면 레버리지는 2배입니다. 하지만 선물은 10배 레버리지를 쓰는 것이지요.

그래서 1천만 원으로 1억 원어치 석유 선물을 샀는데 석유 가격이 (+)20% 올라 1억 2천만 원이 된다면 투자금 1천만 원 대비 (+)200%인 2천만 원의 수익이 납니다. 지인들에게 저녁을 크게 사고 싶은, 매우 신나는 상황이지요. 하지만 반대로 가격이 단 (-)10%만 떨어져도 원금 1천만 원을 모두 잃게 됩니다.

또한 선물은 가격의 방향을 맞추는 시점도 매우 중요합니다. 만일 어제 1천만 원으로 1억 원어치 선물에 투자했는데 어제 (-)10% 내리고, 오늘 (+)20% 올랐다면 $(1 - 0.1) \times (1 + 0.2) = 1.08$, 즉 1억 800만 원이 되었다고 좋아할 수 없습니다. 왜냐하면 어제 (-)10% 발생했을 때 추가적으로 부족한 증거금을 채워 넣지 않았다면, 이미 선물 계약이 강제 청산되었기에 오늘 아무리 많이 올라도 소용이 없기 때문입니다. 이렇게 선물은 조금만 움직여도 상당한 손실과 이익을 볼 수 있는 구조이며 레버리지는 이익과 손실을 극대화시키는 양날의 검과 같기 때문에 함부로 투자해서는 안 됩니다.

콘탱고와 백워데이션 혹시라도 어렵게 느껴지시면 이 부분은 가볍게 읽고 넘기셔도 좋습니다

한 달 후에 석유 1L당 1,000원에 팔기로 한 주유소 주인은 한편으로는 뭔가 잘못된 것 같다는 생각이 들었습니다. 왜냐하면 지금 팔아도 1L에 1,000원인데, 한 달 동안 석유를 보관할 창고도 빌려야 하고 창고에 화재 보험도 가입해야 하는 등 각종 비용이 들기 때문에 자신만 손해를 보는 것은 아닌가 싶었던 것이죠. 그래서 지금부터는 한 달 후에 석유를 사고 싶다는 사람과는 1L당 1,050원, 두 달 후 1,100원, 석 달 후에 산다는 사람과는 1,150원에 거래하기로 했습니다. 현물 가격은 1천 원이지만 한 달 후 선물 가격은 1,050원 두 달과 석 달 후의 선물 가격은 각각 1,100원과 1,150원이 된 것이죠.

+) Story

주유소 주인은 석유를 보유한다고 해서 그 다음 날 석유가 더 생기는 것이 아니지만 보관 비용은 드는 역뽀캐리 상황입니다. 따라서 그냥 1L에 1,000원으로 팔면 손해이기 때문에 선물 가격을 높여서 그 손해를 벌충하려는 것입니다.

1월 1일 현재 석유 가격(= 석유 현물 가격)	1,000원
2월 1일 만기 석유 선물 이론 가격(= 만기 1개월 석유 선물 이론 가격)	1,050원
3월 1일 만기 석유 선물 이론 가격(= 만기 2개월 석유 선물 이론 가격)	1,100원
4월 1일 만기 석유 선물 이론 가격(= 만기 3개월 석유 선물 이론 가격)	1,150원

물론 그렇다고 한 달 후에 반드시 석유 1L의 가격이 1,050원으로 된다는 것은 아닙니다. 왜냐하면 비록 주유소 주인의 입장에서는 보유 비용이 든다 하더라도, 산유국에서 감산을 하거나, 전 세계적으로 경기가 침체되어 석유 수요가 감소하는 등의 각종 거시적인 변수들로 인해 한 달 후에 석유 가격이 1,050원보다 더 높을 수도 있고 더 낮을 수도 있는 것이니까요. 즉 선물 가격은 보유 비용 등을 감안하면 '이론적'으로 미래에 현물 가격이 얼마가 될 것이다라는 예측일 뿐, 현물 가격(1,000원)과 선물 가격(1,050원)은 수급과 시장 플레이어들의 예측에 따라 각각 움직이다가 만기일에 '어딘가의 가격'에서 둘이 만나는 것입니다.

예를 들어, 우리가 차에 석유를 넣으러 주유소에 가면, 갈 때마다 고시된 석유 값이 조금씩 다를 것입니다. 이것은 석유의 수요와 공급에 따라 현물 가격이 계속해서 바뀌기 때문인 것이고, 이렇게 현물 가격이 바뀜에 따라 선물 가격도 영향을 받아 변하게 됩니다. 그러다가 시간이 흘러 약속한 선물 만기일에 가깝게 되어, 내일이 만기일이라면 현물과 선물이 더 이상 의미가 없어져서 두 가격이 서로 만나게 되는 것입니다.

앞으로의 석유 가격이 얼마가 될지는 모르지만, 선물 가격에는 창고, 보험 등의 보유 비용이 들어 있기 때문에 현물 가격보다는 더 높은 것이 정상적이라고 할 수 있는데요. 이렇게 선물 가격이 현물 가격보다 높은 상태를 정상시장, 혹은 콘탱고Contango라고 합니다.

〈콘탱고〉

선물 가격이 현물(= 현재) 가격보다 높은 상태를 정상시장, 혹은 콘탱고Contango라고 합니다.

반대로, 선물 가격이 현물(= 현재) 가격보다도 낮을 때가 있는데요. 이 상태를 역조시장逆調市場 혹은 백워데이션Backwardation이라고 합니다. 예를 들어, 산유국에서 내전이 벌어진다면 당장 석유 공급이 줄어들 수 있을텐데요. 석유는 당장 써야 하는 필수품이기 때문에 시장에서는 가격 불문하고 무조건 현물(= 현재) 가격으로 실물 석유를 사기 위해 몰려들 것입니다. 이렇게 실물의 공급이 부족해질 것 같을 때는 현물(= 현재) 가격이 선물 가격보다 높아지는 백워데이션이 발생합니다.

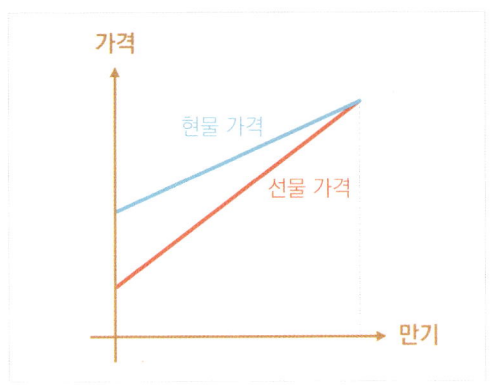

현물 가격이 선물 가격보다 높은 상태를 역조시장, 혹은 백워데이션Backwardation이라고 합니다.

하지만 실제로는 시장 상황과 전망이 바뀔 때마다 만기 때까지 콘탱고와 백워데이션을 오가면서 변하는 경우가 대부분입니다.

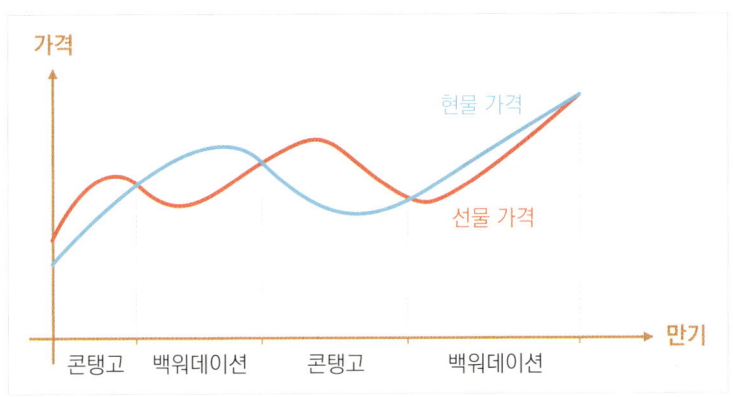

실제로는 전망이 바뀔 때마다 만기 때까지 콘탱고와 백워데이션을 오가면서 변합니다.

원유 선물 투자 그리고 ETN 혹시라도 어렵게 느껴지시면 이 부분은 가볍게 읽고 넘기셔도 좋습니다

 2020년 봄, 원유 가격이 한창 많이 떨어졌을 때 지인들로부터 원유에 투자하고 싶다는 문의를 많이 받았습니다. 지금 유가가 10달러에 불과한데, 시간이 지나면 다시 30~40달러로 돌아올 테니 그때까지 기다리면 3~4배를 벌 수 있는 것 아니냐면서 말이죠. 그러면서 원유에 투자하는 ETF와 ETN에 투자하고 싶다는 것이었습니다.

 ETN(Exchange Trade Note)은 ETF(Exchange Trade Fund)와 거의 유사한 구조로서, 기초자산 가격과 손익이 똑같이 움직이도록 만든 금융상품입니다. Note는 메모, 쪽지라는 의미도 있지만 채권이라는 뜻도 있는데요. ETN은 증권사가 발행한 채권이되, 이 채권에 투자하면 기초자산의 움직임과 똑같은 수익을 돌려주겠다는 상품입니다. ETF를 자산운용사가 만들었다면 ETN은 증권사가 만들었다는 차이가 있을 뿐인 것이죠. 지인들은 유가가 폭락했으니 유가 ETN에 투자하겠다는 것이었습니다.

 실제로 2020년 봄에는 원유가 싸니까 지금이 기회다 해서 투자한 분들이 많아서, 원유 ETN은 정말 없어서 못 팔 정도였습니다. 특히나 기초자산의 움직임 대비, 손익이 2배로 움직이는 '레버리지' ETN은 얼마나 인기가 많았는지 실제 가치보다 10배나 높은 가격에 거래됨에도 불구하고 불티나게 팔렸을 정도였습니다. 예를 들어 바구니에 사과와 복숭아가 담긴 과일 선물세트를 산다면 우리는 사과 + 복숭아 + 과일 바구니 가격을 더한 가격에 사야 합니다. 이것을 괴리율 0%라고 합니다(만일 2배에 팔리면 괴리율 100%). 하지만 바구니를 만드는 데는 시간이 걸리는데(ETN을 추가로 상장하기 위해서는 금융감독원의 승인을 받아야 하는데요. 효력이 발생하려면 최소 3주가량이 걸립니다) 너무 많은 사람들이 이 과일 선물 세트를 사려다 보니 원래 가격의 11배에도 거래된 것입니다. 괴리율이 무려 1천 %였지요.

투자 시점의 현물(= 현재)과 선물 가격을 살펴보면 다음과 같습니다.

〈2020년 4월의 현물과 선물 가격〉

(이해의 편의를 위한 숫자로서 실제 가격과는 약간의 차이가 있습니다.)

4월 현재 원유 가격 (= 석유 현물 가격)	10달러
1개월(5월) 만기 원유 선물 가격	20달러
2개월(6월) 만기 원유 선물 가격	30달러
…	…
7개월(11월) 만기 원유 선물 가격	35달러

위 표를 보시면 선물 가격이 현물(= 현재) 가격보다 2~3배 비싼, 꽤 심한 콘탱고 상황이라는 것을 알 수 있습니다. 이렇게 현물과 선물의 가격 차이가 나면, 이것을 이용해서 싼 것을 사면서 동시에 비싼 것을 파는 현·선물 차익 거래를 하면 수익을 낼 수 있습니다. 예를 들어, 원유 실물을 현물(= 현재) 가격인 10달러에 사면서 동시에 7개월 만기 선물을 35달러에 팔면 됩니다. 지금 원유를 사서 갖고 있다가 7개월 후에 선물을 산 쪽에 넘겨주면 고스란히 25달러만큼의 차익이 나기 때문이죠.

하지만 2020년 4월에는, 원유 실물을 산다 해도 저장 공간이 없었습니다. 이미 4월 이전에도 원유가 충분히 싸다는 인식으로 너도 나도 사서 담아 놨기 때문에 전 세계적으로 유류 탱크가 꽉 찬 것이었죠.

원유는 최소 거래 단위가 1천 배럴입니다. 1배럴은 158.9리터로서 최소 거래 단위인 1천 배럴만 산다 하더라도 이것을 집에 보관하려면 1.5리터 페트병이 10만 개 필요합니다. 따라서 원유 실물을 사려면 유류 탱크를 빌려서 저장해야 하는데요. 2020년 4월에는 값싼 원유를 너도 나도 담아 놓은 상태이기 때문에 이미 남은 유류 탱크가 거의 없거나 몹시 비싼 사용료를 지불해야 빌릴 수 있었습니다. 그래서 선물 가격이 현물 가격에 비해 2~3배나 높은 슈퍼 콘탱고Contango였던 이유도 현물 가격으로 실물을 사서 탱크에 저장하기 위해서는 엄청난 보관 비용이 들기 때문에(심한 역逆캐리 상황이기 때문에) 선물 투자자에게 그 비용 부담을 요구한 것입니다.

비록 원유 실물은 현물(= 현재) 가격으로 싸게 살 수 있지만 정작 보관할 공간이 없어서, 원유 투자는 선물로만 가능한 상황이었습니다. 원유 ETF, 원유 ETN 역시 원유 선물에 투자된 상품이었고요.

상황 현재 원유 현물 가격은 10달러입니다. 이 상태에서 원유 ETN은 투자자들의 돈을 모아서, 7개월 만기 원유 선물을 35달러 주고 산 것입니다.

1번 시나리오

현물 가격 10달러 → 7달 후의 현물 가격 10달러
(7달간 현물 가격 변화 없이 선물 가격이 현물 가격으로 수렴함)

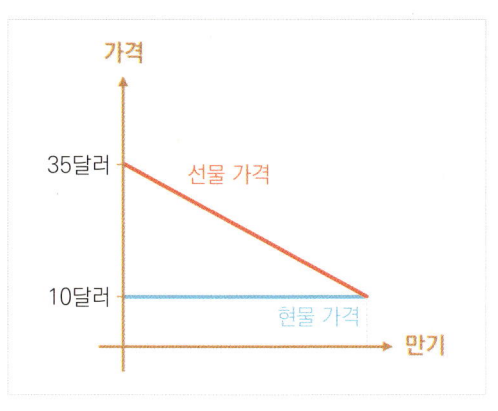

⇒ 7달 후에 원유를 35달러에 사기로 계약했는데(선물을 35달러에 매수), 7달이 지난 지금의 가격은 10달러이니 −71.5% 손실입니다.

2번 시나리오

현물 가격 10달러 → 7달 후의 현물 가격 22달러
(7달 후에 현물 가격과 선물 가격이 중간에서 만남)

⇒ 7달 후에 원유를 35달러에 사기로 계약했는데(선물을 35달러에 매수), 7달이 지난 지금의 가격은 22달러이니 −37.1% 손실입니다.

3번 시나리오

현물 가격 10달러 → 7달 후의 현물 가격 35달러
(7달 후에 현물 가격이 선물 가격으로 수렴함)

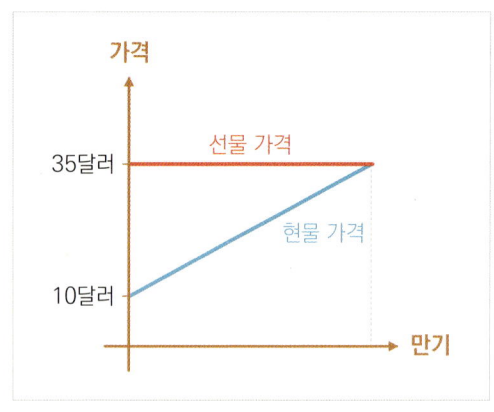

⇒ 7달 후에 원유를 35달러에 사기로 계약했는데(선물을 35달러에 매수), 7달이 지난 지금의 가격은 35달러이니 본전입니다.

4번 시나리오

현물 가격 10달러 → 7달 후의 현물 가격 40달러
(7달 후 현물 가격과 선물 가격 모두 상승한 지점에서 만남)

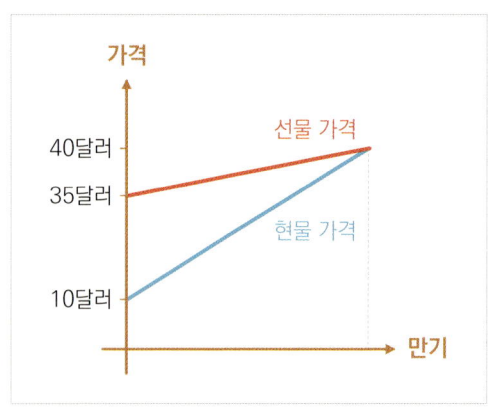

⇒ 7달 후에 원유를 35달러에 사기로 계약했는데(선물을 35달러에 매수), 7달이 지난 지금의 가격은 40달러이니 14.2% 이익입니다.

실제로 유가는 어떻게 움직였을까요? 2020년 4월 말 10달러였던 유가는 7달 후인 11월에는 40달러까지 상승했습니다. 그렇다면, 콘탱고가 심한 상태에서 원유 선물의 수익을 추종하는 ETF나 ETN에 투자했다면 실제 수익은 어떠했을까요?

원유 현물 가격은 상승했지만 원유 선물을 추종하는 상품의 성과는 예상보다 좋지 못합니다. 시나리오 4번의 상황이 일어났기 때문이었죠. 그나마 선물을 그대로 따라가는 ETF와 ETN을 샀다면 그래도 10~20%의 수익을 낼 수 있었습니다.

하지만 선물 움직임에 2배로 움직이는 레버리지 ETN은 현물 가격이 4배 올랐으니 8배 올라야 할 것 같지만 실제로는 오히려 큰 손실을 입었습니다. 왜냐하면 산 것은 10달러의 현물을 산 것이 아니라 35달러의 선물이었으니 40달러로 올라도 수익이 크지 않은 반면, 실제 가치보다 11배나 높은 가격에 샀으니(= 괴리율 1천 %) 레버리지 ETN에 1천만 원을 투자했다 해도 실제로는 90만 원의 값어치인 경우도 있었기 때문입니다. 이 상황에서 아무리 유가가 오르더라도 원금에는 한참 미치지 못하는 안타까운 상태가 된 것이죠.[42]

주식과 채권은 실물이 아니라 전자 등록 방식으로 보관되어 있고 유동성도 뛰어나 현물과 선물의 가격 차이가 크게 나지 않습니다. 가격 차이가 크게 난다면 싼 것을 사면서 비싼 것을 파는 차익거래가 곧바로 들어올 테니까요. 하지만 석유와 같은 실물 자산에 투자할 때는 그 시장이 콘탱고Contango인지, 백워데이션Backwardation인지, 이 상품을 담은 상품의 괴리율이 정상적인지 아닌지를 한 번 더 확인하고 투자하셔야 합니다.

---

[42] 실제로는 7개월 만기의 선물이 아니라 1개월, 2개월 만기의 선물로 ETN을 만들었는데요. 결과는 비슷하며 고귀하신 독자분들의 이해를 돕기 위해 좀 더 직관적으로 이해할 수 있는 7개월 만기로 예를 들었습니다.

어느 선물 투자자의 인생역정

선물 이야기가 나온 김에, 몇몇 선물 투자자의 사례를 소개하겠습니다. 선물 투자자의 대표적인 사람으로는 1980년 은Silver 투기를 한 미국의 헌트 형제Hunt Brothers, 1762년에 창립된 영국의 유서 깊은 베어링Barings 은행을 파산시킨 니콜라스 리슨Nicholas Leeson, 세계 구리시장의 큰손으로서 전체 거래량의 5%를 매매하여 '미스터 구리' 또는 '미스터 5%'로 불렸던 스미토모상사住友商事의 하마나카 야스오浜中泰男 등등이 있는데요.[43] 100여 년 전 조선에도 비슷한 사례가 있었습니다.

일제 강점기 때 인천에는 쌀을 거래하는 선물거래소가 있었는데요. 얼마나 많은 사람들이 쌀 선물을 하다가 패가망신했는지 "인천 바다는 선물로 논을 잃어버린 자들의 한숨으로 파인 것이고, 인천 바닷물은 그들이 흘린 눈물이 고여서 생겼다"는 말이 있을 정도였습니다.

하지만 한쪽에서는 쌀 선물로 큰돈을 번 사람들도 있었는데요. 선물거래소에서 허드렛일을 했던 반복창潘福昌이라는 사람이 그중 한 명입니다. 그는 점원 생활을 하면서 모은 돈으로 선물에 투자해서 1년 만에 현재 돈으로 약 400억 원을 벌었습니다. 그의 나이 불과 21살에 말이죠. 최저 시급을 받으면서 잔심부름을 했던 그가 수백억 부자가 되자 그에 대한 소문은 전국적으로 빠르게 퍼져 나갔습니다.

고귀하신 독자분께서는 400억이 있으시면 무엇을 하실 듯한가요?

---

[43] 선물은 레버리지를 쓰는 상품이기 때문에 시장의 작은 충격에도 손익이 크게 움직일 수 있습니다. 예에서 소개한 이들은 모두 선물로 큰 손실을 본 사람들인데요. 선물은 선수 중에 선수들도 파산할 수 있는 시장이기 때문에 고귀하신 독자분들께서는 함부로 선물 거래를 해서는 안 됩니다.

갑자기 큰돈이 생긴 그가 가장 먼저 한 것은, 입지가 좋은 곳에 땅을 사고 그곳에 큰 집을 짓기 시작한 것이었습니다. 그리고는 결혼 비용에만 약 30억 원을 쓰면서 당대 최고급으로 화려하게 결혼식을 올렸습니다. 또한 그를 추앙하는 사람들 사이에서 그는 어느새 '선물의 신神'과 같은 존재가 되어서 수십 명이 그에게 선물 매매하는 비법을 가르쳐 달라면서 따라다녔습니다. 지금과 같은 기세라면 그가 수년 안에 최고의 부자가 될 것 같았으니까요.

하지만 시장의 움직임을 계속해서 맞출 수는 없는 것이고 과소비와 함께 시장 방향을 맞추지 못한 그는 불과 3년 후인 24살에 가진 돈의 대부분을 잃었습니다. 화려하게 짓던 집이 채 완공도 되기 전이었는데요. 결국 그는 이혼을 당했고 심지어 서른 살에는 중풍에 걸려 쓰러지기까지 했습니다. 그러한 상황에서도 선물시장을 전전하던 그는 결국 마흔 살이라는 젊은 나이에 쓸쓸히 세상을 떠났지요.

한편으로는 김구 선생의 제자 강익하康益夏라는 분도 있습니다. 법원에서 근무하면서 억울한 누명을 쓴 조선인들을 많이 도와주었던 그는, 쌀 선물 거래를 통해 큰돈을 벌었습니다. 하지만 그는 이렇게 번 돈을 흥청망청 쓰지 않았습니다. 번 돈으로 가난한 사람을 위해 기부하였고 김구 선생과 이승만 대통령에게 독립 자금을 지원하였으며 해방 후에는 한국 최초의 보험사인 대한생명보험사를 설립하기도 했습니다. 게다가 그의 부인 황온순 여

+) Story
대한생명보험사는
대한독립만세에서
이름을 따왔습니다.
이후 한화그룹이 인수하여
현재 한화생명보험회사로
되었습니다.

사는 6·25 전쟁 시기에 고아원을 세워 1천여 명 이상의 소중한 생명들을 살리셨을 뿐만 아니라 휘경여중과 휘경여고를 세워 수많은 여성 인재들을 육성하기까지 하셨죠.

반복창, 강익하 두 분 모두 큰돈을 벌었지만, 한 명은 리스크 관리와 소비 조절을 못해서 요절까지 했고 또 다른 한 명은 돈을 어떻게 써야 하는지에 대한 좋은 모범을 보여 주었습니다. 돈을 많이 버는 것도 중요하지만 큰돈이 있다면 어떻게 살고 싶은가에 대한 생각도 미리 구체적으로 해 보시면 좋겠습니다. 돈은 버는 것도 어렵지만 쓰는 것은 더 어려울 수도 있으니까요.

베네수엘라의 봄날

베네수엘라를 놓고 서방과 반Anti서방 국가들이 대립하고 있습니다만, 결국 속내를 들여다보면 모두 베네수엘라의 석유를 놓고 계산하기 바쁠 뿐입니다. 베네수엘라가 스스로 일어서지 못하면 계속해서 이용당할 수밖에 없는 것이지요.

베네수엘라가 현재의 상태에서 벗어나기 위해서는 가장 간단하게는 유가가 다시 폭등하는 방법이 있습니다. 지금 당장에야 몇 년간 저유가 시대가 지속되고 있지만 언제 다시 유가가 폭등할지 모릅니다. 하지만 유가가 100달러 이상이 된다 해도 근원적인 문제 해결은 되지 않을 것입니다. '석유'라는 한쪽 바벨에만 의존하고 있기 때문이지요.

상황을 타개하기 위해서는 안정적인 또 다른 바벨을 만들어야 할 텐데요. 이를 위해서는 눈앞의 것에 급급해할 것이 아니라 긴 호흡으로 장기 플랜을 짜서 다른 산업들도 정책적으로 키워 나가야 할 것입니다. 석유는 B&P(Buy&Pray, 사고, 가격이 오르길 기도하기) 전략이 아니라 선물이나, 옵션으로 적절히 헷지하면서 말이죠.

지금은 잘못된 자원의 배분과 부정부패 그리고 비정상적인 정치 상황으로 극심한 경제적 어려움을 겪고 있지만 제대로 된 정권이 들어서고 유가가 오른다면 상황은 금방 바뀔 수 있습니다. 유능한 인재들이 해외에서 다시 고국으로 복귀할 것이며 수많은 투자자들이 베네수엘라의 재건 사업을 위해 투자할 것입니다. 빠른 시일에 베네수엘라에 봄날이 찾아오기를 간절히 소망합니다.

원금을 보호하라 이자가 스스로를 돌볼 것이다.
- 딕슨 왓츠 Dickson Watts

달러는 미국 통화이지만 달러 가치 등락에 따른 문제들은
당신들이 해결해야 할 문제입니다.
The dollar is our currency, but it's your problem.
- 존 코넬리 John Bowden Connally 미국 재무장관

일본

비슷한 부분도 많지만 다른 면도 많은 나라, 양국 대표팀의 스포츠 경기가 열리면 어떤 종목이든 재미있게 볼 수 있는 나라, 수천 년간 서로에게 영향을 주고받는 나라, 과거의 일들을 복기하고 미래를 위해 서로 손잡고 협력해야 하는 중요한 이웃 나라.

일본이 강대국으로 발돋움할 수 있었던 이유

일본은 아시아 대륙의 동쪽 끝에 위치하기 때문에 옛날부터 중국과 한국으로부터 선진 문물을 전수받아야 했습니다. 하지만 어느 순간부터 일본의 힘이 강해졌는데요. 여기에는 여러 가지 이유가 있었습니다.

첫째, 빠른 정보 습득과 기술력입니다. 일본은 16세기부터 유럽의 여러 나라들과 무역을 하면서 빠르게 선진 기술을 받아들였습니다. 덕분에 중국 이외에도 유럽이라는 또 하나의 거대한 문명이 존재한다는 것과 세계의 형국이 어떻게 돌아가는지를 알 수 있었지요. 또한 18세기 러시아가 급속도로 세력을 넓혀 일본과 국경을 맞대자 일본 내에서는 강대국 러시아와 언젠가 충돌할 수 있다는 긴장감이 있었습니다. 게다가 대국으로 알았던 중국이 아편전쟁에서 영국에게 패배하는 모습에 큰 충격을 받은 일본은 더욱더 서양의 선진 기술을 적극적으로 배우려고 했습니다.

둘째, 잦은 자연재해입니다. 태풍과 지진이 자주 발생하다 보니 집이나 다리와 같이 큰 공사를 할 때는 물론이고 작은 물건 하나를 만들 때도 더 튼튼하고 세밀하게 만드는 기술이 필요했습니다. 재해 대비와 복구 작업을 위해 일찍부터 관官을 중심으로 서로 협력할 수밖에 없는 환경이기도 했고요.

셋째, 실력에 맞는 대우를 해 주는 문화의 형성입니다. 일본은 15세기 후반부터 16세기 후반까지 약 100년간 있었던 전국시대戰國時代라는 내전을 겪는데요. 이때는 신하와 군주, 부모와 자식 간에도 배신과 하극상이 난무했고, 어제의 친구가 오늘의 적이 되어 싸우던 시기였습니다. 이런 극한의 상황 속에서 살아남기 위해서는 적극적으로 인재를 등용해야만 했고 그들에게 실력에 걸맞은 대우를 해 주어야 했습니다.

나이, 출신, 계급에 관계없이 어떤 분야이든 전문적인 능력을 보여 준다면 그것에 대한 가치를 인정해 주고 합당한 보상을 해 주는 문화가 정착된 것인데요. 가치를 제대로 인정해 주니 인재들이 자신의 분야에서 최고 장인이 되기 위해 노력하는 선순환으로 연결되었습니다. 장인정신이 퍼지게 되자 서로 믿을 수 있는 신뢰라는 큰 자산이 사회에 쌓이게 되었고요.

여담입니다만, 한번은 일본의 놀이공원에 갔었는데요. 시설과 디자인은 다른 나라의 놀이공원과 큰 차이가 없었지만 한 가지 인상적인 모습이 있었습니다. 그것은 퍼레이드가 곧 시작된다는 안내 방송에 사람들이 놀이 기구를 타다 말고 거의 모두가 퍼레이드를 보러 가는 것이었습니다. 일본의 퍼레이드에는 뭔가 특별한 것이 있나 하는 호기심이 들어 저도 따라갔는데요. 이미 공연 시작 10분 전부터 어린 아이들은 물론이고, 젊은이와 노인분들까지도 퍼레이드 동선을 따라 맨땅에 앉아서 기다리고 있었습니다. 그것도 찬바람이 매서웠던 12월이었음에도 불구하고 말이죠.

드디어 저 멀리에서 퍼레이드가 등장하자 사람들의 환호성이 터져 나왔는데요. 솔직히 퍼레이드는 제 기대치에 못 미쳤습니다. 왜냐하면 그동안 봤던 퍼레이드와 비교했을 때 콘텐츠나 무대 의상 등에서 큰 차이가 없었기 때문이었습니다. 점점 퍼레이드 행렬이 다가오자 사람들의 환호와 함성은 더 커지고 서로 앞다투어 사진 찍기 바빴지만 저는 바라만 보고 있었습니다.

그러다 우연히 퍼레이드 행렬 속에서 피터팬 역할을 맡은 배우와 눈이 마주쳤는데요. 저는 순간 이 배우가 자신을 진짜 피터팬이라 여기고 있다는 것을 느낄 수 있었습니다. 관객들에게는 피터팬 역을 맡은 배우가 그동안 열심히 준비했고 공연에서도 최선을 다할 것이라는 기대와 믿음이 있었기에 미리 앉아서 기다리고 있었던 것이고, 배우는 이 추운 날씨에도 기다려 주고 크게 환호해 주는 관객들의 기대에 반드시 부응해야 한다는 생각에 최선을 다할 수밖에 없는 선순환이 이뤄지고 있었던 것이었죠.

이렇듯 신뢰라는 자산 덕분에 일본 사회는 매우 효율적으로 운영되고 있습니다. 기업은 물건을 제대로 만들고, 대중교통은 정해진 스케줄에 맞춰 안전하게 운행되며, 이름 없는 허름한 식당을 가더라도 그 가게만의 특별한 맛을 기대할 수 있습니다. 국민 개개인이 자신의 일에 책임을 다하면서 서로 신뢰할 수 있다는 부분이 일본의 강한 힘 중 하나가 아닐까 합니다.

외평채와 세계 3위 경제력의 위력

일본의 경제력이 세계 3위^AK라는 것은 잘 알고 있지만 막상 그렇게 와닿지는 않았는데요. 저는 일본의 경제력을 외국환평형기금채권(Exchange Equalization Fund Bond, 이하 **외평채**)을 통해 느끼게 되었습니다.

외평채는 정부가 발행한 채권이되, 자국 화폐가 아닌 달러($)나 유로(€) 등의 타국 화폐로 발행한 채권입니다. 해외 투자자들에게 달러($)나 유로(€)를 빌려서, 그 돈으로 자국 화폐의 환율 안정화를 위해 사용하는 것이지요.

전 세계적인 위기가 오거나, 한국의 경제 상황이 좋지 못할 때는 원(₩)의 가치가 급격하게 떨어질 수(= 원화 약세) 있습니다. 평소에는 1달러($)에 1,000~1,100원 대에서 움직이던 환율이 1997년 IMF 외환위기 때는 1,600원, 2008년 글로벌 금융위기에는 1,400원, 2020년 코로나-19 사태 때는 1,300원까지 올라갔지요. 물론 원(₩)의 가치가 떨어지게 되면 수출이 잘될 수도 있습니다. 하지만 기존에 1달러($) 빚이 있는 기업들은 예전에는 1,000원만 갚으면 되는데 이제는 훨씬 더 많이 갚아야 합니다. 정작 자신의 사업은 잘되는데 환율로 빚이 크게 늘어 망하는 기업들이 속출할 수도 있는 것이죠. 그래서 정부는 원(₩)의 가치를 적절한 수준으로 관리하기 위해 외평채로 빌린 달러($)로 외환시장에 개입하게 됩니다. 달러($)의 가치를 낮추기 위해 시장에서 달러($)를 팔고, 동시에 원(₩)을 사들여 원(₩)의 가치를 높이는 방식으로 말이죠.

이렇듯 외평채는 갑작스러운 외환시장의 움직임에 대비하고, 자국의 외평채가 잘 거래된다는 인식을 글로벌 투자자들에게 심어 주기 위해 세계 각국에서 발행하고 있는데요. 한국 정부 역시도 외평채를 발행하고 있습니다.

> **정부 14억 5000만 달러·유로화 외평채 발행**
>
> 기획재정부는 10일 새벽 14억5000만 달러 규모의 외화 표시 외국환평형기금채권(외평채)을 역대 최저 금리로 발행했다고 밝혔다. 외평채는 외화조달을 목적으로 발행되는 채권으로, 발행자금은 기금에 귀속돼 외환보유액으로 운용된다. 10년 만기 달러화 표시 외평채 발행금리는 1.198%이다.
>
> 기재부는 "세계 경제 불확실성이 지속하는 상황에서 해외투자자들의 한국 경제에 대한 굳건한 신뢰를 재확인했다는 점에 큰 의의가 있다"고 평가했다. 이어 "이번 외평채 발행을 통해 외환보유액을 추가 확충함으로써 향후 금융·외환시장 불안에 대한 대응여력을 강화하게 됐다"고 했다.
>
> 김지영 기자, 이투데이, 2020.09.10 AL

〈2020년 9월, 한국 정부 달러 외평채 발행 내역〉

외평채 만기	미국 국채 금리	한국 외평채 금리	가산 금리 (1bp = 0.01%)
10년	0.698%	1.198% (미국 국채 10년 + 0.5%)	50bp

한국 정부는 미국 정부보다 신용도가 낮기 때문에, 미국 정부가 빌리는 금리에 약간의 가산 금리가 얹혀져 발행됩니다. 2020년에 한국 정부가 발행한 외평채는 미국 정부가 발행한 채권에 비해 0.5% 높은 금리에 발행되었습니다.

    한국정부가 발행한 달러($) 외평채는 믿을 수 있어서 신용등급도 AA0로 매우 높은 데다가 시장에서 잘 거래되는 유동성까지도 풍부하기 때문에 발행 소식이 들리면 곧바로 전 세계 금융기관에서 사자 주문이 몰려듭니다. 좋은 가격으로 거래도 매우 잘되고요. 그렇다면 일본의 달러($) 외평채는 어떨까 궁금했는데요. 흥미롭게도 일본은 달러($) 외평채를 발행하지 않았습니다. 한국을 비롯한 대부분의 나라들이 달러($) 외평채를 발행하는데도 불구하고 일본이 발행하지 않는 이유는 간단했는데요. 그것은 바로 일본 엔(¥)이 경화(硬貨, Hard Currency)이기 때문이었습니다.

경화와 연화

갑작스러운 외환위기가 온다거나 2008년 금융위기와 같은 큰 사건이 벌어진다면 전 세계의 자금들은 즉시 위험을 피해 안전한 자산으로 몰려갑니다. 그렇다면 "위기가 왔을 때 무엇을 가장 믿을 만하고 안전한 자산이라고 할 수 있을까요?"라는 질문에 대해 금융시장에서는 미국의 달러($), 유럽연합의 유로(€) 그리고 일본의 엔(¥)을 사는 것으로 대답합니다. 왜냐하면 아무리 힘들고 상황이 좋지 않더라도 세계적인 강대국들은 다른 나라들보다는 피해가 덜할 것이고, 결국 괜찮아질 것으로 보기 때문입니다.

경화(硬(단단한 경)貨, Hard Currency)는 나라의 살림도 꾸준히 흑자가 유지되고, 기업들은 돈을 잘 벌고 있고, 전 세계 대부분 지역에서 자유롭게 교환할 수 있는 통화를 말합니다. 미국의 달러($), 유럽 연합의 유로(€) 그리고 일본의 엔(¥)이 대표적인 경화이지요.[44]

경화를 제외한 나머지 국가의 화폐들은 연화(軟(부드러운 연)貨, Soft Currency)라고 하는데요. 연화는 경화에 비해 가치가 상대적으로 불안정합니다. 사실 연화를 쓰는 나라들은 조금 억울한 면이 있는데요. 2008년 금융위기 때만 하더라도 미국의 부동산 가격 버블에서 위기가 시작된 것인데, 정작 금융위기가 한창일 때 가치가 높아진 것은 미국의 달러($)였고 경화였습니다. 하지만 미국과 멀리 떨어져 있고, 미국 주택 가격과는 직접적인 연관도 없었으며, 아무 잘못 없던 연화들의 가치는 오히려 폭락했고요.

---

[44] 스위스 프랑(Fr), 영국 파운드(£), 캐나다 달러(CA$)까지 경화로 분류하고 있습니다.

⟨금융위기 이전 2008년 6월 30일부터 금융위기 이후인
2008년 12월 31일의 6개월 간 달러($) 대비 연화 가치 하락 비율⟩

국가	통화	달러 대비 가격 하락 비율
브라질	헤알(R$)	(−) 44.3%
멕시코	페소(Mex$)	(−) 32.7%
터키	리라(₺)	(−) 26.2%
러시아	루블(₽)	(−) 25.4%
인도네시아	루피아(Rp)	(−) 20.5%
한국	원(₩)	(−) 20.4%

　이렇게 짧은 기간에 환율의 가치가 크게 움직일 수 있기 때문에 달러($) 외평채는 중남미나 아시아 국가들만 발행하는 것이 아니고 유럽의 부국인 스웨덴과 경화의 한 종류인 캐나다 달러(CA$)를 찍어 낼 수 있는 캐나다조차도 달러($) 외평채를 발행하고 있습니다. 심지어 세계 제1위 달러($) 보유국인 중국 역시도 달러($) 외평채를 발행하고 있고요.

　하지만 일본의 엔(¥)은 경화이기에 금융위기와 같은 큰 사건이 생긴다면 전 세계 자금들이 엔(¥)을 사기 위해 몰려드는데요. 심지어 2011년 동일본 대지진이라는 불안정 요소로 글로벌 경기에 침체 위기감이 고조되었을 때, 피해 당사국인 일본의 엔(¥) 가치는 오히려 상승하였습니다. 아무리 일본에서 지진이 났어도 그래도 다른 나라보다는 일본이 낫고, 엔(¥)은 믿을 수 있다는 것이었습니다. 한국의 경제력이 더 빨리 커지기를 원하는 데에는 여러 가지 이유가 있지만 그중에 하나는 한국의 원(₩)이 경화가 되어야 어떠한 위기가 오더라도 비교적 쉽게 벗어날 수 있기 때문입니다.

국가	화폐	전 세계 외환시장 거래량 비중	종류
1위 미국	달러($)	44.1%	경화
2위 유로존	유로(€)	16.1%	경화
3위 일본	엔(¥)	8.4%	경화
4위 영국	파운드(£)	6.4%	경화
...	...	...	...
8위 중국	위안(¥[45])	2.2%	연화
...	...	...	...
12위 한국	원(₩)	1.0%	연화

자료 출처: 한국은행^{AM}

중국은 자국 화폐인 위안을 경화로 만들기 위해 많은 노력을 하고 있습니다만, 아직까지 시장에서는 연화로 보는 시각이 더 많습니다. 위기가 생겼을 때 금융기관들이 위안화를 사려고 하기보다는 다른 경화를 사려 하고 있기도 하고요.

---

[45] 중국과 일본은 양국 모두 자국의 화폐를 ¥으로 표기하고 있습니다.

통화 스왑

저는 추위를 많이 타서 여름에도 이불을 덮고 자고, 겨울에는 꽁꽁 껴입고 다닙니다. 그래서 12월이 되면 추위를 피해 따뜻한 미국 플로리다로 한 달 동안 휴가를 가고 싶습니다. 반대로 플로리다에 살고 있지만 겨울을 좋아하는 친구 스티브는 겨울을 만끽하기 위해 한 달 동안 한국으로 휴가를 오고 싶어 합니다. 이때 자동차가 필요한 저와 스티브는 각각 미국과 한국에서 차를 렌트해도 됩니다만, 또 다른 해결책으로는 한 달 동안 서로의 차를 바꾸는 방법도 있습니다. 서로 믿을 수만 있다면 말이죠.

이렇게 상대의 것을 서로 바꾸는 것, 교환하는 것을 '스왑Swap'이라고 하는데요. 이러한 스왑 거래는 금융시장에서 많이 사용됩니다. 그중 대표적인 것이 '통화 스왑Currency Swap'인데요. 서로 가지고 있는 화폐를 교환한다는 것입니다. 저와 스티브가 서로의 지갑을 바꾸는 것이죠. 제가 스티브에게 다음과 같이 제안합니다.

"내가 미국에 있을 때 달러($)가 부족할 수 있으니까 네 지갑에서 1천 달러($) 좀 빌려줄래? 대신에 스티브도 한국에 있는 내 지갑에서 그에 해당하는 한국 돈(₩)을 빌려가는 것은 어때? 물론 한 달 후에 상대의 지갑에 돈을 다시 채워 넣는 것으로 말이지."

이렇게 되면 저는 스티브에게 달러($)를 빌렸지만, 그냥 빌린 것이 아니라 원(₩)을 담보로 맡기고 빌린 것이고, 스티브도 제게 원(₩)을 빌리지만, 그의 달러($)를 담보로 맡기고 빌린 것이 됩니다. 서로 교환하는 방식이지만, 담보를 맡기고 빌렸으니 원금 회수에 대한 안전망도 마련된 셈이지요.

이후 약속한 한 달이 지나면 각각 상대의 지갑에 빌린 돈을 원상태로 채워 넣습니다. 그리고 서로 돈을 빌렸으니, 서로가 빌린 것에 대해 이자도 지불합니다. 저는 달러($)를 빌렸으니 달러($)로 이자를 지급하고, 스티브는 제게 원화(₩)를 빌렸으니 원화(₩)로 이자를 지불합니다. 물론 이자율에 대해서는 빌리기 전에 서로 합의하고요. 이렇게 되면 깔끔하게(?) 저와 스티브가 서로의 필요에 부합하는 거래를 한 셈이 되는데요. 저와 스티브 대신에 한국과 미국을 대입하면 이것이 바로 통화 스왑Currency Swap입니다.

한국과 미국이 통화 스왑을 하면 한국은 원(₩)을 미국에 담보로 맡기고 그 금액에 해당하는 달러($)를 빌려 옵니다. 반대로 미국은 달러($)를 맡기고 그 금액에 해당하는 원(₩)을 빌려 오고요. 그리고 주기적으로 각자 약속된 이자를 지급하고 만기가 되면 서로 빌린 원금도 교환합니다.

그렇다면 통화 스왑을 하면 좋은 점은 무엇일까요? 첫째, 통화 스왑은 양국이 체결만 하면 바로 외화를 조달할 수 있습니다. 연화인 원(₩)을 일정 기간 동안 달러($)라는 경화로 바꿀 수 있기 때문에 통화 스왑은 한국 정부 입장에서는 외평채로 조달하지 않고도 달러($)를 구할 수 있는 좋은 방법이 됩니다. IMF(International Monetary Fund, 국제통화기금)에게 빌리려면[46] 조건을 협상하는 데 시간도 오래 걸리고, 돈을 빌려준 대가로 IMF가 가혹한 조건을 정부에게 요구할 수도 있는 데 반해, 통화 스왑은 이러한 불편함이 덜합니다.

둘째, 빠르게 금융시장을 안정시킬 수 있습니다. 위기가 발생했을 때, 금융기관들이 가장 먼저 하는 것은 연화를 팔고 달러($)와 같은 경화를 사는 것인데요. 일례로, 코로나-19 사태가 한창인 2020년 3월 중순, 세계 금융시장이 크게 흔들리자 한국의 원(₩) 환율도 빠르게 치솟았습니다. 이때 한국의 금융기관들이 외국 은행에게 달러($)를 빌리는 비용도 하루아침에 치솟았는데요. 다행히도 한국 정부가 신속하게 한미韓美 통화 스왑을 체결하자 외환시장은 빠르게 안정을 되찾았습니다.[47]

사실 한국은 미국 달러($)를 가지고 전 세계 무역 결제 및 이자 지급 등으로 쓸 곳이 많지만, 미국은 일부 아시아권에서만 사용되는 원(₩)을 쓸 일이 많지 않습니다. 즉 통화 스왑은 미국이 자신의 동맹국들을 도와주는 방법으로 쓰기도 하며, 협상에서도 자주 꺼내는 큰 카드입니다. 2020년 코로나-19 사태 때도 미국은 한국뿐만 아니라 친한 국가인 덴마크, 노르웨이, 스웨덴, 호주, 뉴질랜드, 브라질, 멕시코, 싱가포르와도 통화 스왑을 맺어 주었습니다.

---

[46] 1997년 외환위기 때 한국이 IMF에게 빌린 긴급자금은 570억 달러, 약 60조 원 정도입니다(2001년 8월에 다 갚았습니다). 570억 달러는 한국의 경제 규모를 고려했을 때 그리 크지 않은 돈이라고 할 수도 있는데요. 원래 마지막 순간에 막지 못하는 대금은 생각보다 작은 금액인 경우가 많습니다.

[47] 사실 저도 이때 외국 은행에게 달러($) 빌리는 비용이 너무 비싸져서 매일 매일 큰 비용을 지불하고 있었습니다. 한미 통화 스왑이 체결되어서야 비로소 외환시장이 안정되었고, 달러($) 빌리는 비용도 낮아져서 안도의 한숨을 내쉴 수 있었죠.

> ### 통화스와프 효과?... 외인 '팔자' 주춤
> 미국 연방준비제도(Fed)는 한국은행 등 9개 중앙은행과 600억 달러 규모의 통화스와프 계약을 체결했다. 이는 2008년 금융위기 당시보다 2배 가까운 금액이다. 지난 금융위기 당시보다 2배 규모인 600억 달러라는 점에서 환율 안정이 기대된다.
> 한달새 13조 원을 팔아치운 외인의 매도세가 주춤하다. 한미가 통화스와프를 체결하면서 달러 신용경색 우려가 완화된 영향으로 풀이된다. 코스피지수는 전일 대비 4.29%(62.59포인트) 올랐으며 원달러 환율도 안정을 찾는 모습이다. 현재 서울 외환시장에서는 원달러 환율이 전일 대비 29.70원(-2.31%) 내린 1256.00원에 거래 중이다.
> 윤기쁨 기자, 이투데이, 2020.03.20

이러한 한미 통화 스왑은 2008년 글로벌 금융위기 때도 체결되었는데요. 이때는 한국이 일본과도 원(₩)-엔(¥) 통화 스왑을 체결했기 때문에 환율을 더 빨리 진정시킬 수 있었습니다. 1997년 외환위기 때는 일본의 은행들이 한국에 빌려준 자금을 회수했던 것이 한국 정부가 IMF에게 구제금융을 신청하게 된 촉매제로 작용했다면[48], 2008년에는 일본이 한국의 편에 서서 든든한 우군이 되어 준 것이었지요.

한국과 비교되는 사례는 러시아입니다. 러시아는 강대국이지만 사용하는 화폐 루블(₽)은 연화인데요. 세계 3위의 원유 생산국이자 천연가스 최대 매장국인 대국 러시아는 2014~2015년에 루블(₽)가치 하락을 막기 위해 약 90조 원어치의 달러($)를 쏟아부었습니다. 차마 미국에게 통화 스왑을 맺자고 말하지 못하는 러시아는 중국에게 손을 내밀어 루블(₽)-위안(¥) 통화 스왑을 맺었지만 연화인 위안(¥)은 큰 도움이 되지 못해 결국 루블(₽)의 가치는 절반으로 폭락하였고 그 이후로도 계속해서 약세를 이어 가고 있습니다(2014년 초 1달러에 35루블이었는데, 2015년 말에는 73루블이 되었습니다. 2020년 9월 말 현재 79루블입니다).

---

[48] 이 시기에는 일본도 금융권의 부실 여신 증가로 금융위기에 몰렸기 때문에 한국을 도와줄 여력이 많지 않았습니다.

외환시장

햇볕이 따사롭게 내리쬐던 어느 오후 강의실, 교수님께서 하신 말씀이 기억나는데요. 그 말씀은 다음과 같았습니다.

"주가, 금리 그리고 환율 이 세 가지 중에 하나만 맞출 수 있다면 세계를 정복할 수 있다."

보통 영화에서 나쁜 악당이 굉장한 무기나 군사력을 통해 세계를 지배하려는 장면이 나오곤 했는데요. 교수님 말씀을 들으니 꼭 그렇게 하지 않아도 세계를 정복(?)할 수 있다는 사실에 깜짝 놀랐습니다. 게다가 셋 다 맞춰야 하는 것도 아니고 셋 중 하나만 맞춰도 된다고 하셔서 세계 정복이 너무 쉬운 것 아니냐 하면서 잠시 흥분하기도 했었죠. 하지만 실제로 주식, 채권, 외환시장의 방향을 맞춘다는 것은 너무나 어려운 일입니다.

그렇다면 주식시장과 채권시장 그리고 외환시장 중에서 어느 시장의 규모가 가장 클까요?
대략적으로 봐서, 주식시장의 크기가 '1'이라면 채권시장은 '10', 외환시장은 '100'입니다. 그만큼 외환시장의 규모는 엄청나게 큰데요. 외환시장의 거래 중에서 무역 거래는 단 2%뿐이고 나머지 98%는 투기 목적입니다. 게다가 외환시장은 개방되어 있기 때문에 국가 권력도 영향을 미치지 못하고 누구를 규제하거나 처벌하기도 어렵습니다. 외환시장은 그야말로 '돈(錢)의 전쟁터'인 셈이지요.

외환 투기의 대표적인 사례는, 영국의 중앙은행인 영국은행Bank of England에 조지 소로스George Soros가 감히(?) 정면 승부를 한 것입니다. 이에 대해 잠시 말씀 드리면, 1990년 통일된 독일은 낙후된 동독東獨 지방의 경제를 살리기 위해 많은 자금을 쏟아부어야 했습니다. 이렇게 막대한 돈이 풀리자 독일 물가도 오르기 시작했는데요. 1920년대 초인플레이션을 경험해서 트라우마가 있던 독일은 인플레이션을 막기 위해 금리를 계속 올렸습니다. 믿을 수 있는 독일에서 9%나 되는 높은 금리를 주니 전 세계의 자금은 독일로 몰려들었고요.

한편 1990년대는 유로(€)가 등장하기 전 단계로, 유럽 국가들은 자국의 환율을 독일 마르크(Deutsche Mark, DM) 대비 ±6%[49] 범위의 변동 폭에서만 움직이기로 합의했습니다. 만일 이 수준을 벗어나게 되면 중앙은행이 직접 개입해서 변동 폭을 맞춰야 했고요. 이것을 'ERM(Exchange Rate Mechanism) 체제'라고 합니다.

그런데 독일이 금리를 올리자 정작 불똥은 영국으로 튀었습니다. 왜냐하면 독일이 금리를 인상함에 따라 마르크(DM)의 가치는 올랐지만[50] 경제가 좋지 못한 영국의 파운드(£)는 마르크(DM)만큼 오르지 못해 6% 이상의 괴리가 발생했기 때문입니다. 물론 영국도 독일처럼 금리를 올리면 문제를 해결할 수 있겠지만, 당시 영국은 경기가 좋지 못한데 금리

---

[49] 엄밀히는 프랑스, 네덜란드, 벨기에 등은 ±2.25%, 영국과 이탈리아 등은 ±6%의 범위에서 움직이기로 하였습니다.

[50] 한국에서 브라질 채권에 투자할 때처럼, 타국에서 독일에 예금하기 위해서는 자국의 통화를 팔고 독일 마르크를 사야 합니다. 당시 독일의 은행들은 9%의 이자를 주었는데요. 그러자 마르크 사자 주문이 전 세계에서 몰려들어 마르크의 가치가 오른 것입니다.

마저 올리면 경기가 더 악화될까 봐 금리 인상을 주저하는 상황이었습니다. 그래서 두 화폐 가치 간의 괴리율을 줄이기 위해 영국은행이 선택한 방법은 외환시장에서 독일 마르크(DM)를 팔고 영국 파운드(£)를 대거 사들이는 것이었습니다.

이것은 본 소로스는 영국은행이 무모한 행동을 한다고 생각해서 영국의 반대편에 베팅하기로 했습니다. 즉 영국의 포지션과 반대인, 파운드(£)를 팔고 마르크(DM)를 계속 사들이는 것이었죠. 소로스는 이곳저곳을 통해 영국은행과 싸울 수 있는 충분한 자금을 빌리면서도, 추가적으로 아군을 확보하기 위해 금융권의 다른 플레이어들에게도 자신의 편에 서서 베팅하라고 호소했습니다.

영국은행은 영국은행대로 소로스를 선두로 하는 투기 세력으로부터 방어할 자금을 준비하면서도 한편으로는 독일 중앙은행에게 도움을 요청하였습니다. 독일에서 금리를 내려 준다면 영국이 금리를 올리는 것과 같은 효과를 볼 수 있기 때문이었지요. 다행히 독일로부터 금리 인하에 대한 긍정적인 답변을 받아 내면서 영국은행은 소로스에게 감히 중앙은행에게 겁 없이 대든 대가가 무엇인지 단단히 보여 줄 준비를 했습니다.

소로스와 영국은행은 양쪽 모두 할 수 있는 최대의 수단과 자금을 동원하면서 둘 중 하나는 치명상을 입는 피 말리는 외환 전쟁을 1992년 9월 1일부터 16일까지 보름 동안 지속하였습니다. 팽팽하게 긴장감이 감돌던 이 기간 동안 영국은 승리를 위해 270억 달러를 쏟아부었는데요. 마지막 순간에 독일이 영국 편을 들지 않으면서[51] 결국 소로스가 승리했습니다. 이 거래를 통해 소로스는 대략 20억 달러(현재 가치 약 4조 원)를 벌었고 '중앙은행을 이긴 남자'라는 별명을 갖게 되었습니다.

이렇게 살벌한(?) 외환시장에서 정부가 반대 세력을 물리치기 위한 수단으로 외평채와 통화 스왑을 활용하는 것입니다. 그렇다면 외평채와 통화 스왑은 각각 어떠한 장단점이 있을까요?

먼저 외평채를 살펴보겠습니다. 한국 정부가 외평채로 달러를 조달할 때는 한국의 신용도가 미국에 비해 낮기 때문에 한국 외평채는 미국 정부가 빌리는 금리보다 조금이라도 더 높은 금리에 빌리게 됩니다. 2020년 9월에 한국 정부가 발행한 만기 10년 외평채가 미국 10년 국채보다 약 0.5%만큼 더 높은 금리에 발행된 것처럼 말이죠.

한국 정부 입장에서는 외평채를 발행해서 조달한 달러($)를 그냥 금고에 놔둘 수는 없는데요. 왜냐하면 외평채 투자자들에게 이자를 약 1년에 3천억 원가량 지급해야 하기 때문에 어떻게든 운용을 해야 합니다(한국은행Bank of Korea과 한국투자공사Korea Investment Corporation, KIC에서 운용합니다). 하지만 이 돈은 국가가 외환위기를 대비하기 위해 마련한 귀중하고 소중한 돈이니, 그야말로 안정적으로 운용해야 하는데요. 이러한 이유로 이 돈으로 대부분의 경우 미국 국채를 삽니다. 그것도 안전한 짧은 만기의 미국 국채로 말이죠.

+) Story

채권은 만기가 짧을수록 더 안전합니다.
원금을 돌려받을 시기가 얼마 안 남았기 때문입니다.

---

51 독일 중앙은행 총재가 한 신문과의 인터뷰에서 영국이 ERM에서 탈퇴해도 상관없다는 뉘앙스로 이야기했습니다. 현재 영국은 다른 유럽 국가들과 달리 자신들의 고유 화폐인 파운드(£)를 사용하고 있는데요. 물론 영국은 스스로에 대한 대단한 자부심이 있고 역사적으로도 독일과 라이벌이었던 이유도 있었지만 이때의 기억도 영향이 있지 않았을까 합니다. 유로(€)는 독일이 주도하는 화폐이기 때문입니다.

하지만 이렇게 되면 한국 정부는 미국 국채보다 높은 금리에 달러($)를 조달해서, 이 돈으로 미국 국채에 투자했으니, 높은 금리로 빌려서 낮은 금리의 채권을 사게 되는 역逆캐리 상황이 발생하게 됩니다. 즉 외환 보유고가 많다는 것은 투기 세력에 대한 방어와 외환시장의 안정화를 꾀할 수 있다는 것뿐 아니라 그만큼 보유 비용이 많이 든다는 것도 의미합니다. 그렇다고 외환 보유고가 아예 없으면 투기 세력의 공격에 노출되니 어느 정도는 보유해야 하는데, 그 적정량이 얼마큼인지를 찾아내는 것이 어려운 부분인 것이죠.

그렇다면 통화 스왑은 어떨까요? 통화 스왑을 하면 달러($)를 찍어 낼 수 있는 미국과 통화 스왑을 하니 투기 세력의 심리적 기세가 꺾이고 함부로 공격할 엄두도 내지 못하게 합니다. 역사에 만일은 없지만, 만일 영국은행과 소로스가 정면승부를 벌였을 때 독일 중앙은행이 영국은행과 통화 스왑을 맺어 주었으면 영국은행이 승기를 잡았을 테고요.[52] 그러나 통화 스왑은 미국의 중요 협상 카드이기 때문에, 한국이 통화 스왑에 상응하는 무엇인가를 미국에게 주거나 양보해야 하는 보이지 않는 비용이 존재하기도 합니다. 이렇게나 저렇게나, 결국 한국이 더 앞으로 나아가기 위해서는 원(₩)을 경화로 만들어야 하는 상황인 것입니다.

---

[52] 이 시기에는 통화 스왑 거래가 활성화되지 않았습니다.

마이너스 금리

2021년 현재, 일본 정부가 발행한 채권은 마이너스 금리에 거래되고 있습니다. 채권금리가 마이너스인 나라는 일본뿐만 아니라 스웨덴, 독일, 덴마크 등도 있는데요. 전 세계의 채권 중 약 30%는 마이너스 금리로 거래되고 있습니다.

채권금리가 마이너스라면, 돈을 빌려준 채권투자자가 이자를 받는 것이 아니라 돈을 빌린 사람에게 오히려 이자를 주는 구조가 됩니다. 예를 들어, 금리가 +1%인 채권은 100원에 사면 만기 때 101원을 받지만, 마이너스 금리 채권은 101원에 사서 만기에 100원을 받는 구조인 것입니다. 이렇게 마이너스 금리가 되면 대표적인 플러스 캐리 자산인 채권도 석유처럼 마이너스 캐리 자산이 되는 것이지요.

그렇다면 이런 불리한 채권을 왜 사는지 궁금하실 텐데요. 그것은 앞으로 금리가 더 내려갈 것으로, 즉 채권 가격이 더 올라갈 것으로 보기 때문입니다. 또한 금융기관들은 운용자산의 안전성을 높이기 위해 자산의 일부분을 반드시 채권으로 담아야 하는 규제가 있기 때문에 마이너스 금리라도 사야 하는 경우가 많습니다.

하지만 은행에 예금했는데 이자까지 내라고 한다면 사람들은 예금을 아예 하지 않으려 할 것입니다. 그래서 은행에서는 마이너스 금리를 적용하지 않고 아주 적더라도 이자를 주기는 하는데요. 보관비 명목 등으로 이런저런 수수료를 따로 떼기 때문에 실제로는 마이너스 금리나 마찬가지입니다.

그렇다면 마이너스 금리 시대에는 돈을 빌리는 사람들이 유리한 것일까요? 절반은 그렇다고 할 수 있고, 절반은 그렇지 않다고 할 수 있습니다. 예를 들어 덴마크에서는 10년 만기 주택 담보 대출의 금리가 -0.5%여서 대출자들은 빌린 돈보다 더 적은 돈을 갚고 있습니다. 돈을 빌리면 빌릴수록 이득인 것이죠. 하지만 대출자에게 마이너스 금리가 무조건 좋은 것은 아닌데요. 은행이 돈도 빌려주고 이자까지 주는데, 만일 대출자가 제대로 갚지 않으면 은행은 큰 손실을 입게 됩니다. 따라서 마이너스 금리일 때 은행은 위험을 최소화하기 위해 신용도가 높은 고객에게만 빌려주게 됩니다. 대출의 문턱이 더 높아지는 것이죠.

금리가 마이너스까지 내려간 이유는 돈을 은행에 예금만 하지 말고 투자를 하라고 정부에서 정책적으로 금리를 내렸기 때문이고, 또 한편으로는 사람들이 노후 대비 모드로 돌아섰기 때문이기도 합니다. 노후의 돈은 절대 잃으면 안 되기 때문에, 금리가 낮은데도 안전 자산인 예금과 채권으로 돈이 몰려드는 것이지요.

그렇다면 금리가 낮은 상황에서 일본인들은 대체 어디에 투자하고 있을까요? 일본인들은 투자하기보다는 현금으로 보관하거나 은행에 예금하는 경우가 많습니다. 은행 금리가 1년에 0.01% 수준인데도 말이죠. 물론 집을 사서 임대업을 하는 경우도 있지만 부동산 투자 비중은 그렇게 높지 않은데요. 일본의 부동산 가격은 1990년대에 정점을 찍은 이후 좀처럼 오르지 않고 있기 때문이었습니다. 2018년 기준 도쿄의 평균 아파트 거래 가격도 약 7천만 엔으로 약 7억 원 부근이었고요.

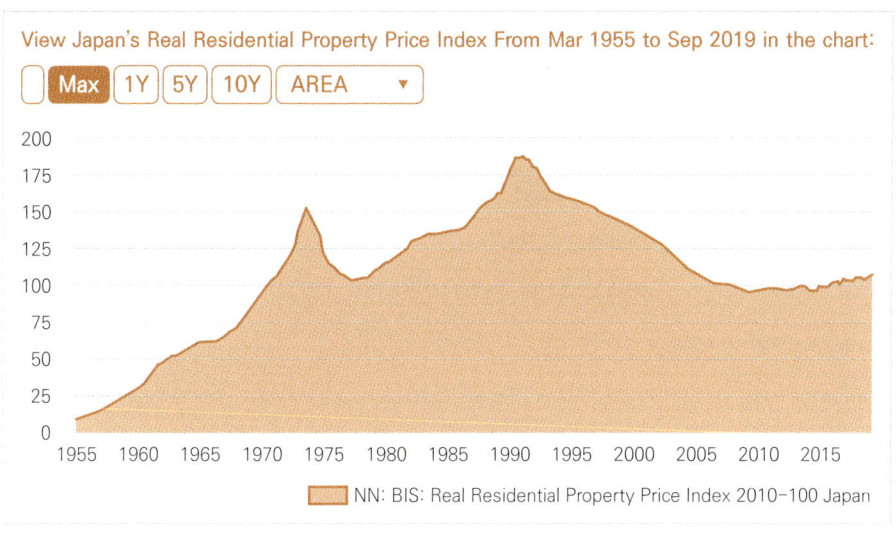

일본 거주용 부동산의 가격 추이[AO]

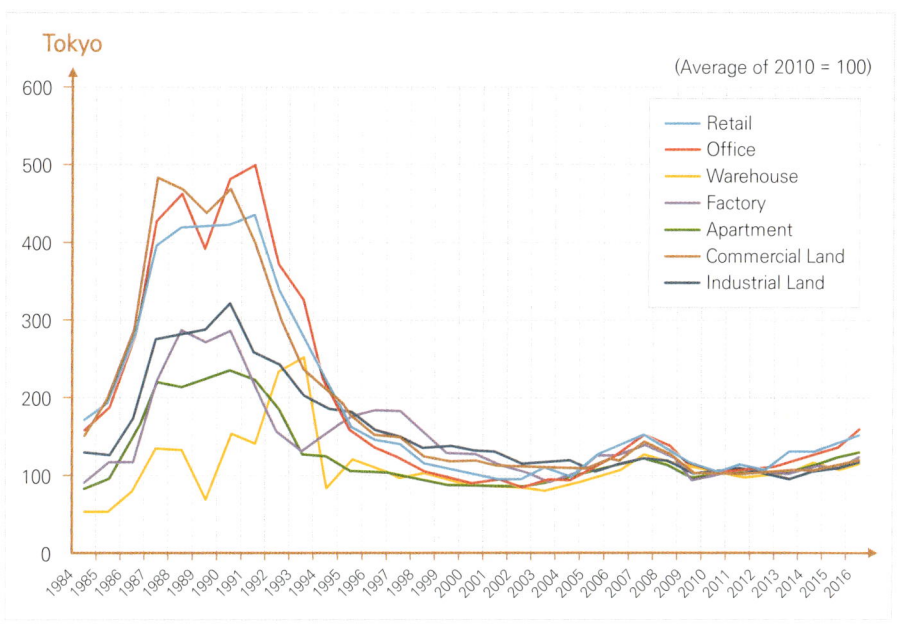

도쿄 부동산 가격 추이[AP]

출처: 일본 국토교통성

4. 일본

2018년 기준, 일본인들은 자신의 금융 자산 중 50% 이상을 현금으로 금고에 넣거나 은행에 예금하고 있을 정도로 현금성 자산을 선호하고 있습니다. 일본인들이 현금을 좋아하는 이유에는 여러 가지가 있겠지만 그중 가장 큰 이유는 그동안 물가가 오르지 않으면서 현금의 가치가 떨어지지 않았기 때문입니다. 1998년 100엔(¥)이었던 물건이 2018년 101.10엔(¥)일 정도로 가격이 거의 오르지 않았습니다(한국은 1998년 100원짜리 물건이 2018년에 162.18원이 되었습니다). 심지어 2012년에는 오히려 95.42엔(¥)으로 더 떨어지기까지 했는데요. 정부의 적극적인 물가 상승 정책으로 그나마 20년 동안 1.1% 오른 것이었습니다.^AQ 이렇게 시간이 지날수록 물건값이 떨어지면 오늘의 돈으로 내일 더 많은 것을 살 수 있기 때문에 낮은 이자율을 받아도 손해가 아닙니다.

하지만 물건값이 안 오른다는 것은 그만큼 물건이 팔리지 않는다는 것이고, 물건이 안 팔리면 회사는 비용 절감을 위해 고용을 줄이게 됩니다. 고용을 줄이면 사람들이 돈이 없어 소비를 줄이게 되니 또다시 물건이 팔리지 않는 악순환에 빠지게 되는데요. 이러한 이유로 물건값이 떨어지는 디플레이션Deflation보다는 차라리 완만히 오르는 인플레이션Inflation이 더 낫다고 할 수 있습니다.

일본인들이 현금과 예금을 선호하는 두 번째 이유는 기대 수명이 늘어났기 때문입니다. 현재 일본인의 평균 수명은 84.67세로서^AR, 53, 평균을 낮추는 요절한 사람들까지 고려하면 실제 수명은 더 길다고 할 수 있습니다. 즉 은퇴 후에도 한참 더 생활해야 한다는 것인데요. 병들었을 때를 대비해야 하는데 함부로 투자하다가 손실을 입으면 만회하기 어렵기 때문에 최대한 안전을 추구하는 것입니다.

53 한국인의 기대 수명은 83.06세입니다.

셋째 이유는 보수적 성향 때문인데요. 일본에는 지금도 지갑에 현금을 넣고 다니는 경우가 많고 신용카드를 받지 않는 가게들도 많습니다. 심지어 일본은 2017년에서야 비로소 맥도널드에서 카드 결제가 가능해졌을 정도이고요. 게다가 중장년층에서는 아직도 ○○페이와 같은 금융 앱도 불편하다며 거의 쓰지 않습니다. 이것은 일본인들이 개인 정보를 매우 중요하게 여긴다고 할 수 있고 또 한편으로는 그동안 아무 문제 없이 잘 살아왔는데 굳이 왜 바꿔야 하냐면서 자신들의 방식을 고수하기 때문이기도 합니다.

넷째는 경험입니다. 미국의 한 연구기관에서는 대공황에 살았던 사람들과 그 이후에 태어난 사람들의 투자성향을 비교하는 연구를 했는데요.[AS] 주식시장의 성과가 좋지 못한 시절을 살았던 사람들은 그렇지 않은 세대의 사람들과 달리 금융에 대한 리스크에 노출되는 것을 꺼린다고 합니다. 즉 과거에 어떠한 경험을 했는지가 동시대인들이 지금 무엇을 사는가에 큰 영향을 끼친다는 것인데요. 1980년대 말 1990년대 초의 부동산 버블과 주식 폭락을 경험해 본 일본인들이기에 현금과 예금에 더 애착을 갖는 것입니다.

와타나베 부인

　일본은 20년 전부터 금리가 1%가 안 될 정도로 오랫동안 저금리가 유지되었는데요. 이렇게 낮은 금리가 오랫동안 지속되자 집안의 경제를 담당하는 일본의 주부들은 더 높은 수익률을 위한 방법을 찾게 되었습니다. 그래서 낮은 금리의 엔(¥)을 빌려 와서, 더 높은 금리를 주는 다른 나라의 금융시장에 투자하기 시작하였습니다. 예를 들면 은행에서 엔(¥)을 1%에 빌리고 이 돈을 환전해서 브라질 정부가 발행한 10% 금리의 헤알(R$) 채권을 사거나, 터키 정부가 발행한 14% 금리의 리라(₺) 채권에 투자하는 것입니다. 이렇게 금리가 낮은 나라에서 빌려, 높은 금리를 주는 나라에 투자하는 거래를 캐리 트레이드Carry Trade라고 합니다. 우리가 낮은 금리로 원(₩)을 빌려 와서 높은 금리의 브라질 헤알(R$) 채권을 산다면 원(₩) 캐리 트레이드인 것이고요.

　와타나베渡辺는 한국의 김씨, 이씨처럼 일본에서 자주 볼 수 있는 성씨인데요. 엔(¥) 캐리 트레이드를 하는 일본 주부들이 글로벌 금융시장에서 끼치는 영향력이 크다 보니 이들을 가리켜 일본의 대표적인 성씨를 따와 '와타나베渡辺 부인'이라 부르기 시작했습니다. 지금은 의미가 더 확대되어 엔(¥) 캐리 트레이드Carry Trade를 하는 일본의 개인 투자자를 일컫는 대명사가 되었고요.

　하지만 빌린 돈은 엔(¥)인데 투자한 자산은 해외 통화이기 때문에, 와타나베 부인들의 투자 성과는 엔(¥)환율과 타국 환율의 움직임에 좌우됩니다. 아무리 터키 리라(₺) 채권이 이자를 많이 준다고 하더라도 리라(₺)의 가치가 폭락하면 다시 엔(¥)으로 바꿀 때 큰 손해를 볼 수 있기 때문입니다.

투자 사례 각 연도별로, 엔(¥)을 리라(₺)로 환전해서 채권을 샀을 때의 1년 후 투자 수익률

2013년 1월
환율 1엔(¥): 2.03리라(₺), 터키 정부가 발행한 리라(₺) 12% 채권에 투자
⇒ 1년 후 환율 1엔(¥): 1.95리라(₺) → 이자 포함 1년간 투자 수익률 +16%

2016년 1월
환율 1엔(¥): 2.42리라(₺), 터키 정부가 발행한 리라(₺) 10% 채권에 투자
⇒ 1년 후 환율 1엔(¥): 3.01리라(₺) → 이자 포함 1년간 투자 수익률 -8.3%

2019년 1월
환율 1엔(¥): 4.82리라(₺), 터키 정부가 발행한 리라(₺) 14% 채권에 투자
⇒ 1년 후 환율 1엔(¥): 5.47리라(₺) → 이자 포함 1년간 투자 수익률 +0.4%

※ 캐리 투자는 이자율보다도 환율의 영향이 수익률에 더 큰 비중을 차지합니다.

와타나베 부인들은 경화를 팔고(-), 연화를 산(+) 포지션인데요. 이것은 평소와 같이 큰 사건이 벌어지지 않는다는, 즉 평균적인 일들이 일어날 것에 베팅한 것과 같습니다. 그래서 연화의 가치가 크게 변동하지 않는다면, 저금리로 빌려 고금리 자산에 투자해서 괜찮은 수익을 얻을 수 있는 것입니다. 하지만 위기 시에는, 즉 평균적이지 않은 일이 일어나면, 연화 가치가 폭락하고 경화 가치는 폭등하기 때문에 큰 손실을 입을 수 있는 리스크도 존재합니다.

이러한 리스크는 와타나베 부인들이 가장 경계하는 상황이기 때문에, 빠르게 행동하는 와타나베 부인들은 해외 불안 요인이 커지면 곧바로 해외 투자 비중을 줄이고 엔(¥)을 다시 사들이려고 합니다. 이것은 전 세계 위기 때 엔(¥)의 가치가 더 높아지게 되는 원인 중에 하나입니다.

아이슬란드 부인 그리고 Korean Paper

유럽 서쪽 끝에는 아이슬란드Iceland라는 나라가 있습니다. 백야White night와 오로라Aurora 그리고 온천으로 유명해서 한 번쯤 꼭 가 보고 싶은 버킷 리스트(Bucket list, 소망 목록)에 있는 나라죠.

2000년대 중반 아이슬란드 중앙은행은 물가 상승을 억제하기 위해 기준금리를 10% 중반까지 올렸습니다. 이자율이 오르자 아이슬란드인들은 이 기회를 이용하려 했는데요. 그들이 생각한 방법도 엔(¥)캐리 트레이딩이었습니다. 은행에서 엔(¥)을 1%에 빌려서, 아이슬란드 화폐인 '크로나(kr)'로 환전한 후, 그 돈으로 아이슬란드 은행의 15% 예금에 가입하는 것이었습니다.

와타나베 부인들이 경화인 엔(¥)을 빌려 신흥국의 연화 채권에 투자했다면, 아이슬란드 부인들은 일본의 엔(¥)을 빌려 연화로 바꾼 후 자국의 은행에 예금한 것입니다. 결론적으로는 와타나베 부인과 아이슬란드 부인 둘 다 경화를 팔고 연화에 투자한 것이지요.

하지만 2006년 1월, 1엔(¥):0.5크로나(kr)였던 환율은 미국에서 시작된 금융위기가 한창이었던 2008년 말에는 1엔(¥):1.6크로나(kr)로, 연화인 크로나(kr)의 가치가 1/3로 폭락했습니다. 아이슬란드 부인들에게는 갚아야 할 엔(¥) 빚이 3배로 늘어난 것이죠. 하지만 막대한 빚을 갚을 길이 없는 아이슬란드 부인들과 엔(¥)을 빌려 온 아이슬란드 은행들은 결국 IMF로부터 구제금융을 받게 되었습니다. 혹독한 구조조정과 함께 아이슬란드 3대 은행들의 손실을 정부가 모두 떠안으면서 은행들은 국유화되었고요.

물론 아이슬란드 부인들이 했던 거래는 수익이 났던 기간이 손해 났던 기간보다 훨씬 더 길었습니다. 몇 년 동안 문제 없었는데 딱 한 번 환율이 크게 바뀌자 버티지 못한 것이죠. 경화를 팔고 연화에 투자하는 캐리 트레이딩은 평소에는 괜찮지만 가끔 오는 위기를 어떻게 피할 수 있는가가 핵심입니다.

한때 한국에서도 많은 의사들이 개업을 위해 낮은 금리의 엔(¥)을 빌렸는데요. 2007년 6월 100엔(¥):745원(₩)이던 환율이 2008년 10월에는 100엔(¥):1,554원(₩)까지 올라가서 빚이 두 배가 된 사례가 있습니다. 이후 정부에서는 더 이상 이러한 피해를 막기 위해 해외에서 쓸 돈이 아니면 외화 대출을 받을 수 없도록 규제했지요.

아이슬란드와 마찬가지로 한국은 '원(₩)'이라는 연화를 사용하고 있는데요. 아이슬란드 부인처럼 경화를 팔고 연화를 산다거나, 연화 자산만 가질 것이 아니라, 오히려 위험에 대비해서 경화 자산에도 함께 투자하는 것이 좋습니다. 위기가 오면 연화인 원(₩)의 가치는 떨어지지만 경화의 가치는 상승하기 때문에 전체 포트폴리오로 봤을 때는 안전한 것이지요.

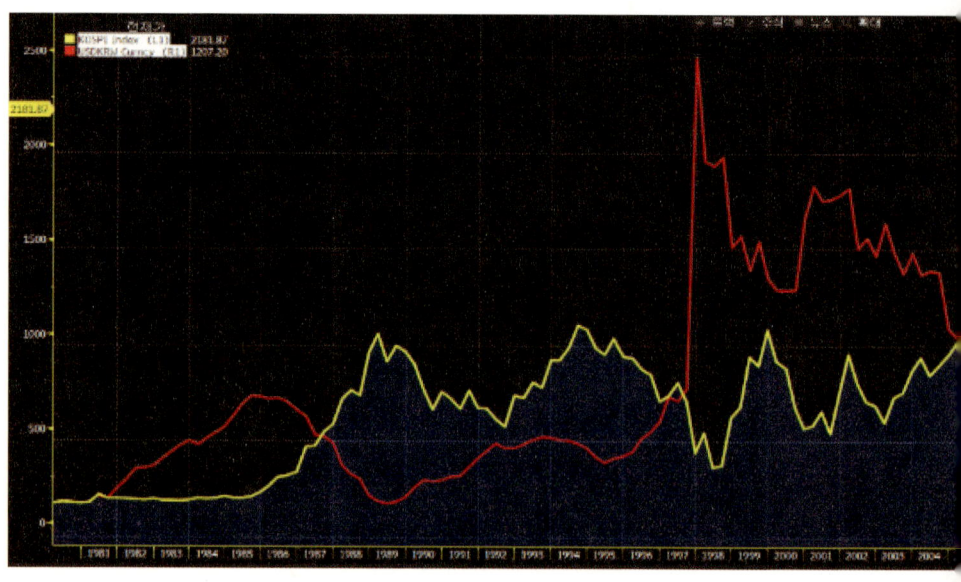

그래프에서 빨간색은 원(₩)/달러($) 환율, 노란색은 KOSPI 주가지수인데요. 지난 약 40년간의 추이를 보면 서로 반대 방향으로 움직이는 것을 볼 수 있습니다. 이렇게 둘의 움직임이 서로 다르게 가는 것을 상관관계가 적다고 하는데요. 한국의 주식시장과 원(₩)/달러($) 환율은 상관관계가 적은 정도가 아니라 오히려 음(-)의 상관관계이기 때문에 서로 좋은 분산투자 방안이 됩니다. 그래서 지난 10년간 한국 주식과 미국 국채에 반반씩 투자했다면 안정적으로 약 연 4%의 수익을 낼 수 있었습니다(한국 주식은 KODEX 200 EFT로, 미국 국채는 ishares 10-20year Treasury Bond ETF으로 계산했습니다).

달러 자산으로는 미국 국채뿐만 아니라 한국 정부와 기업들이 발행한 달러 채권도 좋은 대안이 될 수 있습니다. 한국 기업들이 해외에서 달러와 같은 외화를 조달하기 위해 발행한 채권을 Korean Paper(한국인 증서), 줄여서 KP라고 합니다.

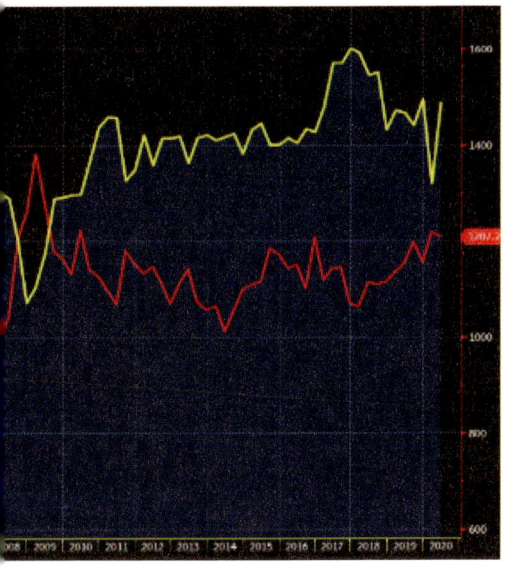

**KOSPI 주가 지수(노란색)와
원(₩)/달러($) 환율(빨간색)그래프**

KOSPI 주가 지수는 한국의 경제 상황을 대표하는 지수입니다. 따라서 KOSPI 지수가 높을 때는 한국 경제가 좋은 시기이기 때문에 원화의 가치도 높아집니다. 반대로 KOSPI 지수가 낮을 때는 한국 경제가 좋지 못한 시기이기 때문에 달러의 가치가 원화보다 더 높아지게 됩니다.

Copyright©2021 Bloomberg Finance L.P.
(출처: Bloomberg Finance L.P.)

한국 정부가 발행한 외화 채권은 외평채이고, 한국 기업들이 발행한 외화 채권은 KP인 것이지요. 이러한 KP는 미국 국채 대비 1~2% 이상의 높은 금리를 주는 매력이 있습니다.

또한 해외에서 달러를 빌리려면 외국 투자자들에게도 잘 알려져 있고, 믿을 수 있는 기업들만 가능하기 때문에 KP를 발행한다는 것은 이 회사가 아주 우량한 회사라는 것을 의미합니다. 요즘은 달러($) 예금을 해도 이자를 거의 주지 않기 때문에(2020년 말 현재 달러 정기예금 6개월 0.1%, 1년 0.2%입니다), 달러를 갖고 있는 개인이나 기업들은 은행에 달러를 예금하기보다는 은행이 발행한 달러($) 채권을 사는 것이 더 높은 수익을 얻을 수 있는 방법입니다.

〈KP의 종류와 예〉[54]

(2020년 9월 기준)

KP 종류	예	순위	등급(S&P 기준)	달러금리
공사채	한국가스공사	선순위	AA0	2025년 만기 1.20%
	한국도로공사	선순위	AA0	2025년 만기 1.20%
	한국전력공사	선순위	AA0	2025년 만기 1.20%
	한국수출입은행	선순위	AA0	2025년 만기 1.20%
	한국산업은행	선순위	AA0	2025년 만기 1.20%
은행채	KEB하나은행	선순위	A+	2025년 만기 1.25%
	신한은행	선순위	A+	2025년 만기 1.25%
	KB은행	선순위	A+	2025년 만기 1.25%
	우리은행	선순위	A0	2024년 만기 1.30%
회사채	LG화학	선순위	BBB+	2024년 만기 1.40%
	SK하이닉스	선순위	BBB+	2024년 만기 1.50%
	포스코	선순위	BBB+	2025년 만기 1.40%
	현대캐피탈아메리카	선순위	BBB+	2025년 만기 2.80%
	대한항공	선순위		2021년 만기 6.00%

한국 정부가 발행하는 외평채는 미국 국채 대비 0.5% 정도 높은 금리에 발행되는데, KP는 미국 국채 대비 1~2% 정도 높은 금리로 발행된다는 것은 그만큼 기업들이 정부보다 신용등급이 낮기 때문에 더 높은 이자로 빌려야 한다는 것을 보여 줍니다. 아무리 좋은 기업이라도 그 나라 정부보다 등급이 높을 수는 없으니까요.

---

[54] 한국 기업들이 달러를 해외에서 구하기 위해 달러 채권을 발행했는데, 한국인들이 달러 채권을 산다면 결국 한국 기업들이 한국인들에게 달러를 빌린 것이기 때문에 원래 발행 목적과 어긋나는 부분이 있습니다. 그래서 한국인들은 한국 기업들이 발행한 달러 채권을 일정 비율만큼만 살 수 있습니다.

더 알아보기 9 달러 전환사채

〈브라질〉편에서 소개한 전환사채가 달러($) 채권에도 있는데요. KP물로 다시 한번 설명드리겠습니다.

〈사례 LG화학 달러 전환사채〉

종목 이름: LGCHM 0 04/16/21[55]		
(달러 표시 채권의 경우 1장당 '100 달러' 기준입니다.)		
세부 사항		설명
발행일	2018년 4월 16일	채권 발행일입니다.
만기일	2021년 4월 16일	채권 만기일입니다.
신용등급	S&P 기준 BBB+	LG화학의 한국 신용평가회사의 등급은 AA+인데 미국의 신용평가회사의 등급으로는 BBB+이니 미국 신용평가회사의 기준이 훨씬 더 엄격한 것을 알 수 있습니다. 일반적으로 BBB-까지 투자 등급으로 분류됩니다.
표면 금리	연 0%	만기 전까지 지급하는 이자율입니다. 등급이 S&P기준으로 BBB+라면 달러 금리가 최소 1% 이상은 되어야 하는데 0%라니 정말 낮은 금리에 발행된 것인데요. 이것은 전환사채 투자자들이 원래 받을 이자보다 더 적은 이자를 받는 방식으로 콜옵션 프리미엄을 지불하기 때문입니다.

---

[55] LG화학이 발행한 채권으로서 금리는 0%이고 만기는 2021년 4월 16일이 만기라는 것을 의미합니다.

세부 사항		설명
만기 보장 수익률	0%	만기 보장 수익률은 만기까지 전환권을 행사하지 않을 경우 투자자에게 보장해 주는 수익률입니다.
만기 상환액	100	투자자가 전환권을 행사하지 않고(= 주식으로 바꾸지 않고) 만기까지 들고 있다는 것은 회사의 주가가 오르지 않았고, 투자자도 수익을 얻지 못했다는 것을 의미하는데요. 그것에 대한 일종의 보상으로서 약속한 이자 이외에 보너스 개념으로 추가 이자를 주는 것입니다. 그것도 복리로 말이죠. 하지만 LG화학의 달러전환사채는 만기 보장 수익률까지도 콜옵션 프리미엄으로 간주하고 주지 않았습니다.
현재 주가 (2020년 12월 7일)	816,000원	현재 주가(816,000원)보다 전환 가격($431.706 달러, 당일 환율 적용 시 467,531원)이 낮기 때문에 채권을 주식으로 전환하면 수익을 얻을 수 있습니다. 그래서 100달러짜리 LG화학 달러전환사채는 174달러에 거래되고 있습니다.
전환 가격 (행사 가격)	431.706달러	

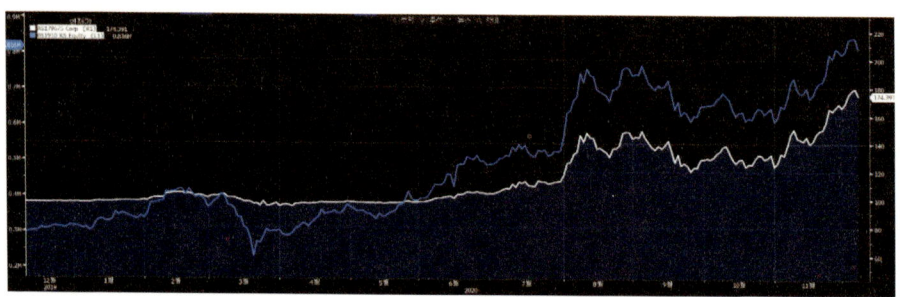

Copyright©2021 Bloomberg Finance L.P.
(출처: Bloomberg Finance L.P.)

2019년 12월부터 2020년 12월까지의 LG화학 달러 전환사채(KP물)의 가격 그래프

하얀색이 LG화학 달러($)전환사채의 가격(우측의 Y축)이고, 파란색이 LG화학 주식의 가격(좌측의 Y축)입니다. LG화학의 주가(파란색)가 올라감과 같이 LG화학 달러($)전환사채의 가격(흰색)도 올라감을 볼 수 있습니다. 흥미로운 것은 LG화학의 주가가 떨어져도 달러($)전환사채의 가격이 크게 변동하지 않는 것입니다. 2020년 3월 코로나로 주가가 폭락했을 때를 보시면, 아무리 주가가 떨어지고 코로나 사태가 심각하더라도 LG화학이 채권의 원금을 갚을 것이라는 믿음이 있었기 때문에 달러($)전환사채의 가격은 거의 떨어지지 않고 일정하게 유지되었습니다. 이후 LG화학의 주식 가격이 오르자 전환사채의 가격도 함께 올랐는데요. 이렇게 전환사채는 가격이 밑으로는 막혀 있고 위로는 열려 있는 좋은 구조입니다.

영구채와 콘솔

그동안 소개해 드린 채권에는 언제까지 원금을 받는다는 만기가 정해져 있었는데요. 영구채는 이름 그대로 만기 없이 이자만 '영원히' 받는 채권입니다. 채권을 발행한 쪽에서는 원금을 갚지 않는 대신에 이자를 영원히 내는 것이고요. 영원히 이자를 갚아야 한다면 빚을 갚는 쪽이 너무 불리한 것이 아닌가 하는 생각도 들 수 있을 텐데요. 시간이 지날수록 돈의 가치가 떨어지기 때문에 이자만 갚아 나가도 부담이 크지 않을 수 있습니다. 일례로, 100년 전인 1920년도에 1달러($)는 현재 가치로는 13.6달러($)에 해당하는데요. 이때 1달러($)를 빌렸다고 100년 후에 13.6달러($)를 갚는 것이 아니라 1달러($)만 갚으면 되는 것이지요.^{AT}

영구채의 대표적인 예는 18세기 중반부터 영국 정부가 발행했던 콘솔Consols입니다. 콘솔을 통해 빌린 돈으로 영국은 산업과 군비에 충당해서 나폴레옹과 싸우고 세계대전에서 승리하는 등 대영 제국의 발판으로 삼았습니다.

네이선 로스차일드[56]Nathan Rothschild가 1815년 워털루 전투로 엄청난 돈을 번 것도 바로 이 콘솔을 통해서였습니다. 영국을 중심으로 한 연합국과 나폴레옹이 이끄는 유럽 최강의 프랑스 육군이 유럽의 패권을 놓고 벌인 전투를 앞두고 로스차일드는 자신의 직원을 전투 현장에 보냈습니다. 만일 영국이 이기면 명실상부 세계 최강대국이 될 것이기에 콘솔 가격은 치솟을 것이었습니다. 하지만 반대로 나폴레옹의 프랑스군이 승리한다면 영국이 돈을 제대로 못 갚을 것이라는 인식으로 콘솔 가격이 폭락할 수도 있는 것이었지요.

---

[56] 로스차일드Rothschild 가문은 유럽 군주들에게 전쟁 비용을 빌려주거나, 전투지 인근에서 군대에게 식량과 무기, 배 등을 살 수 있는 돈이나 금을 빌려주면서 큰돈을 벌었습니다.

+) Story

사실, 이때 로스차일드는 나폴레옹과의 전쟁이 길어질 것이라 생각해서 금을 잔뜩 사 놓은 상태였습니다. 위기 때는 금값이 오를 뿐만 아니라, 영국 군대가 보급품을 살 수 있도록 금을 빌려줄 생각이었기 때문이었습니다. 하지만 전쟁이 단 한 번의 워털루 전투로 끝나 버려 금을 너무 많이 들고 있던 로스차일드는 그동안 쌓은 부의 상당 부분을 잃을 뻔했는데 콘솔 덕분에 금으로 인한 손실을 만회한 것이었습니다.

영국에서는 곧 전투가 임박했다는 소식만 들었지 진행 상황은 어떻게 되는지 모르고 있었는데요. 로스차일드라면 전투의 결과를 알고 있을 것이라 생각했기에 사람들은 매일매일 로스차일드의 움직임을 관찰했습니다. 어느 날 로스차일드는 아침에 시장이 열리자마자 콘솔을 시장에 팔기 시작했는데요. 사람들은 그가 파는 것을 보고 영국 군대가 패했다고 생각해서 너도나도 팔았습니다. 하지만 로스차일드는 그때를 이용해서 낮은 가격에 다시 콘솔을 사들여서 큰돈을 벌었지요.

또한 콘솔은 투자자들에게는 꾸준히 이자 수익을 얻을 수 있는 믿을 수 있는 수단이었습니다. 그래서 콘솔을 얼마나 갖고 있는가는 18세기 이래 영국에서 인기 있는 신랑감의 조건(?)이 되기도 했습니다. 매년 3.0~3.5%의 이자를 꾸준히 정부로부터 받을 수 있기 때문에 결혼 후 생길 수 있는 여러 가지 경제적 위기에 대처할 수 있는 수단으로 본 것이었죠. 연금과 달리 콘솔은 소유자가 사망하더라도 물려받을 수 있어서 가정의 든든한 경제적 안전 장치 역할을 했습니다.

한편, 영구채라고 해서 영원히 갚지 않는 것은 아닙니다. 이름은 영구채라고 하지만, 발행할 때 채권에 **콜Call 옵션**을 넣기도 하는데요. **살 수 있는 권리**인 **콜Call** 옵션을 넣음으로써 발행자가 원할 때 이 채권을 투자자로부터 다시 사들일 수 있습니다. 즉 발행자가 원하면 만기 전에 원금을 상환할 수 있다는 것이죠. 영국 콘솔 채권의 경우는 무려 200년 이상 동안 이자를 지급하면서 최근까지도 거래되었는데요. 2015년에 영국 정부는 콜옵션을 행사해서 원금을 다 갚았습니다.

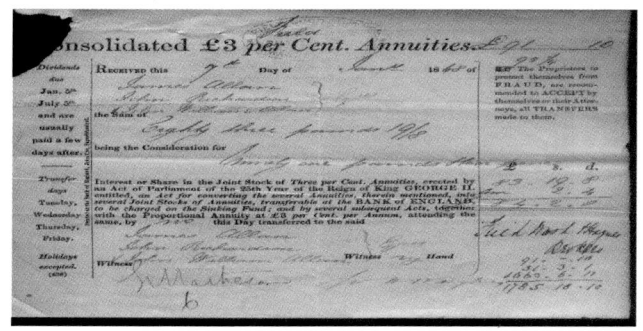

19세기에 영국에서 발행된 3% 콘솔 채권

요즘에는 영구채를 기업에서도 많이 발행하고 있습니다. 영구채는 원금 상환 의무 없이 매년 이자만 지급하면 되기 때문에 주식과 비슷한 부분이 있습니다. 주식도 원금을 상환하지 않고 주주들에게 매년 배당금만 주니까요. 그렇다면 영구채로 조달한 돈은 회사의 자본으로 봐야 할까요? 아니면 타인에게 빌린 돈으로 봐야 할까요? 영구채는 형식은 채권이지만 주식의 성격도 갖고 있기 때문에 회계적으로는 자본으로 봅니다.

자본으로 본다는 것은, 영구채로 조달한 자금은 갚지 않아도 되는 돈으로 본다는 것이고, 회사에 자본이 늘어나면 재무 비율이 좋아집니다. 그러나 자본으로 보기 때문에 회사가 파산하게 되면 영구채 투자자들은 변제 순위에서 밀립니다. 일반적인 변제 순위가 채권-영구채-주식 순인 것이죠. 그 대신에 변제 순위가 밀리는 것에 대한 보상으로 영구채는 일반 채권보다 금리가 더 높습니다. 물론 투자자 입장에서는 조금 더 높은 이자를 받는다고 변제 순위에서 밀리는 것을 좋아하지는 않습니다.

회사 입장에서는 영구채를 발행해서 재무 비율을 좋아지게 만들고 싶고, 그러면서도 영구채 투자자들에게도 안전함을 보장해 주어야 했는데요. 이것을 해결하기 위해 회사는 몇 년 후에 콜옵션을 행사해서 영구채를 다시 사 가겠다고 약속하는 경우가 많습니다. 만일 약속한 시기에 발행사가 콜옵션을 행사하지 않으면 원래 이자율보다 더 높은 이자를 지급해야 하는 불리한 조건을 붙이기도 하면서 말이죠.

이렇게 함으로써 발행사 입장에서는 영구채 발행으로 재무 비율을 좋게 만들 수 있고, 투자자 입장에서는 상대적으로 낮은 위험에 높은 금리를 얻을 수 있게 되었는데요. 이러한 이유로 영구채는 전 세계에서 개인 투자자들 위주로 많이 거래되고 있습니다.

〈영구채 장단점〉

	장점	단점
발행회사 입장	- 재무 비율이 좋아짐 - 원리금 상환 시점 조절 가능	- 높은 이자 비용 부담
투자자 입장	- 높은 금리 수취 가능	- 지급 순위가 늦음 - 부실 기관으로 지정되는 사건이 발생되면 원리금을 받지 못할 수 있음

발행자가 만기일 전에 채권을 되사서 원리금을 갚으면 투자자는 원하지 않은 때에 원리금을 받을 수 있기 때문에 투자 계획이 어긋날 수도 있습니다. 이렇게 투자자에게 불리할 수도 있는 콜옵션을 발행자가 행사할 수 있는 것은 발행자가 투자자에게 "높은 이자"라는 프리미엄을 지불했기 때문입니다.

이와는 반대로, 전환사채는 투자자가 발행자에게 채권을 주식으로 바꾸어 달라는 옵션을 행사할 수 있기 때문에 투자자가 낮은 이자를 받는 방식으로 발행자에게 프리미엄을 지불하는 것입니다. 정리하면 발행자와 투자자 둘 중 어느 쪽이 프리미엄을 지불했는가에 따라 금리가 높아지기도 하고 낮아지기도 합니다.

〈2020년 현재 한국 기업들이 발행한 달러 영구채〉

종목	등급	금리	순위	만기	조건	콜 미행시
한국전력	AA	4.00%	선순위	2096년	콜 없음	-
한화생명	A-	2.50%	후순위	미정	2023년 콜	미국채 5년 금리 + 2.00%로 이자율 조정
교보생명	A-	2.50%	후순위	미정	2022년 콜	미국채 5년 금리 + 2.091%로 이자율 조정
기업은행	BBB0	2.50%	후후순위	미정	2022년 콜	미국채 5년 금리 + 2.085%로 이자율 조정
우리은행	BB+	3.00%	후후순위	미정	2024년 콜	미국채 5년 금리 + 2.664%로 이자율 조정

영구채를 발행한 회사가 콜옵션을 행사하지 않았을 때에는 이자율이 발행한 회사에게 불리한 금리로 조정됩니다. 따라서 기업들은 일단 콜옵션을 행사해서 영구채를 사들이고, 다시 새로운 영구채를 발행하는 것을 더 선호하게 됩니다. 이러한 이유로 특히 한국의 영구채는 국내뿐 아니라 싱가포르와 대만 그리고 홍콩의 개인 투자자들에게도 인기가 많습니다.

초고령 사회

전체 인구 중 65세 이상의 시니어Senior분들의 비율이 20% 이상인 사회를 초고령 사회라고 합니다. 일본은 2006년에 이미 초고령 사회에 진입해서 2019년 현재 시니어의 비율은 28%입니다.[AU] 한국의 경우 지금 속도라면 2025년에 초고령 사회에 진입할 것으로 예상되고요.

국가	전체 인구 중 65세 이상 시니어(Senior) 비율[AV]
독일	21.56%
미국	16.21%
한국	15.06%
중국	11.47%

일본에는 시니어를 타깃으로 한 아이돌(?)도 등장했는데요. 이 아이돌의 평균 연령은 67세이고 최고령은 80세입니다. 그룹 이름도 G(할아버지 爺) Pop이라고 재미있게 지었습니다.

그래서일까요? 한국에서는 광고나 노래, 드라마 등등이 젊은 층을 타깃으로 삼는다면 일본은 광고나 각종 행사에서 시니어분들도 대상으로 하고 있다는 느낌을 받았습니다. 일본 부의 70%를 60세 이상이 보유하고 있기 때문에 이러한 마케팅 타깃의 변화는 당연하다고도 할 수 있습니다.[AW]

시니어 비율이 늘었다는 것은 그만큼 '장수'라는 감사한 선물을 받은 축복받은 사회에서 살고 있다고 할 수 있습니다. 하지만 또 한편으로는 전례 없이 늘어난 소중한 시간을 어떻게 쓸 것인지와 시니어 시기에 어떻게 경제력을 유지할 수 있을까라는 선물 사용법에 대한 숙제도 함께 생겼습니다.

> "나는 10대 시절, 20대 후반인 사람들은 삶과 지혜의 절정기를 맞은 사람들이고, 30대는 이미 중년에 들어섰고 60세를 넘긴 사람들은 노인이라 생각했다. 그러나 75세를 맞은 지금 60대와 70대 초반이 내 삶에서 절정기였던 것으로 생각되며 내 건강이 그대로 유지된다면 85세나 90세에야 노년이 시작할 거라 생각한다."
> – 재레드 다이아몬드 Jared Diamond, 《어제까지의 세계》, 김영사, 2013

일본의 서점에는 《인생은 70세부터가 가장 재미있다》, 《103세, 어디를 둘러봐도 연하뿐이군요》, 《103세가 되어서야 알 게 된 것》과 같은 책들이 있었는데요. 그중에서도 사토 아이코(佐藤愛子)라는 95세 할머니의 《아흔 살: 축하는 무슨, 뭐가 경사야?》라는 책은 2017년에 1백만 권이 팔려서 베스트셀러가 되기도 하였습니다.

그렇다면 100세 시대의 노후에는 대체 어느 정도의 자산이 필요할까요? 이 질문에 대해 일본의 40대는 3천93만 엔(약 3억 3천만 원), 50대는 3천424만 엔(약 3억 6천만 원) 그리고 60대 이상은 3천553만 엔(약 3억 8천만 원)이라고 답하였습니다.[AX] 한국에서는, 은퇴 후 최소한의 한 달 생활비를 평균 198만 원, '적정' 생활비는 평균 290만 원으로 보고 있고요.[AY]

OECD 자료에 따르면 한국의 가구당 평균 순자산은 약 29만^AZ 달러(약 3억 5천만 원), 일본은 약 31만^BA 달러(약 3억 7천만 원)인데요. 은퇴 후 30~40년을 더 산다고 하면 한국과 일본 모두 적정 생활비와 실제 보유 자산 사이에 괴리가 있습니다.[57] 이렇게 이상과 현실과의 괴리를 좁히기 위해 미리 준비하는 방법 중 하나가 바로 연금입니다.

---

[57] 한국은 OECD 국가 중 시니어 빈곤율이 가장 높으며, 2017년 현재 65세 이상 인구 중 44%는 대한민국 중위소득의 절반도 되지 않는 소득으로 살고 있습니다.

공적연금

우리들의 바람에는 여러 가지가 있겠지만 큰 3층짜리 집을 지어서 온 가족들이 함께 모여 사는 것이 그중 하나일 것입니다. 1층은 가족 모두를 위한 공간으로 설계하고, 2층에는 1층에 부족한 부분을 보충하는 특별 시설을 배치하며, 3층에는 가족 개개인이 원하는 각자의 방으로 만들고 말이죠.

우리의 이러한 행복한 바람은 세계은행World Bank이 제시하는 **연금의 3층 구조**와 비슷합니다. 1층에는 모두를 위한 '공적연금'을, 2층에는 공적연금에서 부족한 부분을 채우는 퇴직연금, 그리고 3층에는 개인이 원하는 대로 설계하는 개인연금으로 말이죠.

연금의 3층 구조에서 공적연금이 1층에 있는 이유는 연금 수령액이 가장 많기 때문이 아니라, 가장 기본이 되는 연금이기 때문인데요. 일단 1층에 '공적연금'이라는 기본을 깔고, 2층과 3층에 추가적으로 자신에게 필요한 '사적연금'을 쌓는 구조입니다.

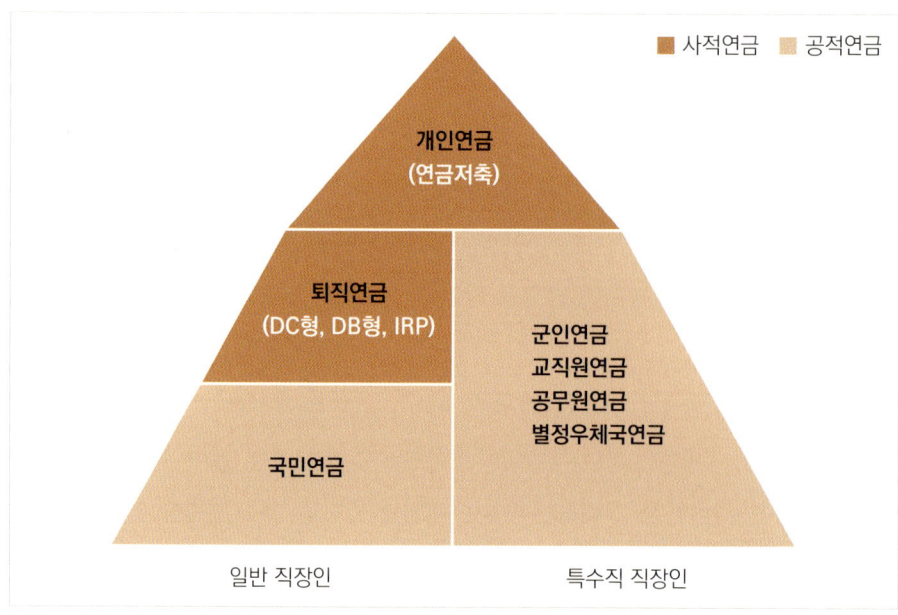

 '공적연금'은 **국민연금**과 **특수직역연금**으로 나눌 수 있습니다. 일반 직장인이 가입하는 것이 **국민연금**이라면, 공무원과 군인, 선생님 그리고 별정 우체국 임직원 등과 같은 특수직 근무자들이 가입하는 것이 **특수직역연금**입니다. 둘 다 가입자의 의사와 관계없이 강제로 가입되고요.

	성격	종류
공적 연금	법률에 따라 의무로 가입해야 하며 국가가 자산을 운용함	- 국민 연금: 일반 직장인 대상 - 특수직역연금: 특수직 근무자 대상 　(예): 군인연금, 공무원연금, 교직원연금, 　　　별정우체국 직원연금 등)

국민연금은 18세 이상 60세 미만의 일반 직장 근로자는 무조건 가입되고, 가입자의 소득 중에 본인이 4.5%[58], 직장이 4.5%를 불입해서 총 9%를 적립합니다.[59] 반면에 특수직역연금은 이분들의 노고를 보상하기 위해 더 많은 금액을 적립시킵니다. 예를 들어 공무원연금은 가입자가 8.5%를, 국가 또는 지방자치단체가 8.5%를 불입해서 총 17%를 적립시킵니다. 이렇게 쌓인 돈을 65세가 되면 연금으로 지급받는 것이지요.

구분	국민연금	공무원연금
본인납입	4.50%	8.50%
직장납입	4.50%	8.50%
합	9.00%	17.00%

이렇게 되면 특수직역종사자들은 공적연금만으로도 어느 정도 금액의 연금을 받을 수 있지만 일반 직장인은 국민연금만으로는 부족하게 되는데요. 이 부족한 부분을 사적연금인 퇴직연금과 개인연금으로 채우는 것입니다.

---

58 월 소득에 무조건 4.5%를 내는 것은 아니고, 월 45만 원이 상한입니다(2020년 현재).
59 종업원 없이 개인 사업하는 분들은 본인이 9% 전액을 부담합니다.

사적 연금 1. 퇴직연금(DB형과 DC형)

1주에 15시간 이상의 근로를 1년 이상 하면 퇴직금을 받게 되는데요. 퇴직금에는 DB형(Defined Benefit, 회사 책임)과 DC형(Defined Contribution, 근로자 책임)이 있습니다. DB형과 DC형의 차이는 퇴직금 재원으로 쌓아 놓은 돈을 누가 운용하는가에 달려 있고요.

먼저 DB형(Defined Benefit 회사 책임)부터 살펴보면, DB형은 직원들이 받는 퇴직 금액이 다음과 같이 정해져 있습니다.

"DB형 퇴직금 = 퇴직 직전 30일 평균임금 × 근속연수"

DB형은 회사가 금융회사에 매년 퇴직금 재원을 입금하고 운용도 지시합니다. 어차피 직원들에게 지급해야 할 퇴직금은 위의 공식으로 정해져 있기 때문에, 운용 성과에 따른 결과는 오롯이 회사의 몫이 됩니다. 운용 성과가 좋으면 회사 수익이 증가하는 것이고, 좋지 못하면 부족한 퇴직금을 회사가 어떻게든 벌충해서라도 위의 공식으로 정해진 퇴직 금액을 직원들에게 지급해야 하는 것입니다.

반면에 DC형(Defined Contribution 근로자 책임)은 근로자가 운용하는 방식입니다. 회사가 매년 근로자 연소득의 1/12(= 한 달 치)를 퇴직금 계좌에 납입하면 각 근로자가 이 금액을 알아서 운용하는 것입니다.

"DC형 퇴직금 = 회사 부담금(연간 임금의 1/12) + 근로자의 운용 수익"

DC형에서 근로자가 운용한다고 해서 직접 주식을 사고 파는 것은 아니고, 투자할 펀드와 투자 비중을 금융회사에게 지시하는 방식입니다. 투자를 했으니 결과가 좋지 못하면 퇴직금이 줄어들 수 있고, 수익이 나면 그만큼 근로자의 퇴직금이 더 많아지는 것이지요.

	DB형	DC형
명칭	회사 입장에서 봤을 때, 회사가 직원에게 미리 정해진(Defined) 퇴직 급여(Benefit)를 준다고 해서 DB형입니다.	회사 입장에서 봤을 때, 회사는 직원이 얼마의 퇴직금을 받든지 간에 미리 정해진(Defined) 부담금(Contribution)만 낸다고 해서 DC형입니다.
퇴직금 금액	퇴직 직전 30일 평균 임금 × 근속 연수	회사 부담금 (연간 임금의 1/12) + 운용 수익
특징	- 회사가 금융회사에 운용을 지시합니다. - 운용에 따른 손실과 수익은 회사에 귀속되며 근로자는 공식으로 정해진 퇴직금만 받습니다.	- 근로자가 금융회사에 운용을 지시합니다. - 회사는 정해진 부담금만 내며, 운용에 따른 손실과 수익은 근로자의 몫입니다.
	만일 본인의 퇴직금 운용 방식이 DB형인지 DC형인지 모른다면 아마도 DB형을 하고 계신 것입니다. DC형이었으면 운용 지시를 한 번이라도 했어야 하기 때문이지요.	
장점	- 퇴직금이 퇴직 연도의 평균 월 소득을 기준으로 산정되기 때문에 임금 인상률이 높으면 유리합니다. - 직원 입장에서는 안정적이고 확정된 퇴직금을 받게 됩니다. - 대기업 근로자, 임금 상승률이 높은 근로자, 장기 근로자에게 유리합니다.	- 운용 실적이 좋으면 DB형보다 더 많은 퇴직금 수령이 가능합니다. - 기업이 매년 퇴직금을 근로자 계좌로 납입하기 때문에 근무하는 회사가 파산한다 하더라도 퇴직 재원은 안정적으로 보장되어 있습니다. - 중소기업 근로자 혹은 임금 상승률이 상대적으로 낮은 업종의 근로자에게 유리합니다.
단점	- 회사가 파산하거나 경영이 악화되면 제대로 퇴직금을 못 받을 수 있습니다. - 운용 성과가 좋다 하더라도 근로자가 혜택을 받지 못합니다.	- 운용 실적이 나쁘면 퇴직금이 줄어들 수 있습니다.

IRP

DB형이든 DC형이든 퇴직을 하게 되면 퇴직금을 받는데요. 퇴직금은 자동적으로 본인의 "**IRP**(Individual Retirement pension, 개인형 퇴직연금)" 계좌로 입금됩니다.

"재직 중 DB, DC형으로 퇴직금 형성 → 퇴직 → 퇴직금은 IRP 계좌로 입금됨"

'퇴직금을 바로 통장으로 넣어 주면 되는데 왜 굳이 귀찮게(?) IRP라는 퇴직연금 계좌를 만들게 해서 IRP 계좌로 입금시키는 이유는 무엇일까?' 하는 생각이 들 수도 있는데요. 여기에는 정부의 깊은 뜻이 담겨 있습니다. 요즘은 한 회사에 평생 다니는 경우가 많지 않아 이직할 때마다 퇴직금을 받는데요. 당장 목돈을 손에 쥐게 되면 쓸 곳이 많다 보니 퇴직금을 바로바로 다 써 버리는 경우가 많습니다. 그래서 정부가 나서서 퇴직금을 은퇴 이후를 대비하는 연금 재원으로 삼게 하려는 것이지요.

하지만 퇴직금으로 지금 사고 싶은 자동차를 사든, 은퇴 이후의 자금으로 모아 놓든, 이것은 지극히 개인의 자유이기 때문에 국가도 강제할 수 없습니다. 그렇기 때문에 정부는 퇴직금을 IRP 계좌로 넣어서 곧바로 출금하기 번거롭게(?) 하는 절차를 만들었으며, 이와 더불어 세금 감면이라는 당근도 함께 제시하였습니다.

퇴직금을 IRP에 넣어 두고, 연금 수령 조건을 만족하는 시기까지 기다리면 퇴직소득세를 30% 감면받을 수 있습니다. 또한 퇴직금 이외에 추가로 IRP에 더 불입하면 13.2%(총 급여 5천500만 원 초과인 경우) 혹은 16.5%(총 급여 5천500만 원 이하인 경우)만큼의 세액공제 혜택을 받을 수도 있고요. IRP에 추가 불입하자마자 일단 13.2% 혹은 16.5%라는 수익을 내고 시작하는 것이기 때문에 매우 좋은 조건이라고 할 수 있습니다.

물론 당장 써야 할 곳이 있다면 퇴직금을 IRP계좌에서 인출할 수도 있는데요. 인출하게 되면 세금 혜택 없이 원래 세율대로 과세된 후의 금액을 받게 됩니다.

〈IRP 정리〉

가입 대상	IRP는 소득이 있으면 누구나 가입이 가능합니다. 즉, 특수직 근무자인 공무원, 군인, 선생님 등도 가입할 수 있습니다.

IRP의
장점
	1. 퇴직 소득세 중에서 30%만큼을 감면 받습니다.
	2. 퇴직금이 아니더라도 매년 1,800만원까지 추가적으로 납부할 수 있으며
	   연말 정산할 때 700만원까지 세액 공제 받을 수 있습니다.
	
	연 소득이 5,500만원 초과인 경우, 연간 700만원을 IRP에 납입하면[60]
	→ 세액 공제율 13.2% × 700만원 = 세액 공제되는 금액 924,000원
	
	연 소득이 5,500만원 이하인 경우, 연간 700만원을 IRP에 납입하면
	→ 세액 공제율 16.5% × 700만원 = 세액 공제되는 금액 1,155,000원
	
	3. 세금을 나중에 내기 때문에 수익을 더 크게 낼 수 있습니다.
	   예를 들어, 1,000만원을 투자해서 이자나 배당으로 100만원의 수익이 생겼다면
	   일반 계좌에서는 그 즉시 이자 소득세로 15.4%인 15만 4천원의 세금을 내야 합니다.
	
	   하지만 IRP는 배당을 포함한 이자 소득세를 지금은 면제해주고
	   나중에 연금 수령 시기에 3.3~5.5%라는 매우 낮은 연금소득세율로 과세 됩니다.
	
	   이것이 별것 아닌 것처럼 보일 수 있지만 지금 당장 이자 소득세를 내지 않고,
	   그 금액으로 재투자 하면 향후 같은 수익률이라도 더 많은 수익을 낼 수 있습니다.

지급
조건
	1. 연금을 수령하려면, 신청을 해야 받을 수 있습니다.
	   "만 55세 이상 + 가입한 후 5년 경과" 이 두 조건을 모두 만족해야 신청할 수 있습니다.
	2. 2013년 이후 가입한 경우, 지급 신청을 하면 일시불로 받는 것이 아니라
	   10년 이상 동안 나눠서 받습니다.

2019년 현재 한국인이 평균적으로 직장을 그만둔 시점은 49.4세이지만,[BB] 국민연금은 만 65세부터 받기 때문에 약 15년 간의 소득 공백 기간이 있습니다. 물론

---

[60] 700만 원 이상을 납부해도 700만 원까지만 세액 공제 대상이 됩니다.

퇴직 이후에도 꾸준히 경제 활동을 하겠지만 그래도 퇴직 전에 비하면 소득이 떨어진 경우가 많은데요. 이때 IRP가 큰 역할을 하는 것입니다.

개인적인 경험을 말씀드리면, 이직이 잦은 증권업계에 있다 보니 저 역시 몇 번의 이직을 하였고 그때마다 퇴직금을 받았습니다. 첫 번째 회사를 옮길 때는 IRP에 대한 개념이 없어서 퇴직금을 받으려면 IRP 계좌에서 인출하라고 해서 IRP로 입금된 퇴직금을 그냥 빼서 썼습니다.

두 번째 이직할 때는 퇴직금을 IRP에서 빼지 않고 그대로 두었는데요. 정말 '그대로 두기만 하고' 전혀 운용하지 않다 보니 낮은 예치 금리만 적용받고 있었습니다. 부랴부랴 주식과 채권 펀드, ETF 그리고 원금이 보장되는 정기예금으로 분산투자 하였지요.

지금은 IRP 계좌에 예치만 하면 1%도 안 되는 낮은 이자를 주기 때문에 더 높은 수익률을 위해서는 IRP에서 펀드나 예금 혹은 ETF를 직접 골라 투자해야 합니다. 퇴직금인데 손실을 보면 안 된다고 생각하면, 원금이 **'보장'**[61]**되는 '(저축) 은행 정기예금'**이나 **원금 보장**을 **'추구'**하는 **'ELB'**[62]**에 투자를 권해** 드립니다. 그냥 두어서 낮은 이자를 적용받는 것보다 단 1%라도 더 높은 수익을 얻을 수 있기 때문입니다.

---

61 원리금 보장은 5천만 원까지입니다.
62 ELB의 구조를 예를 들어 말씀 드리면 다음과 같습니다. ELB를 발행한 증권사가 투자자로부터 돈을 받으면 증권사는 그 돈으로 매우 안전한 채권을 삽니다. 그러면 채권에서 이자를 받을 텐데요. 그 이자를 투자자에게 돌려주는 대신 그 돈으로 프리미엄을 지불하고 옵션을 삽니다. 탈레스가 압착기 주인에게 콜옵션을 사듯이 말이죠. 그래서 유리한 상황이 발생하면(= 탈레스 사례에서 풍년) 옵션에서 수익을 얻을 수 있는 것이고, 유리한 상황이 발생하지 않으면 (= 탈레스 사례에서 풍년이 아니라면) 그냥 옵션은 무용지물이 되지만 그래도 투자자들은 매우 안전한 채권을 갖고 있기 때문에 원금은 보존할 수 있습니다.

사적 연금 2. 개인연금(= 연금저축)

1층에는 무조건 가입해야 하는 공적연금이 있고, 2층에는 퇴직금을 연금의 재원으로 사용하는 IRP가 있다면 3층에는 각 개인이 선택하는 개인연금이 있습니다. 1층의 공적연금은 최저 생활비, 2층의 퇴직연금은 필요 생활비 그리고 3층의 개인연금은 여유 생활비를 위함이라고 할 수 있지요.

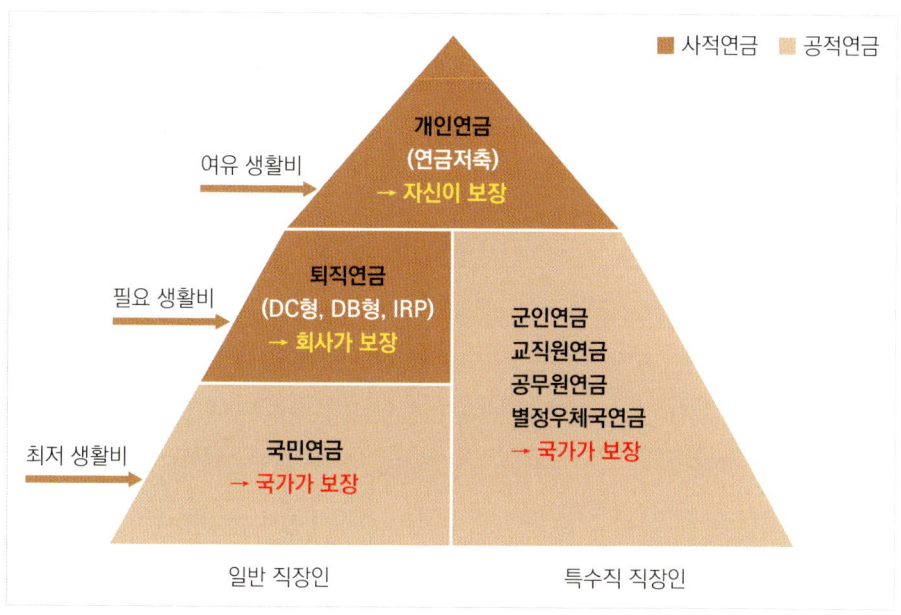

	성격	종류
공적연금 (국가가 보장)	법률에 따라 의무적으로 가입해야 하며 국가가 자산을 운용함	1. 국민 연금: 일반 직장인 대상 2. 특수직역연금: 특수직 근무자 대상 (군인연금, 공무원연금, 교직원연금, 별정우체국 직원연금 등)
사적연금 (회사가 보장 + 자신이 보장)	개인의 자유의사로 가입하며 가입자가 직접 운용함	1. 퇴직연금: DC형, DB형, IRP 2. 개인연금: 연금저축 (연금저축 펀드, 연금저축 보험)

개인연금에는 연금저축 신탁, 연금저축 펀드, 연금저축 보험이 있는데요. 하나같이 **'연금저축'**이라는 이름이 붙어 있습니다. 이 중에서 연금저축 신탁은 기존 고객만 유지 중이어서 현재 가입할 수 있는 개인연금은 '연금저축 펀드'와 '연금저축 보험'만 있습니다.

주변에 보면 본인이 어떤 개인연금(= 연금저축)에 가입한지 모르는 분들도 계신데요. 은행에서 가입했다고 무조건 안전하고 좋은 것은 아니며, 본인이 어떤 연금저축 상품에 가입했는지가 중요합니다. 즉 은행과 증권사에서도 '연금저축 펀드'와 '연금저축 보험'을 모두 팔고 있으니 은행이나 증권사에서 가입했더라도 어떤 상품에 가입했는지 꼭 살펴보셔야 합니다.

종류	연금저축 펀드	연금저축 보험

운용
주체
	- 자산운용사
	  판매는 은행, 증권사에서 합니다.
		- 보험사
		  판매는 은행, 증권사, 보험사에서 합니다.

납입 방식	자유 납부 → 아무 때나 입금 가능합니다.	정기 납부 → 사전 결정된 보험료를 매월 무조건 넣어야 합니다.
적용 금리	펀드 운용에 따른 실적으로 받습니다.	보험사에서 매달 정하는 공시 이율을 받습니다. → 보험사 홈페이지에서 매달 이자율이 공시됩니다.
장점	- 500여 개의 다양한 펀드를 자신이 직접 골라서 투자할 수 있습니다. 예 주식 펀드 + 채권 펀드 + 원유 펀드 - 기간, 횟수에 제한 없이 교체 매매도 가능합니다. - 펀드에서 이익이 날 수 있습니다. - 일반 펀드에서는 매매차익에 대해 15.4%의 과세를 하지만, 연금저축 펀드의 매매 차익은 당장에 과세하지 않고 연금을 수령할 때 3.3~5.5%의 낮은 세율로 과세합니다. - 펀드 선택을 통해 운용 경험을 쌓을 수 있습니다. - 해지하지 않아도 필요 금액만큼 중도 인출 가능합니다. - 수수료가 0.15~1.00%으로 저렴합니다.	- 투자에 따른 성과를 받는 것이 아니라 보험사가 주는 이율대로 받는 것이기 때문에 위험하지 않습니다. - 5년 이상 월 150만 원 이하로 보험료를 납부하고 10년 이상 유지하면 이자소득세 비과세 혜택을 받습니다. - 원금 5천만 원까지 보장됩니다.
단점	- 펀드에서 손실이 날 수 있습니다. - 원금이 비보장됩니다. - 예금자 보호가 되지 않습니다.	- 보험사가 매년 수수료로 약 4%씩 징수합니다. - 수수료가 높기 때문에 가입자는 최소 7년 이상 유지해야 손실이 없습니다.

그렇다면 퇴직연금인 IRP와 개인연금인 연금저축은 어떤 차이점이 있을까요?

〈IRP와 연금저축〉

	IRP	연금저축
연간 세액공제 대상 금액	IRP 단독으로 연간 700만 원	연금저축 단독으로 연간 400만 원
	IRP와 연금저축을 합쳐서 받을 수 있는 세액공제 최대 한도 = 연간 총 700만 원[63]	
연간 불입 가능 금액	IRP + 연금저축을 합쳐서 연간 총 1,800만 원까지 불입 가능합니다. → IRP + 연금저축의 세액공제 한도는 연간 700만 원인데 왜 1,800만 원까지 불입하느냐고 물으실 수 있는데요. 700만 원을 초과한 금액에 대해서는 미래에 세액공제를 받을 수 있습니다. 즉 2020년 1,800만 원을 불입했고 이후 하나도 불입하지 않았다 하더라도 2021년과 2022년에 각각 700만 원과 400만 원을 추가적으로 세액공제 신청할 수 있습니다. (700 + 700 + 400 = 1,800)	
지급 신청	연금을 수령할 때, 낮은 연금 소득세율(3.3~5.5%)로 적용 받으려면 1. "만 55세 이상 + 가입한 후 5년 경과" 두 조건을 모두 만족해야 합니다. 2. 2013년 이후로 가입했다면 10년 이상 동안 나눠서 받아야 합니다.	

[63]

IRP 불입액	연금저축 불입액	세액공제 대상금액
700만 원	0	700만 원(IRP) + 0(연금저축) = **700만 원**
600만 원	100만 원	600만 원(IRP) +100만 원(연금저축) = **700만 원**
500만 원	200만 원	500만 원(IRP) + 200만 원(연금저축) = **700만 원**
400만 원	300만 원	400만 원(IRP) + 300만 원(연금저축) = **700만 원**
300만 원	400만 원	300만 원(IRP) + 400만 원(연금저축) = **700만 원**
200만 원	500만 원	200만 원(IRP) + 400만 원(연금저축) = **600만 원**
100만 원	600만 원	100만 원(IRP) + 400만 원(연금저축) = **500만 원**
0	700만 원	0(IRP) + 400만 원(연금저축) = **400만 원**

⟨IRP와 연금저축⟩

	IRP	연금저축
중도 환매	55세 이전에 돈이 필요하다고 일부만 뺄 수 없습니다. 중도 인출하려면 전액 인출해야 하며 '세제 혜택 받은 납입 금액 + 운용수익'에 대해 16.5%의 기타 소득세를 내야 합니다.	연금저축 펀드는 중간에 원하는 금액만큼 인출 가능합니다 (연금저축 보험은 불가합니다). 단, 중도에 인출하면 세액 환급 받은 금액은 정부에 돌려주어야 합니다. **예1** 작년에 연금저축 펀드에 400만 원을 불입했다면 소득에 따라 13.2% (52.8만 원 = 400만 원 × 13.2%) 혹은 16.5% (66만 원 = 400만 원 × 16.5%)의 세액공제를 받게 됩니다. 하지만 그 후에 400만 원을 인출한다면 세액공제 받은 금액을 돌려주어야 합니다. **예2** 작년에 연금저축 펀드에 600만 원 불입했다면 400만 원에 대해서는 세액공제를 받았고 이를 초과한 200만 원은 세액공제 받지 않았기 때문에 200만 원은 인출해도 과세되지 않습니다.
투자 시 유의사항	- 실적 배당 상품과 원리금 보장 상품 모두 투자 가능합니다. 　**예** 원리금 보장 상품: 정기예금(5천만 원까지), 원금 보장 추구 ELB - 위험을 감소시키기 위해 투자 자금의 30% 이상은 채권과 같은 안전 자산에 투자해야 합니다.	- 연금저축 펀드는 원리금 보장 상품에는 투자할 수 없고 **실적 배당 상품만 투자할 수 있습니다** (연금저축보험은 공시이율만큼만 받습니다). - 투자 대상에 제한이 없어 100% 주식형 펀드에 투자해도 됩니다 (연금저축보험은 공시이율만큼만 받습니다). - 운용할 수 있는 상품이 IRP보다 더 다양합니다.
투자자 사망 시	배우자가 승계하여 연금 수령합니다.	

연금 부분이 지루할 수 있지만, 세금까지 다소 상세하게 설명해 드린 이유는 연금은 정말 꼭 필요한 부분이기 때문입니다. 그동안에는 평균 수명이 짧아 자녀가 으레 부모님께서 돌아가실 때까지 모셨지만 지금은 부모와 자식이 함께 나이 들어 가는 시대입니다. 게다가 핵가족화는 앞으로 더 확산될 것이고요. 연금 하면 '앞으로 먼 미래의 일이라 당장 관계없는 일이다' 혹은 '그때 되면 어떻게든 되겠지'라는 생각보다는 지금부터라도 미래의 자기 자신과 가족을 지켜줄 연금에 더욱 관심을 가지셨으면 합니다.

+) Story
2019년 기준으로 암, 심장질환, 폐렴 이 세 가지를 피한다면 남성의 기대수명은 90.5세, 여자는 92.5세입니다.

더 알아보기 10 소득공제와 세액공제

세금은 번 만큼 내야 하지만 그렇다고 소득 전체에 세금을 부과하지는 않습니다. 특정한 항목들에 대해서는 소득에서 제외해 주는 혜택이 있기 때문입니다. 우리가 실제로 납부하는 세금은 '결정세액'인데요. 결정세액은 다음의 과정을 거쳐 결정됩니다.

1. 총 소득금액 - **소득공제** = 과세표준
2. 과세표준 × 세율 = 산출세액
3. 산출세액 - **세액공제** = 결정세액

소득공제는 소득에서 빼 주는 것이고 세액공제는 세금을 산출한 후에 빼 주는 것입니다.

	소득공제	세액공제
정의	자신의 총소득에서 소득공제 금액만큼을 뺀 금액을 소득으로 인정받아 세금을 계산하는 제도입니다. **총 소득금액 – 소득공제 = 과세표준**	자신의 총소득에서 세율을 적용해 계산된 세금(= 산출세액)에서 일정 비율이나 일정 금액을 공제하는 제도입니다. 세금을 산출한 후에 세액공제만큼 빼 주는 것입니다. **산출세액 – 세액공제 = 결정세액**
예시	다른 소득 없이 연봉만 5천만 원을 받는 회사원 A는 총 소득액이 5천만 원입니다. A가 소득공제와 세액공제에 해당되는 것이 전혀 없어 아무 공제도 받지 못했다면, A의 과세표준은 5천만 원이고, 산출세액은 종합소득세 세율에 따라, 1,200만 원 × 6.6% + 3,400만 원 × 16.5% + 400만 원 × 26.4% = 79.2만 원 + 561만 원 + 105.6만 원 = 754.8만 원이 됩니다. A가 세액공제도 받지 못했으니 산출세액이 곧 결정세액이 되고요. "결정세액 = 754.8만 원" 하지만 소득공제로 700만 원을 받았다면 A의 과세표준은 4,300만 원으로 줄어들고, 1,200만 원 × 6.6% + 3,100만 원 × 16.5% = 79.5만 원 + 511.5만 원 = 591만 원이 산출세액이 됩니다. A가 세액공제를 받지 못했으니 산출세액이 곧 결정세액이 되고요. "결정세액 = 591만 원" A는 700만 원의 소득공제를 받음으로써 기존보다 163.8만 원만큼 세금을 덜 내게 됩니다.	다른 소득 없이 연봉만 5천만 원을 받는 회사원 A는 총 소득액이 5천만 원입니다. A가 소득공제와 세액공제에 해당되는 것이 전혀 없어 아무 공제도 받지 못했다면, A의 과세표준은 5천만 원이고, 산출세액은 종합소득세 세율에 따라, 1,200만 원 × 6.6% + 3,400만 원 × 16.5% + 400만 원 × 26.4% = 79.2만 원 + 561만 원 + 105.6만 원 = 754.8만 원입니다. A가 세액공제도 받지 못했으니 산출세액이 곧 결정세액이 되고요. "결정세액 = 754.8만 원" 그런데 A가 올해 IRP와 연금저축에 각각 400만 원, 300만 원을 불입했다면 A는 세액공제를 받을 수 있습니다. A의 연봉이 5,500만 원 미만이기에 16.5%의 세액공제율을 적용 받아 754.8만 원 – {(400만 원 + 300만 원) × 16.5%} = 754.8만 원(산출세액) – 115.5만 원(세액공제) = 630.3만 원이 결정세액이 됩니다. "결정세액 = 630.3만 원" A는 700만 원의 세액공제를 받음으로써 기존보다 115.5만 원만큼 세금을 덜 내게 됩니다.
	소득공제는 총 소득액에서 빼 주는 것이고, 세액공제는 산출세액에서 빼 주는 것입니다.	

	소득공제	세액공제
항목	인적공제 연금보험료공제(공적연금에 대한 공제이며 연금저축 보험과는 전혀 관계없습니다.) 특별소득공제 기타소득공제	자녀세액공제 연금계좌세액공제(IRP, 연금저축) 특별세액공제 기타세액공제
비교	소득이 클수록 세율도 함께 높아지기 때문에 소득을 줄여주는 소득공제가 고소득자에게 상대적으로 유리합니다.	세액공제는 소득 수준과 관계없이 산출세액에서 공제 금액만큼을 그대로 감면 받기 때문에 저소득자에게 상대적으로 유리합니다.

〈종합소득세 세율〉

과세표준	세율(%)	지방세(%)	합계 세율(%)
1천200만 원 이하	6	0.6	6.6
1천200 ~ 4천600만 원	15	1.5	16.5
4천600 ~ 8천800만 원	24	2.4	26.4
8천800 ~ 1억 5천만 원	35	3.5	38.5
1억 5천만 원 ~ 3억 원 이하	38	3.8	41.8
3 ~ 5억 원	40	4.0	44.0
5억 원 이상	42	4.2	46.2

유사수신

평소에 우리의 능력을 높이 평가하고 있는 한 부자가 어느 날 점심에 초대하더니 이렇게 말했습니다.

"선생님이 적임자라 생각해서 말씀드립니다. 제 돈 100억 원을 1년간 맡길 생각인데 괜찮으시면 이 돈을 맡아서 운용해 주시겠습니까? 저는 욕심이 많지 않은 사람입니다. 제가 바라는 것은 더도 아니고 덜도 아니고 딱 연 7%의 수익입니다. 1년에 딱 7억 원만 벌어 주면 되는 것이죠. 만일 7% 이상의 초과 수익을 얻으시면 그 금액을 다 드리겠습니다. 8억 원을 벌면 초과 수익인 1억 원이, 9억 원을 벌면 2억 원이 모두 선생님의 것입니다.

대신에 조건이 있습니다. 만일 1년간 7% 수익을 못 내면 부족한 부분을 선생님의 돈을 더 넣어서라도 채워야 합니다. 6억만 벌었으면 추가로 1억을, 5억만 벌었다면 2억을 채워 넣어야 하는 것이죠. 선생님은 유능하고 믿을 만한 분이니까 충분히 가능하지 않을까 해요. 식사는 입맛에 맞으셨나요? 저는 치과 예약이 잡혀있어서 이만 실례하겠습니다. 우리 1년 후에 봐요."

이런 제안을 받았다면 우리는 무엇에 투자해야 할까요? 얼핏 보기에 7%쯤이야 얼마든지 낼 수 있을 것 같아 보입니다. 어떻게 보면 쉽게 돈 벌 수 있는 기회 같기도 하고요. 하지만 무조건 7억 이상을 벌어 내야 하고 만일 못 벌면 부족한 부분을 우리가 채워 넣어야 하니 상당히 신중하게 접근할 수밖에 없겠지요.

이 거래는 사실 우리가 7% 금리에 만기 1년인 채권을 100억 원 발행한 것과 같습니다. 부자는 우리에게 돈을 빌려줄 테니 연간 7%의 이자를 달라고 한 것과 같고요. 7% 수익은 결코 작지 않은 것입니다. 왜냐하면 매년 7%씩 수익이 복리로 늘어난다면 부자의 100억은 72법칙에 따라 10년(= 72/7) 만에 원금이 2배인 200억이 되니까요.

우리가 받은 100억으로 안전한 예금에 넣는다 하더라도 현재 은행 예금은 1~2%대에 불과합니다. 여러분이라면 부자가 제안한 이 거래에 응하실 것인가요?

주식은 오르내림의 폭이 크기 때문에 주식에만 투자하는 것은 위험합니다. 부동산도 지금까지는 활황이었지만 앞으로는 어떻게 될지 알 수 없는 데다가 원할 때 팔기가 쉽지 않아 정확히 1년 후 107억을 지급하기 어려울 수도 있습니다. 저금리 시대인 지금, 확정적으로 7%의 수익을 약속하는 것은 아무리 금융시장에서 많은 지식과 오랜 경험이 있다 하더라도 결코 쉽지 않습니다.[64]

우리가 이 제안을 받았다면 바벨 전략을 사용할 수도 있습니다. 안전한 왼쪽 바벨과 변동성이 있는 오른쪽 바벨의 조합으로 말이죠. 왼쪽 바벨에는 국내 채권이나 채권형 ETF로 기본적인 캐리를 깔고 가고 오른쪽으로는 개별 주식, 주식형 ETF, 스팩, 미국 국채, 달러 회사채로 배분할 것입니다. 그리고 시장 상황을 보면서 주식과 채권의 비중을 조절할 것이고요.

어느 날, 지인 C에게 연락이 왔는데요. 인공지능을 이용해서 투자하는 상품이 있는데, 원금 보장은 물론이고 매달 10%의 수익을 준다는데 가입해도 괜찮은지 묻는 것이었습니다. 주변 사람들도 많이 투자했음은 물론이고, 자신에게 이 상품을

---

[64] 만일 믿을 수 있는 기관이 정말 무조건 7%의 수익을 보장하고 그것이 사실이라면 하루 만에 수백조 원이 그곳으로 몰려들 것입니다.

권유한 사람은 이미 돈을 많이 벌어서 주변 사람들에게 잘 쓰고, 볼 때마다 다른 명품 가방을 갖고 다니며, 고급 외제차를 타고 다닌다고 말이죠. 하지만 이 상품은 정부의 인허가를 받은 금융회사가 만든 것이 아니었습니다. 게다가 위에서 보듯이 1년에 7%를 확정적으로 주는 것도 어려운 일인데 원금을 보장해 주면서 매달 높은 수익을 확정적으로 주겠다는 것은 그 어떤 방법으로 운용해도 믿을 수 없는 이야기입니다.

이렇게 정부의 인허가를 받지 않은 비제도권 회사가 불특정 다수를 상대로 자금을 조달하는 것을 '유사수신행위'라고 합니다. 일반적으로 유사수신업체들은 원금을 보장하고 고수익을 약속하는데요. 이성적이라면 믿을 수 없는 감언이설에 속는 것은, 마음은 급한데 금리는 너무 낮아 마땅히 투자할 곳을 찾지 못하고 있기 때문입니다. 인간이라면 누구나 한 번에 빨리 인생을 변화시키고 싶다는 강렬한 욕망을 갖고 있기도 하고요.

유사수신행위에는 몇 가지 전형적인 특징이 있는데요. 원금을 보장해 주고 고수익을 낼 수 있다고 약속합니다. 또한 명품으로 치장하고 비싼 자동차를 타며 최고급 아파트에 거주하는 등의 멋있고 화려한 모습들로 과시합니다. 유력 인사와 함께 찍은 사진도 자랑하면서요. "내가 이렇게 돈이 많고 아는 사람도 많은데 설마하니 당신을 속이겠나요?"라는 안도감을 주면서 "당신도 투자하면 성공(?)할 수 있습니다"는 암시를 주려는 것입니다.[65] 평소에 잘해 주면서 호감을 사다가, 잘나가는(?) 비결이 무엇인지 물어보면 사실은 아무도 모르는 자신들만의 특별한 방법과 최첨단 기법이 있다는 그럴듯한 이야기를 슬쩍 곁들입니다.

---

[65] 주변의 큰 부자들을 보면 남에게 자랑하면 곤란한 일이 생겨서인지는 부자처럼 보이지 않았습니다. 오히려 겉으로 봤을 때는 부자 같지만 실제로는 부자가 아닌 사람들이 더 많았습니다. 증명할 필요가 없는 쪽과 증명하고 싶어 하는 쪽의 차이 때문은 아닐까 합니다.

"요즘 금리도 낮은데 돈 나갈 곳은 많잖아. 나 믿고 투자하면 매월 이자 후하게 잘 줄게."

"좋은 보험 하나 들었다고 생각하고 투자해."

"난 이제 어느 정도 벌었는데 네가 고생하는 게 안쓰러워서 그러는 거야. 너도 남부럽지 않게 한번 살아 봐야지."

물론 처음에는 말이 안 된다며 의심합니다. 하지만 미심쩍어 적은 금액만 넣어 봤는데 정말로 높은 수익금을 몇 번 받으면 반신반의하던 분들도 어느 순간부터 철석같이 믿기 시작합니다. 그래서 더 큰돈을 넣고 나중에는 욕심이 생겨 주변의 돈까지 끌어들이기까지 하고요. 그러면 이제는 "콩이 아무리 굴러 봐야 호박이 한 번 구르는 것만 못하다"면서 수익금을 가져가지 말고 재투자하여 수익을 더 키우라고 권유(?)합니다.

이렇게 점점 많은 사람들이 믿기 시작하고 여기저기에서 많은 돈이 유입되면 그때부터 투자를 권유했던 사람들이 갑자기 종적을 감춰 버립니다. 그동안 지급했던 높은 수익은 새롭게 투자(?)한 사람의 돈을 받아서 나눠 준 것일 뿐이었고요. 게다가 안타깝게도 이러한 사기 행각은 세상 물정 모르고 경험이 적은 어린 대학생들이나 사회 초년생들 혹은 노인분들을 타깃으로 하는 경우가 많습니다. 종교 단체와 같이 서로를 믿고 의지하는 모임 내에서도 종종 일어나고요.

여기서 생각해 볼 것은, 주식(자기자본)과 채권(타인자본)의 개념입니다. 월 10%를 보장하며 투자를 권유한 쪽에서는 돈을 받았다고 우리에게 유사수신업체의 주식을 주지 않습니다. 즉, 우리는 주주가 아니라 돈을 빌려준 채권자의 입장이 되는 것이죠. 한 달에 10%, 1년에 120%의 이자를 주는 채권은 솔깃할 수 있지만 그만큼 뭔가가 문제가 있기 때문에 믿어서는 안 될 금리입니다. 잠깐은 줄 수 있을지 몰라도 절대 계속 유지될 수 없는 구조이니까요.

설사 유사수신업체에서 지분을 준다 하더라도 배당으로 1년에 120%씩 주는 주식도 있을 수 없습니다. 정말로 이렇게 이자나 배당을 많이 줄 수 있을 정도로 잘 번다면 굳이 투자를 유치하기보다는 자신들이 번 돈으로 더 투자하지 우리에게 이렇게 높은 수익금을 지불하면서까지 사업을 하지는 않을 테니까요.

시간이 지나 알고 보니 지인 C는 결국 유사수신업체에 투자(?) 하였는데요. 투자를 권유한 사람이 C에게 호의를 베풀었을 뿐만 아니라 명품을 선물로 주면서 그의 마음을 샀고, 다른 사람들도 다 하고 있다며 안심하게 한 것이었습니다. 설마 하며 조금씩 넣어 봤는데 수익금이 정말로 들어오니 더 큰돈을 넣었고요.

이후의 일은 예상할 수 있는 귀결로 끝났습니다. 정작 자신은 수년간 아끼고 아껴서 맘껏 써 보지도 못했던 그 돈과 주변의 돈까지 끌어모아 남에게 준 것이었습니다. 게다가 1억을 넣으면 한 달에 1천만 원씩 받는 이자율이니 C가 본업을 열심히 했을 리 없고, 그 수익만 믿고 씀씀이도 커지는 등 생업의 리듬도 함께 흐트러진 상황이었습니다.[66]

---

[66] 1천만 원씩 10번 받았으면 원금은 어느 정도 회수하지 않았겠느냐고 생각할 수도 있습니다. 하지만 처음에는 몇 번 수익을 받았지만 시간이 지나자 수익금까지 합쳐서 투자하면 더 벌 수 있다고 해서 실제로 C는 몇 번 받지도 못했습니다. C는 신용위험에 너무 크게 노출된 것이었는데요. 신용위험은 자주 일어나지 않지만 한번 발생하면 원금의 대부분을 잃을 수 있는 치명적인 위험입니다.

유사수신업체, 제2 비트코인으로 투자자 유혹…사기피해 38.5% 증가

60대 남성 A씨는 최근 가상통화에 투자하면 단기간에 100배 이상 수익을 올릴 수 있다는 한 유사수신업체 관계자의 말에 속아 은퇴자금 일부를 투자했다. 이 업체는 실제 존재하지 않는 가상통화를 앞세워 원금손실 가능성이 없다는 말로 A씨를 꾀었다. 유사수신 혐의업체들은 다양한 수익모델로 고수익과 원금을 보장한다며 투자자들을 꾀었다. 특히 가상통화의 경우 가짜 가상통화를 사면 이후 가상통화 공개(ICO)를 통해 수백 배의 이익을 볼 수 있다고 하거나 가상통화 채굴기에 투자하면 채굴을 통해 고수익을 얻을 수 있다고 속였다.

일부 업체는 자신이 비트코인 등 가상통화 매매 전문업체라며 투자 시 원금과 거액의 수익을 보장해주겠다고 호언장담하기도 했다. 이 외에도 외환 차익거래(FX마진거래)나 핀테크, 부동산 개발·매매 등의 사업에 투자해 고수익을 보장한다고 속인 업체도 다수 적발됐다. 또 부동산 전문 투자회사를 가장해 부동산 개발·매매나 관련 부실채권 거래를 통해 고수익을 보장한다고 속인 곳도 있었다.

금감원 관계자는 "은행이나 저축은행의 예·적금 금리 수준을 훨씬 초과하는 고수익과 원금을 보장해 준다고 하면 일단 투자사기를 의심해야 한다"고 강조했다.

차민영 기자, 이투데이, 2018.04.09

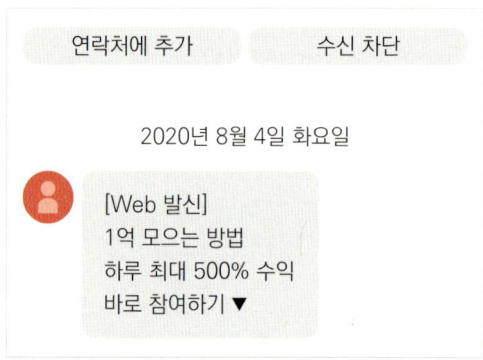

고귀하신 독자분들께서는 이런 허황된 것에 눈길조차도 주어서는 안 됩니다.

> *우리는 그 일이 일어날 것이라는 사실을 모르기 때문이 아니라,*
> *그런 일이 일어나지 않을 것이라는 막연한 믿음 때문에 위험에 처하게 된다.*
>
> – 마크 트웨인 Mark Twain

인간의 기본 본성은 어쩔 수 없기 때문에 남녀노소, 직업의 구분 없이 누구나 쉽게 유혹에 빠질 가능성이 있습니다. 사람 사는 데 정답이 없고, 사람 사이에 비밀이 없으며 세상에 공짜가 없다는 말이 있는데요. 여기에 하나 더 추가한다면 진짜라고 믿기 힘들 정도로 좋다면 가짜일 가능성이 높다는 것입니다.

은행과 증권사 그리고 자산운용사의 차이

가짜 금융기관인 유사수신을 봤으니, 이제는 진짜 금융회사인 은행, 증권사 그리고 자산운용사에 대해 말씀 드리겠습니다.

은행은 예금을 받아서 대출해 주는 금융기관으로서 예금과 대출의 금리 차이가 은행의 주된 수익입니다. 예금은 '요구불 예금'과 '저축성 예금'으로 나눌 수 있는데요. '요구불 예금'은 언제든지 돈을 인출할 수 있는 예금이고, '저축성 예금'은 예금 기간을 정해서 일정 시기에만 돈을 인출할 수 있는 예금입니다.

'요구불 예금'의 대표적인 예가 보통 예금인데요. 보통 예금은 언제든지 돈을 인출할 수 있다는 편리한 장점이 있는 반면 이자는 거의 주지 않는다는 단점도 있습니다. 편리하다고 보통 예금에 돈을 넣기보다 계획을 세워 저축성 예금에 넣어 둔다면 조금이라도 더 많은 이자수익을 얻을 수 있는 것이지요.

'저축성 예금'은 기간을 정해서 일정 시기에만 돈을 인출할 수 있는 예금인데요. 고객이 기간을 정해 예금을 하면 은행의 입장에서는 장기적으로 자금 계획을 세울 수 있다는 이점이 있습니다. 그래서 저축성 예금에는 요구불 예금보다 더 높은 이자를 주는 것이고요.

은행이 받는 예금의 비율을 보면 대략 요구불 예금이 40%, 저축성 예금이 60% 정도 됩니다. 요구불 예금은 고객들에게 이자를 거의 주지 않기 때문에 은행의 입장에서는 저축성 예금보다 요구불 예금 받는 것을 더 선호합니다. 왜냐하면 요구불 예금은 공짜로 예금주들에게 돈을 빌린 것이나 다름없기 때문인데요. 은행이 요구불 예금을 통해 조달한 자금으로, 정부가 발행한 안전한 채권을 사면 그 채권의 이자만큼 고스란히 이익을 낼 수 있습니다.

예금의 종류	예	고객 입장	은행 입장
요구불 예금	보통예금 입출금 예금	장점: 언제든지 입출금이 자유로움 단점: 이자율이 매우 낮음	요구불 예금에는 거의 이자를 지급하지 않기 때문에 은행 수익의 큰 비중을 차지함
저축성 예금	정기예금, 적금	장점: 이자율이 요구불 예금보다 높음 단점: 입출금이 자유롭지 못함	저축성 예금을 받으면 은행은 자금 계획을 세워 운용할 수 있음

그렇다면 증권사는 어떤 일을 할까요? 증권사는 주식, 채권과 같은 유가증권 매매의 중개를 주업으로 하는 금융회사입니다. 집을 사거나 팔 때 부동산 중개인이 매매를 중개해 주듯이 증권사는 주식과 채권의 매매를 중개하는 것이지요. 또한 부동산 중개인이 괜찮아 보이는 집이 있으면 자기 돈으로 그 집을 샀다가 나중에 되파는 것처럼 증권사도 중개만 하는 것이 아니라 자기자본을 투자해서 주식과 채권을 직접 트레이딩 하기도 합니다.

자산운용사는 투자자들의 돈을 모아서 운용하는 회사입니다. 개인이 투자 종목을 직접 고르고 매매 타이밍을 잡아 투자하는 것은 쉽지 않은 일이니 전문가에게 약간의 수수료를 지불하고 돈을 맡기면 잘 운용해 주겠다는 것입니다. 예를 들어, A 자산운용사가 투자자로부터 1천억을 모았다고 하겠습니다. 이렇게 만들어진 1천억은 여러 명이 집합해서 투자했다고 '집합투자'라고 하는데요. 이 집합투자 자금이 바로 펀드입니다. 펀드를 운용하는 사람이 펀드 매니저이고요.

〈펀드와 ETF의 차이점〉

	펀드	ETF
투자 스타일	펀드 매니저의 경험과 노하우로써 운용해서 시장의 평균 성과보다 더 높은 수익을 내려고 합니다. **예** 삼성전자의 시가총액이 한국 주식시장의 30%를 차지하는데, 삼성전자를 좋게 보는 펀드 매니저가 펀드의 자금 중에서 삼성전자의 비중을 35%로 늘리고 다른 회사의 비중은 줄여서 투자하는 것입니다.	시장의 지수와 ETF가 똑같이 움직이도록 투자합니다. **예** 삼성전자의 시가총액이 한국 주식시장의 30%를 차지하면 ETF도 30%만큼의 삼성전자 주식을 삽니다.
상장 여부	대부분의 펀드는 상장시키지 않습니다.[67]	상장되었기 때문에 원할 때면 언제든지 사거나 팔 수 있습니다.
환매 기간	보통의 경우 채권 펀드의 경우 3~4일 주식 펀드의 경우 4~5일	보통의 경우 2일
수수료	– 어디에 투자해야 더 높은 수익률을 낼 수 있을지 펀드 매니저가 조사하고 고민하기 때문에 이에 대한 보상으로 ETF보다 상대적으로 높습니다. – 공모 펀드의 경우 보통 1~2% 수준입니다.	– 시장의 지수 움직임과 똑같이 움직이도록 포트폴리오를 복제하면 되기 때문에, 펀드 매니저가 고민할 필요가 없어서 펀드보다 수수료가 상대적으로 낮습니다. – 보통 0.5% 수준입니다.

금융투자협회에서 운영하는 '펀드다모아'(http://fundamoa.kofia.or.kr/)에 방문하시면 각종 펀드와 ETF의 리스트를 볼 수 있습니다.

자산운용사는 지점이 거의 없기 때문에 펀드는 증권사 혹은 은행을 통해서 판매됩니다. 비록 증권사와 은행에서 펀드에 가입했다 하더라도 증권사와 은행은 펀드의 판매 및 자금 모집 창구일 뿐이고 실제 운용은 자산운용사에서 하는 것입니다.

---

[67] 펀드에는 투자한 자금을 회수하거나 추가로 투자하는 것이 자유로운 **개방형 펀드**와 투자 기간 중에 중도 해지가 불가하고, 추가적으로 투자할 수도 없는 **폐쇄형 펀드**가 있습니다. 폐쇄형 펀드는 중도 해지가 안 되기 때문에 상장 시키는 경우가 있으나 유동성이 풍부하지는 않습니다.

금융회사	하는 일	주된 수입
은행	- 예금과 대출을 실행 - 금융상품 판매(펀드 등)	- 예대 마진 - 판매 수수료
증권사	- 주식, 채권 등의 유가증권 중개 - 금융상품 판매(펀드 등) - 자기자본으로 유가 증권을 직접 매매	- 중개 수수료 - 판매 수수료 - 트레이딩 수익
자산운용사	- 투자자들의 돈을 모아서 펀드 매니저가 운용	- 운용 수수료

자산운용사가 펀드를 모으는 방법에는 공모公募와 사모私募가 있는데요. 말 그대로 공모는 공개적으로 돈을 모으는 것이고, 사모는 사적으로 돈을 모으는 것입니다. 공개적인지, 사적인지를 구별하는 잣대는 투자자의 인원수인데요. 50인 이상의 불특정 다수에게 투자받아서 운용하면 공모펀드이고, 49인 이하의 소수에게 자금을 모아서 운영하면 사모펀드입니다.

공모펀드는 많은 사람들을 대상으로 돈을 모으기 때문에, 적은 금액으로도 가입할 수 있으며, 수수료가 상대적으로 저렴한 편입니다. 또한 투자자 보호를 위해 펀드 매니저가 특정 회사의 주식을 10% 이상 펀드에 담을 수 없는 등의 엄격한 운용 규제도 적용받고 있습니다. 자산운용사는 공모펀드 투자자들에게 가입한 펀드의 위험에 대해 정확히 알려야 하고, 정기적으로 펀드의 성과를 공시해야 하는 의무가 있는데요. 투자자를 보호하기 위한 여러 규제로 인해 공모펀드는 원금을 잃을 가능성이 사모펀드에 비해 낮습니다.

반면에 사모펀드는 금융에 대한 전문적 지식과 경험이 있는 투자자들에게만 돈을 모으는 것으로 간주합니다. 그만큼 가입 요건이 까다로워서 개인 일반투자자라면 최소 3억 원 이상을 투자해야 가입할 수 있고요.[68] 대신에 사모펀드는 공모

---

[68] 단 전문투자자로 등록했다면 최소 투자 금액에 제한을 받지 않습니다.

펀드에 비해 규제를 덜 받고 펀드의 투자자가 누구인지 밝힐 의무도 없으며 얼마나 성과를 냈는지 공시하지 않아도 되는 등 펀드 운용의 자유성이 더 큽니다.

사모펀드의 주된 투자 대상은 비상장 주식, 부동산, 전환사채 등입니다. 또한 펀드로 모은 돈으로 기업을 인수 후 상장시킨다거나, 인수한 회사의 사업부를 여러 개로 쪼갠 후 시장에 다시 파는 등의 다양한 방법을 통해 수익을 극대화하고 있습니다. 하지만 사모펀드는 수수료가 높다는 단점이 있는데요. 기본 수수료를 징수하고 운용의 결과에 따른 성과 보수도 추가로 가져가는 구조이기 때문입니다.

"사모펀드 수수료 = (수익 − 목표 수익) × 성과 보수율"

예) 목표 수익률 Hurdle rate 6%, 기본 수수료 0%,
성과 보수율 20%인 사모펀드에 100억 원 투자
→ 6억을 넘어가는 금액에 대해서 20%만큼의 수수료를 지불하는 것입니다.
→ 만일 1년 후 15%, 즉 15억 원의 수익이 발생했다면 수수료는 다음과 같습니다.
수수료 = [수익 15억 원 − 6억 원(= 100억 × 6%)] × 20% (성과 보수율)
= 9억 원 × 20%
= 1억 8천만 원

〈공모펀드와 사모펀드의 차이〉

구분	공모펀드	사모펀드
위험	(상대적으로) 저·중 위험	(상대적으로) 중·고 위험
수익	(상대적으로) 저·중 수익	(상대적으로) 중·고 수익
최소투자금액	최소 금액 제한 없습니다.	- 전문투자형: 3억 원 이상 - 경영참여형: 5억 원 이상
원금보장 여부	비보장	비보장
투자 모집 인원	50인 이상의 다수	49인 이하의 소수
규제	투자자 보호를 위한 규제가 엄격합니다 1. 투자자 보호를 위해 특정 회사의 주식을 10% 이상 담을 수 없습니다. 2. 분기 1회 이상 투자자에게 운용보고서를 올려야 하기 때문에 펀드 운용이 매우 투명합니다. 3. 펀드를 운용하는 입장에서 시간과 비용이 드는 편입니다.	전문가들이 투자한다고 여겨서 규제가 덜 엄격합니다 1. 전문투자자용 상품으로서 투자자를 보호하는 규제가 적습니다. 2. 운용보고서를 올려야 할 의무가 없기 때문에 투자 후에는 운용 실적을 주기적으로 직접 운용사에 문의해야 합니다. 3. 펀드를 운용하는 입장에서는 시간과 비용이 덜 듭니다.
주된 투자 대상	주식, 채권, 전환사채(CB), 부동산 등	비상장 주식, 부동산, 기업, 전환사채(CB) 등
환매	원하면 가능합니다. 대부분 유동성이 풍부한 자산으로 구성되어 있기 때문입니다.	원한다고 해도 환매하지 못하는 경우가 있습니다. 펀드 자금으로 투자된 자산들이 비유동성 자산인 경우가 많기 때문입니다.
수수료	1. 수수료가 사모펀드에 비해 낮은 편입니다. 2. 펀드 성과에 연동해서 수수료를 받지 않고 정해진 수수료를 받는 경우가 많습니다.	1. 수수료가 상대적으로 높은 편입니다. 수수료 = (수익 − 목표 수익) × 성과 보수율 2. 펀드의 성과에 연동해서 수수료를 받기 때문에 펀드 매니저들이 고위험 자산에 투자할 유인이 있습니다. 3. 도덕적 해이를 방지하기 위해 펀드 매니저들도 자신의 돈을 함께 펀드에 넣게 하는 경우도 있습니다.

세계 최대 공공부채 비율국 vs 세계 최대 채권국

일본의 공공부채는 2017년 GDP 대비 237%로 세계에서 가장 높습니다. 1년 동안 한 국가에서 생산한 물건과 서비스를 모두 합친 것을 GDP라고 할 수 있는데 부채가 GDP 대비 237%라는 것은 일본 국민이 대략 2년 반 동안 아무것도 안 먹고 아무것도 안 쓰고 모아야 갚을 수 있는 엄청난 금액입니다.

〈2020년 현재 각 나라별 GDP 대비 공공부채비율〉[BC]

국가	비율
일본	237%
그리스	174%
이탈리아	133%
미국	106%
프랑스	99%
영국	85%
독일	57%
중국	55%
한국	40%

1980년대까지만 하더라도 일본 공공부채 비율은 GDP 대비 70%대로 양호한 편이었습니다. 하지만 1990년대 버블이 꺼진 이후 일본 정부는 부족한 세금 수입을 충당하기 위해 채권을 많이 발행하였고 경기를 살리기 위한 방법으로 전국적인 토목 공사를 일으켰습니다. 그러나 과장된 수요 예측으로 인해 필요 이상으로 많이 건설되었는데요. 대규모 토목 공사가 경기 상승으로 연결되지도 못했습니다. 일례로 공항을 전국에 98개나 지었지만 현재 대부분의 지방 공항들은 적자로 운영되고 있고요. 하지만 그러던 중에도 채권으로 계속 돈을 빌려서 2000년에는 130%, 2010

년에는 200%가 넘을 정도로 빠르게 부채 비율이 증가하였습니다.

2021년 현재 일본 정부는 예산의 8%를 이자 비용으로 내고 있고 원금을 갚는데 14.3%를 쓰고 있습니다.[BD] 원금과 이자를 갚는 데 예산의 22%를 쓰고 있는 셈인데요. 그나마 이자가 8%밖에 안 되는 이유는 일본 정부 채권의 발행금리가 0.1%로 매우 낮게 유지되고 있는 덕분입니다.[69]

하지만 빚이 이렇게 많은 일본 정부에게도 다행스러운 점이 두 가지 있습니다. 하나는, 엔(¥)이 경화이기 때문에 일본이 따로 외화 채권을 발행하지 않았다는 것입니다. 즉 일본 정부가 진 빚은 모두 엔(¥) 빚이기 때문에 정말로 갚을 돈이 없으면 최후의 수단으로 엔(¥)을 찍어서라도 갚을 수 있습니다.

또 다른 다행스러운 점은 일본 정부가 발행한 채권의 대부분을 일본의 금융기관과 개인들이 샀다는 것입니다. 2018년 12월 기준으로, 일본 정부가 발행한 국채의 약 88%를 일본의 민간 은행들과 보험사 그리고 중앙은행 Bank of Japan이 보유하고 있습니다.[BE] 채무자가 일본 정부인데 채권자는 일본 국민인 셈입니다. 따라서 일본 국민들이 일본 국채를 한꺼번에 팔아 버린다거나 글로벌 위기가 왔다고 더 이상 안 사 줄 염려는 상대적으로 적습니다.

일본 정부가 진 거대한 빚을 해결하기 위해서는 몇 가지 방법이 있는데요. 첫째는 경제 성장으로 소득을 증가시켜서 더 많은 세금을 거둬들이는 것입니다. 이 방법이 가장 좋은 방법이기는 하지만 일본은 산업적으로 성숙된 나라여서 경제 성장률이 크게 향상될 여지가 적습니다(일본의 최근 5년간 연평균 성장률은 1% 수준입니다).

---

[69] 일본 국채는 시장에서 마이너스 금리로 거래되고 있습니다. 발행금리와 시장 거래 금리는 다릅니다.
〈베네수엘라〉의 'PDVSA 채권' 부분을 참고해 주세요.

50점에서 60~70점으로 점수를 올리는 것은 쉽지만 95점에서 97점을 올리기는 어렵듯이 말이죠. 게다가 생산가능 인구까지도 줄고 있는 상황에서 성장한다는 것은 결코 쉽지 않기 때문에 성장을 통한 세수 증대는 크게 기대하기 어렵습니다.

둘째는 큰 인플레이션을 일으켜서 돈 값어치를 떨어뜨리는 것입니다. 인플레이션을 일으키되 경제를 해치지 않는 선에서 온건하게 물가가 상승한다면, 돈의 가치가 떨어짐에 따라 정부의 부담도 경감될 수 있습니다. 하지만 일본 부富의 상당 부분을 쥐고 있는 시니어분들이 소비를 왕성하게 하지 않기 때문에 인플레이션이 발생하기는 쉽지 않습니다. 일본 정부가 희망하는 물가 상승률 목표는 매년 2%이지만 실제로는 20년 동안 단 1% 상승했지요. 게다가 고정급을 받고 있는 연금 생활자들이 많기 때문에 물가 상승으로 인하여 시니어분들의 저축과 고정 연금의 가치를 해치는 것은 정치적으로 위험합니다.

셋째는 세율을 올려 세금을 더 걷는 것입니다. 일본은 5%였던 소비세(한국의 부가가치세입니다, 한국은 10%)를 2014년에 8%로 올렸고, 2019년에 또 한 번 10%로 인상했습니다. OECD와 같은 국제 기구들은 일본의 부채 비율이 너무 높기 때문에 비율을 낮추기 위해 소비세를 15%까지 올릴 것을 권고하고 있어서 일본 정부는 마지못해 따라가는 모양새를 취할 것으로 보입니다.

한편, 일본은 세계에서 가장 공공부채 비율이 높은 나라이기도 하지만 동시에 세계에서 가장 많은 해외 자산을 가지고 있는 나라이기도 합니다. 일본 기업과 정부, 개인이 해외에 보유한 대외 순자산 잔고는 2018년 기준 3조 1천억 달러(약 3천300조 원)로 28년 연속 세계 최대 순채권국의 위치를 차지하고 있습니다.[70]

---

[70] 2위는 독일로 약 2조 7천 달러, 3위는 중국으로 약 2조 달러이며 한국은 약 4천500억 달러입니다. 반대로 가장 많은 빚을 진 나라는 미국 21조 달러인데요. 그럼에도 불구하고 부도가 나지 않는 것은 달러를 찍어 내서 갚을 수 있기 때문입니다.

일본이 이렇게 많은 해외 자산을 가지고 있는 이유 중 하나는, 일본 기업들이 해외 기업을 인수 합병하거나 해외에 지사를 많이 세우기 때문입니다. 성숙해진 일본시장에는 성장 동력이 많지 않으니 해외에서 기회를 찾기 위함이지요.

일본은행Bank of Japan의 자료에 ^{BF} 따르면, 2017년 말 기준 일본이 해외에서 물건을 팔아 벌어들인 돈(상품수지 흑자)은 약 5조 엔(¥)(약 53조 원)인데, 해외 자회사의 배당금과 해외 채권투자로 인한 이자 등으로 받는 돈(소득수지 흑자)은 약 20조 엔(¥)(약 210조 원)으로서 4배나 더 많습니다. 일본 하면 떠오르는 것이 제조업 강국이기에 공산품을 수출해서 경상수지 흑자를 기록하는 줄 알았는데 실제로는 해외 투자로 인한 수입이 흑자의 대부분을 차지하고 있는 것이죠. 즉 일본은 수출이 잘 안 된다 하더라도 경제가 크게 흔들리지 않는 탄탄한 구조를 갖고 있습니다.

더 나은 미래

일본인이 중요하게 생각하는 것을 한 가지 꼽으라면 그것은 아마도 화和가 아닐까 합니다.

자연재해가 많은 일본이기에 이것을 극복하기 위해서는 '모두 함께'를 강조할 수밖에 없었고, '모두 함께' 극복하기 위해서는 주변 사람들과 '조화롭고', '화목하게' 지내는 것을 우선 순위로 놓아야 했기 때문입니다.

이러한 영향 때문이었을까요? 일본에서는 각 마을마다 축제(마츠리, 祭, まつり)를 하는데요. 자신들만의 독특한 복장을 입고 그 고장의 풍습 및 특산물을 연관시킨 콘텐츠로서 많은 사람들과 함께 즐깁니다. 흥미로운 것은 남녀노소 가릴 것 없이 마을의 거의 모든 사람이 다 참여한다는 것입니다. 축제의 주체도 지역 주민 공동체로서 피리를 불 사람, 북을 칠 사람, 전통 의상을 입고 춤 출 사람 등등을 미리 지원받아 모집하고 저녁마다 같이 연습합니다. 축제에 필요한 비용은 그 마을 내의 회사와 상인들에게 후원을 받고요.[71] 이러한

---

[71] 이러한 마츠리는 관광으로 지역 경제에 크게 이바지하는데요. 일례로 아오모리青森 시市에는 2018년 기준 28만 명이 살고 있는데 한 해 방문객은 285만 명이나 됩니다.

마을 공동체 행사를 하다 보면 자연스럽게 공동체 안에서 화和가 형성되는 것이지요.

이러한 화和 문화가 마을뿐 아니라 더 큰 범위로 확대되어서인지, 일본에서는 아직도 조직 내에서 자신의 자리를 지키고 있으면 조직이 자신을 돌볼 것이라는 기대가 있습니다. 금융회사에 다니는 한 일본인 친구는 제가 여러 차례 이직하는 것을 보면서 상당히 놀라워했는데요. 한국의 증권업계에서는 계약 단위가 1년인 경우도 많기 때문에 그다지 놀라운 일이 아니라고 말해도 자신은 한 회사만 다니는 '원 컴퍼니 맨One Company Man'이며 보통의 일본 남자는 공부하고, 한 회사를 다니고, 은퇴하는 3단계의 삶을 살아간다고 하였습니다.

'모두 함께'는 좋은 장점도 많이 있지만 또 한편에서는 역기능도 존재합니다. '모두 함께'이기 때문에 뭔가 방향이 잘못된 것 같다고 느껴져도 내가 앞장서서 '뭔가 이상하다', '이렇게 하면 안 된다'라고 말하기 어려운 분위기가 형성될 수 있기 때문입니다. 또한 '모두 함께'는 책임도 함께 지기 때문에, 어떻게 보면 아무도 책임을 안 진다는 책임 주체에 대한 모호함도 존재합니다.

화和를 강조하다 보니 튀면 안 된다는 생각이 잠재 의식으로 깔려 있고, 자신의 생각이나 의견을 적극적으로 내세우지 않다 보니 좋은 아이디어가 있다 하더라도 창업으로 연결되는 스타트업은 타국에 비해 많지 않습니다. 일례로 전 세계에 1천억 달러를 투자한 일본 소프트뱅크 그룹의 비전펀드Vision Fund는 전 세계 75개 유니콘Unicorn 기업(창업한 지 10년 이하의 기업으로, 기업 가치가 1조 원 이상인 스타트업)에 투자했지만 그중 일본 기업은 하나도 없었습니다. 유니콘 기업은 미국 179개, 중국 93개, 인도 18개, 한국 6개인데 일본은 단 2개뿐이기도 하고요.[BG]

일본은 저성장, 저물가, 저출산이라는 3개의 '낮음'을 극복해야 하는 상황입니다. 전통을 중시하는 것도 좋지만 빠르게 변화하는 시대에 발맞추어 조금씩 튀는 행동을 장려하고, 도전해서 실패해도 다시 일어설 수 있는 사회적 시스템과 법적 제도를 완비하는 것이 필요합니다.

일본은 이미 첨단 기술을 보유하고 있고, 세계 최대의 채권국으로서 받는 엄청난 캐리로 인해 안정적인 왼쪽 바벨이 완성되어 있습니다. 오른쪽 바벨을 만들어 가는 데 힘을 더 실어 준다면 더 좋은 구조를 만들 수 있는 것이지요. 여기에 더해, 독일과 같은 진심 어린 마음으로 주변 국가들과의 관계 개선에 힘을 기울인다면 일본의 미래는 훨씬 더 밝아질 것입니다.

에필로그

1 비행기에서 잠은 잘 주무셨나요?

우리는 그동안 브라질, 인도, 베네수엘라, 일본으로 그랜드 투어Grand Tour를 다니면서 각 나라의 금융과 관련된 여러 가지 현상들을 살펴보았고, 그것을 통해 금융 개념과 투자 가능한 상품들도 함께 알아보았습니다.

그렇다면 그동안 배웠던 것들 중에서 명심해야 할 가장 중요한 개념은 무엇일까요? 집안의 경제를 책임지시는 고귀하신 분들께서 다른 것은 몰라도 이것 하나만큼은 꼭 명심하셔야 하는 것이 무엇일까 저도 곰곰이 생각했는데요. 제 마음속의 대답은 '복리'였습니다.

이자에 이자가 붙는 복리는 이자율과 시간이 만나면 엄청난 보상이 생긴다는 것을 의미합니다. 차곡차곡 쌓인 원금과 이자들은 시간이 지나면서 우리 자신과 우리가 돌봐야 할 소중한 분들에게 큰 힘으로 작용할 것이고요.

그렇다면, 복리에서 이자율과 시간 둘 중 어떤 것이 더 중요하다고 할 수 있을까요? 이 질문에 대해서도 다양한 답변이 있겠지만 제대로 된 복리 효과를 거두려면 둘 다 필요합니다. 다만 두 마리 토끼를 동시에 다 잡는다는 것이 어려운 일이듯이 우리가 이자율과 시간 둘 중 어디에 더 포커스를 맞출 것인가가 관건인 것이죠.

2

탈무드에서는 인간을 3단계로 분류했습니다.

1단계는 어질고 총명하다는 '현인賢人'이고, 2단계는 형이상학, 윤리, 논리에 대해 연구하고 지혜를 사랑한다는 '철학자哲學者'입니다. 그렇다면 현인과 철학자를 뛰어넘는 가장 높은 3단계는 누구이고 그는 과연 어떤 경지에 도달한 것일까요? 탈무드에서 본 최상위 3단계는 다름 아닌 '학생學生'입니다.

> 나는 성공한 사람을 많이 보았다.
> 가장 똑똑하지도 않고, 가장 부지런하지도 않은 사람이 성공하는 경우를 꽤 봤다.
> 그들의 공통점은 학습기계라는 것이다.
> 그들은 일어났을 때보다 조금 더 똑똑한 채로 잠자리에 든다.
> – 찰리 멍거 Charles Thomas Munger

학생의 자세로 계속해서 배워 나간다면 지식이 쌓일 뿐만 아니라, 시간이 갈수록 습득의 속도도 매우 빨라질 것입니다. 배경지식이 풍부하면 하나를 들어도 여러 가지를 이해할 수 있을 테니까요. 즉 복리의 효과는 자산뿐만 아니라 학습에서도 충분히 그 효과를 발휘합니다.

3

복리를 더 넓은 개념으로 확장시켜 본다면, 이자율 대신 변동성 V를 넣어 볼 수도 있습니다. 우리가 무언가 V를 만들어 내면, 시간이 지나면서 V가 또 다른 V를 불러오는 선순환으로 이어지는 것이지요.

물론 V에는 대단하고 거창한 V들도 있을 것입니다. 하지만 주어진 환경 속에서 일상의 업무들로 하루하루를 살아가는 우리로서는 대단한 V를 만들어 낸다는 것이 결코 쉽지 않습니다. 대기권에서 벗어나고 싶지만 중력이 계속 우리를 잡아당기는 느낌인 것이죠.

하지만 작은 V들은 얼마든지 만들 수 있습니다. 조금 더 걷고, 조금 덜 먹고, 소비를 조금 더 합리적으로 하고, 호기심을 갖고 조금 더 깊이 파고들고, 모르는 것이 있으면 주위 시선에 신경 쓰지 않고 질문하고, 투자하기 전에 위험 요소를 체크하고, 귀찮은데 할까 말까 고민하는 것을 그냥 하는 것 등으로 평소의 자신보다 하나 더 하는 것입니다. 매일, 매시간 열심히 살 수는 없지만, 하루에 10분, 20분은 더 나은 자신을 위해 쓸 수 있으니까요.

물론 이것을 한다고 우리 삶이 크게 달라지지 않을 수도 있습니다. 어제와 큰 차이가 나 보이지도 않을 테고요. 하지만 작은 눈덩이가 비탈길을 구르면서 엄청나게 커져 나가듯이, 꾸준히 시간과 함께 하면 분명 복리 효과를 보실 것입니다.

그리고 생각보다 훨씬 더 빨리 기존의 P에서 원하시는 G로 옮겨 가실 고귀하신 독자분들이 되시리라 믿습니다.

〈청춘〉

청춘이란 인생의 어느 기간이 아니라
마음가짐을 말한다.
장밋빛 볼, 붉은 입술, 나긋나긋한 무릎이 아니라
씩씩한 의지, 풍부한 상상력, 불타오르는 정열을 가리킨다.
그것은 인생의 깊은 샘에서 솟아나는 신선함이다.

청춘이란 두려움을 물리치는 용기,
안이함을 선호하는 마음을 뿌리치는 모험심을 의미한다.
때로는 20세 청춘보다 60세 인간에게 청춘이 있다.
나이를 더하는 것만으로 사람은 늙지 않는다.
이상을 버릴 때 비로소 늙는다.

세월은 피부에 주름살을 늘리지만, 열정을 잃으면 영혼이 주름진다.
고뇌, 공포, 실망에 의해서
기력은 땅을 기고 정신은 먼지가 되어 버린다.
60세든 16세든 인간의 가슴속에는 경이에 이끌리는 마음,
어린아이와 같은 미래에 대한 탐구심,
인생에 대한 흥미와 환희가 있다.

우리 모두의 가슴에 있는 "무선 우체국"을 통해
사람들과 신으로부터
아름다움, 희망, 격려, 용기, 힘의 영감을 받는 한
그대는 젊다.

영감이 끊기고, 정신이 아이러니의 눈에 덮이고, 비탄의 얼음에 갇힐 때
20대라도 인간은 늙지만
머리를 높이 치켜들고, 희망의 물결을 붙잡는 한
80세라도 인간은 청춘으로 남는다.

– 사무엘 울만 Samuel Ullman

먼 곳에서 혹은 가까운 곳에서 고귀하신 독자분들을 응원하고
행운을 빌어 드리겠습니다.

참고문헌

고등어와 주식, 그리고 보이지 않는 손, 권오상, 미래의창, 2015
금융의 모험, 미히르 데사이, 부키, 2018
돈이란 무엇인가, 앙드레 코스톨라니, 이레미디어, 2016
동아시아 해양과 대륙이 맞서다, 김시덕, 메디치미디어, 2015
뒤통수의 심리학, 마라이 코니코바, 프런티어, 2018
딜러를 이겨라, 에드워드 O. 소프, 이레미디어, 2015
맞벌이 부부의 경제학, 아멜리아 워런 티아기, 엘리자베스 워런, 한언, 2006
머니 사이언스, 윌리엄 파운드스톤, 동녘사이언스, 2006
메이지유신은 어떻게 가능했는가, 박훈, 민음사, 2014
미래의 나라, 브라질, 슈테판 츠바이크, 후마니타스, 2016
베네수엘라와 차베스, 서울대학교 라틴아메리카 연구소, 2017
브라질: 역사 정치 문화, 이성형, 까치, 2010
브라질 남미의 새로운 지배자, 리오던 로엣, 민음사, 2011
브라질 사람들, 호베르뚜 다마따, 후마니타스, 2015
브라질 어젠다, 릴리아 모리츠 쉬바르츠, 세창미디어, 2014
브라질이 새로운 미국이다, 제임스 데일 데이비드슨, 브레인스토어, 2013
브라질의 뿌리, 세르지우 부아르끼 지 올란다, 후마니타스, 2017
석유전쟁 ING, Ian Tutledge, 케이북스, 2008
신이 내린 땅, 인간이 만든 나라 브라질, 김건화, 미래의 창, 2010
애프터크라이시스, 루치르 샤르마, 더퀘스트, 2017
역사는 핵무기보다 무섭다, 이광수, 이후, 2010
역설과 반전의 대륙(라틴 아메리카 정치사회의 현장에서 캐낸 10가지 테마), 박정훈, 개마고원, 2017
올라 브라질, 백진원, 서해문집, 2013
원칙 Principles, 레이 달리오, 한빛비즈, 2018
이것이 공매도다, 이관휘, 21세기북스, 2019
인도는 울퉁불퉁하다, 정호영, 한스컨텐츠, 2011
인도는 힘이 세다, 이옥순, 창비, 2013
인도, 한국인도사회연구학회, 한스컨텐츠, 2012
일본 디플레이션의 진실, 모타니 고스케, 동아시아, 2016
일본은 악어다, 신상목, 인북스, 2001
일본 일본인 일본의 힘, 선우정, 루비박스, 2009
일본 재발견, 이우광, 삼성경제연구소, 2010
자원전쟁, 알렉산더 융, 에리히 폴라트, 영림카디널, 2015
젊은 인도, 권기철, 살림, 2016
초고령사회 일본에서 길을 찾다, 김웅철, 페이퍼로드, 2017
현명한 채권투자자, 앤서니 크레센치, 리딩리더, 2009
Convertible Arbitrage, Nick P. Calamos, Wiley, 2004

A 한국은행 경제통계시스템, http://ecos.bok.or.kr

B 위키미디어, Katharine Read, British Gentlemen in Rome,
   https://commons.wikimedia.org/wiki/File:Katharine_Read_-_British_Gentlemen_in_Rome_-_Google_Art_Project.jpg

C 위키미디어, John Brown, A Grand Tour Group of Five Gentlemen in Rome,
   https://commons.wikimedia.org/wiki/File:John_Brown_(1752-1787)_(attributed_to)_-_A_Grand_Tour_Group_of_Five_Gentlemen_in_Rome_-_216386_-_National_Trust.jpg

D 위키미디어, Cláudio K., Asian Family in Brazil, Originally in Nossa Histoia,
   https://en.wikipedia.org/wiki/Asian_Brazilians#/media/File:Asian_Family_in_Brazil.jpg

E 위키미디어, Guilherme Gaensly, Italians Sao Paulo, Gaensly & Lindemann
   https://en.wikipedia.org/wiki/Italian_Brazilians#/media/File:Italians_Sao_Paulo_-_original.jpg

F WORLD BANK, Interest payments (% of revenue)
   https://data.worldbank.org/indicator/GC.XPN.INTP.RV.ZS?locations=BR&view=chart

G FINANCIAL TIMES, Can Brazil's pension reform kick-start the economy?
   https://www.ft.com/content/c32a93f2-f1d6-11e9-ad1e-4367d8281195

H 위키미디어, Guillaume Rouille, Thales of Miletus, Promptuarii Iconum Insigniorum,
   https://commons.wikimedia.org/wiki/File:Thales_of_Miletus.jpg

I REUTERS, Brazil's Petrobras to spend $320million to hedge part of oil output,
   https://www.reuters.com/article/us-petrobras-hedging/brazils-petrobras-to-spend-320-million-to-hedge-part-of-oil-output-idUSKCN1R32IX

J 위키미디어, 표준편차,
   https://upload.wikimedia.org/wikipedia/commons/8/8c/Standard_deviation_diagram.svg

K 금융감독원, 19년 증권회사 파생결합증권 발행 및 운용 현황, 2020.04.27.
   http://www.fss.or.kr/fss/kr/promo/bodobbs_view.jsp?seqno=23081

L 이효섭 자본시장리뷰 2016년 봄호, ELS 투자 성과 분석 및 시사점, 자본시장연구원

M 위키미디어, Agência Brasil, Boys playing street football 01,
   https://commons.wikimedia.org/wiki/File:Boys_playing_street_football_01.jpg

N COUNTRYECONOMY.COM, Sovereigns Ratings List, https://countryeconomy.com/ratings

O Check export, http://www.check.co.kr/

P 안재후 기자, [빅데이터 분석으로 본 분학의 도발] 북한이 무슨 일을 저지를지 영국이 가장 잘 알고 있다?, 세계일보, 2016.05.10.
   https://www.sedaily.com/NewsVIew/1KW9D7GEZU

Q JÚLIA BARBON, FOLHA DE S.PAULO, In Brazil, One in Every Five Babies Has an Adolescent Mother,
   https://www1.folha.uol.com.br/internacional/en/scienceandhealth/2017/03/1862722-in-brazil-one-in-every-five-babies-is-born-to-an-adolescent.shtml

R WORLDMETER, Population of India, https://www.worldometers.info/world-population/india-population/

S 위키미디어, Giveaway285, Indian Caste System,
   https://simple.wikipedia.org/wiki/Caste#/media/File:Indian_Caste_System.jpg

T 위키미디어, Delhiiit, https://en.wikipedia.org/wiki/File:Delhiiit.jpg

U India's per-capita income rises 6.8% to Rs 11,254 a month in FY20, BUSINESS TODAY. 2020.01.07.,
   https://www.businesstoday.in/current/economy-politics/india-per-capita-income-rises-68-to-rs-11254-a-month-in-fy20/story/393333.html

참고문헌

V 'Death by dowry' claim by bereaved family in India, THE GUARDIAN,
   https://www.theguardian.com/global-development/2018/jul/18/death-by-dowry-claim-by-bereaved-family-in-india?mc_cid=b2a1d0f11a

W India has the lowest divorce rate in the world:
   Countries with lowest and highest divorce rates, 2018.11.20., INDIA TODAY
   https://www.indiatoday.in/education-today/gk-current-affairs/story/india-has-the-lowest-divorce-rate-in-the-world-1392407-2018-11-20

X Sonia Bhalotra, Abhishek Chakravarty, Selim Gulesci, World gold prices, dowry and death in India,
   Voxeu, 2018.10.04., https://voxeu.org/article/world-gold-prices-dowry-and-death-india

Y 한국은행 경제통계시스템 http://ecos.bok.or.kr

Z Pablo S. Torre, HOW and Why Athletes go broke, VAULT, 2009.03.23.,
   https://vault.si.com/vault/2009/03/23/how-and-why-athletes-go-broke

AA CNBC, Sudden wealth can leave you broke,
    https://www.cnbc.com/2014/10/01/sudden-wealth-can-leave-you-broke.html

AB 뒤통수의 심리학 75page, 마리아 코니코바, 프런티어, 2018

AC Rob Cook, World Beef Exports: Ranking of Countries, BEEF2LIVE, 2021.03.16.,
    https://beef2live.com/story-world-beef-exports-ranking-countries-0-106903

AD 서경원 기자, 마법의 채권투자, RP거래의 비밀, 헤럴드 경제, 2020.05.04.
    http://news.heraldcorp.com/view.php?ud=20200504000442

AE Johnny Wood, The 10 fastest-growing cities in the world are all in India, World Economic Forum, 2018.12.19.,
    https://www.weforum.org/agenda/2018/12/all-of-the-world-s-top-10-cities-with-the-fastest-growing-economies-will-be-in-india/

AF 위키미디어, Ricardo Acevedo Bernal, Simón Bolívar 2,
    https://en.wikipedia.org/wiki/File:Sim%C3%B3n_Bol%C3%ADvar_2.jpg

AG 위키미디어, Prensa Presidencial - Government of Venezuela, Hugo Chávez military academy,
    https://commons.wikimedia.org/wiki/File:Hugo_Ch%C3%A1vez_military_academy.png

AH 위키미디어, TBjornstad, LocatorMap Malacca Strait,
    https://commons.wikimedia.org/wiki/File:LocatorMap_Malacca_Strait.png

AI 위키미디어, Jheremycg, Caracazo, https://commons.wikimedia.org/wiki/File:Caracazo.jpg

AJ Landon Thomas Jr., Goldman Buys $2.8 Billion Worth of Venezuelan Bonds, and an Uproar Begins,
    The NEWYORK TIMES, 2017.05.30.,
    https://www.nytimes.com/2017/05/30/business/dealbook/goldman-buys-2-8-billion-worth-of-venezuelan-bonds-and-an-uproar-begins.html

AK GDP by Country, WORLDMETER, https://www.worldometers.info/gdp/gdp-by-country/

AL 김지영 기자, 14억5000만달러 달러·유로화 외평채 발행, 이투데이, 2020.09.10.,
    https://www.etoday.co.kr/news/view/1939110

AM 한국은행, 2019년도 BIS 주관 '세계 외환 및 장외파생상품 시장 조사(거래금액 부문)' 결과,
    https://www.bok.or.kr/portal/bbs/P0000559/view.do?nttId=10053890&menuNo=200690

AN 윤기쁨 기자, 통화스와프 효과?... 외인 '팔자' 주춤, 이투데이, 2020.03.20.,
    https://www.etoday.co.kr/news/view/1872886

AO CEIC, Japan Real Residential Property Price Index,
https://www.ceicdata.com/en/indicator/japan/real-residential-property-price-index

AP 國土交通省, Japan Property Price Index and Property Transaction Volume(April 2017)
https://www.mlit.go.jp/common/001194770.pdf

AQ INFLATION.EU, Historic inflation Japan – CPI inflation,
https://www.inflation.eu/inflation-rates/japan/historic-inflation/cpi-inflation-japan.aspx

AR MACROTRENDS, Japan Life Expectancy 1950-2021,
https://www.macrotrends.net/countries/JPN/japan/life-expectancy

AS Ulrike Malmendier & Stefan Nagel, Depression Babies: Do Macroeconomic Experiences Affect Risk-Taking?, NATIONAL BUREAU of ECONOMIC RESEARCH, 2009.03.,
https://www.nber.org/papers/w14813

AT Calculate the Value of $100 in 1920, DOLLAR TIMES,
https://www.dollartimes.com/inflation/inflation.php?amount=100&year=1920

AU WORLD BANK, Population ages 65 and above (% of total population)-Japan,
https://data.worldbank.org/indicator/SP.POP.65UP.TO.ZS?locations=JP

AV WORLD BANK, Population ages 65 and above (% of total population) – Korea, China, Germany, United States
https://data.worldbank.org/indicator/SP.POP.65UP.TO.ZS?locations=KR-CN-DE-US&name_desc=false

AW Gareth Allan and Yuki Hagiwara, Mizuho Eyes $11 Trillion Held by Japan's Rich Elderly, BLOOMBERG., 2018.07.27.,
https://www.bloomberg.com/news/articles/2018-07-26/mizuho-eyes-11-trillion-held-by-elderly-rich-for-trust-business

AX 이영희 기자, "2억이면 충분할까?" 초고령 사회 일본서 불붙은 노후자금 논쟁, 중앙일보, 2019.06.23.,
https://news.joins.com/article/23503930

AY OECD, Korea, http://www.oecdbetterlifeindex.org/countries/korea/

AZ OECD, Korea http://www.oecdbetterlifeindex.org/countries/korea/

BA OECD, Japan, http://www.oecdbetterlifeindex.org/countries/japan/

BB 통계청, 2019년 5월 경제활동인구조사 고령층 부가조사 결과, KDI 경제정보센터, 2019.07.23.,
http://eiec.kdi.re.kr/policy/materialView.do?num=190841

BC WORLD POPULATION REVIEW, Debt to GDP Ratio by Country 2021,
https://worldpopulationreview.com/countries/countries-by-national-debt

BD 財務省, Highlights of the FY2021 Draft Budget https://www.mof.go.jp/english/budget/budget/fy2021/01.pdf

BE 財務省, FY2019 Debt Management Policies,
https://www.mof.go.jp/english/jgbs/publication/debt_management_report/2019/esaimu2019-1-3.pdf

BF BANK OF JAPAN, Japan's Balance of Payments Statistics and International Investment Position for 2017,
https://www.boj.or.jp/en/statistics/br/bop_06/bop2017a.pdf

BG Nisha Gopalan, If Masayoshi Son won't invest in Japan, why should you?, THE JAPAN TIMES, 2019.07.09.,
https://www.japantimes.co.jp/opinion/2019/07/09/commentary/japan-commentary/masayoshi-son-wont-invest-japan/

(상기 이미지와 회사명은 향후 바뀔 수 있습니다)

쉽고 재미있게 금융에 대해 배울 수 있는
금융 게임을 만들었습니다.

직접 은행, 증권사, 보험사의 트레이더가 되어서 수익을 내주세요.
상대를 설득하여 예금과 대출, 금융상품과 보험 등을 팔고 상대와 협상하여 목표하는 것을 얻으세요.
또한 위험을 피하면서 안전하게 자산을 운용하고 자신만의 전략으로 최고 수익을 내주세요.

초등학생부터 70대분들까지 다양한 연령대와 금융업계를 포함한 여러 분야의 분들을 모시고
베타 테스트를 진행하였고 현재 특허 등록이 진행 중입니다.

〈게임의 효과〉

1. 자연스럽게 금융과 경제에 대해 관심을 갖게 됩니다.
2. 투자를 직접 경험하면서 자산 운용에 대한 노하우를 쌓게 됩니다.
3. 경제 상황에 따라 각 자산의 가격이 어떻게 변하는지 자연스럽게 알게 됩니다.
4. 세계 지리 및 전 세계의 정세에 대해 알게 됩니다.
5. 진로 탐색을 할 수 있습니다.
6. 자신의 성격과 투자 성향을 알 수 있습니다.
7. 상대가 원하는 것을 주면서 내게 필요한 것을 얻어내는 협상력을 기를 수 있습니다.
8. 상황에 맞게 상대를 설득하면서 자신의 제품을 팔 수 있는 영업력을 기를 수 있습니다.

관심있는 분들께서는 http://finance-tutor.com로 오셔서 신청해주세요.
일정한 수요 이상이 모이면 정식 제작할 예정입니다.

이메일 minhyuk.youk@gmail.com
홈페이지 http://finance-tutor.com/

홈페이지 QR코드